IT'S DANGEROUS TO LOOK INSIDE

Buñuel

100 YEARS 100 AÑOS

ES PELIGROSO ASOMARSE AL INTERIOR

INSTITUTO CERVANTES / THE MUSEUM OF MODERN ART, NEW YORK

Originalmente este libro fué publicado en España y Francia como catálogo de la exposición "Buñuel: 100 años. Es peligroso asomarse al interior", organizada por el Instituto Cervantes.

This book was originally published in Spain and France, as catalogue of the exhibition "Buñuel: 100 years. It is Dangerous to Look Inside.", organized by Instituto Cervantes.

INSTITUTO CERVANTES

Fernando Rodríguez Lafuente
DIRECTOR / DIRECTOR

Teodoro Conde Minaya
SECRETARIO GENERAL / GENERAL SECRETARY

Javier Ruiz Sierra
DIRECTOR DE CULTURA / DIRECTOR OF CULTURE

COMISARIOS / CURATORS
Enrique Camacho, Director de la Oficina de Patrocinio del Instituto Cervantes / Director, Department of Development, Instituto Cervantes
Manuel Rodríguez Blanco

DISEÑO DE LA EXPOSICIÓN / EXHIBITION DESIGN
Mengs + BruMa + Ortiz + Velasco

COORDINACIÓN GENERAL / GENERAL COORDINATION
Amaranta Ariño

DIRECCIÓN DE MONTAJE
DIRECTORS OF EXHIBITION DESIGN
Andrés Mengs
Manuel Rodríguez Blanco

REALIZACIÓN DE ELEMENTOS DE MONTAJE
REALIZATION OF EXHIBITION DESIGN
Exmoarte

IMPRESIÓN / PRINTS
Fotosíntesis Digital, Laboratorio Fotodigital

ITINERANCIA / ITINERARY
Cinémathèque / Instituto Cervantes
Toulouse: from February 24 to March 30, 2000.
Del 24 de febrero al 30 de marzo de 2000.
Centre Pompidou / Instituto Cervantes
Paris: from May 3 to June 11, 2000.
París: del 3 de mayo al 11 de junio de 2000.
Instituto Cervantes
Munich: from June 26 to July 26, 2000.
Del 26 de junio al 26 de julio de 2000.
Institut Français
Bremen: from October 1 to October 29, 2000.
Del 1 de octubre al 29 de octubre de 2000.
Casa delle Letterature dei Comune di Roma / Instituto Cervantes
Rome: from November 9 to January 6, 2001.
Roma: del 9 de noviembre al 6 de enero de 2001.
Institut Français
Naples: from January 18 to February 15, 2001.
Nápoles: del 18 de enero al 15 de febrero de 2001.

CON LA COLABORACIÓN DE
WITH THE CONTRIBUTION OF
CENTRE POMPIDOU, LA CINÉMATHÈQUE DE TOULOUSE, FILMOTECA ESPAÑOLA

CON EL PATROCINIO DE / WITH THE SUPPORT OF
GOBIERNO DE ARAGÓN, DIRECTION RÉGIONALE DES AFFAIRES CULTURELLES, MIDI-PYRÉNÉES, CONSEIL REGIONAL MIDI-PYRÉNÉES, CONSEIL GÉNÉRAL HAUTE GARONNE, MAIRIE DE TOULOUSE, FONDATION GAN POUR LE CINÉMA

COLABORACIÓN ESPECIAL DE
SPECIAL CONTRIBUTION OF
CANAL + IMAGE INTERNATIONAL, PARIS. KUNST- UND AUSSTELLUNGSHALLE DER BUNDESREPUBLIK DEUTSCHLAND, BONN. MAIRIE DE COLOMIERS, COLOMIERS. RESIDENCIA DE ESTUDIANTES, MADRID.

ESTA ACTIVIDAD FUÉ INCLUIDA EN LOS PROGRAMAS DE LAS COMISIONES NACIONAL Y ARAGONESA PARA LA CONMEMORACIÓN DEL CENTENARIO DEL NACIMIENTO DE LUIS BUÑUEL / THESE EVENTS HAVE BEEN INCLUDED IN THE PROGRAMS OF THE NATIONAL AND ARAGONESE COMMISSION FOR THE COMMEMORATION OF THE CENTENNIAL OF LUIS BUÑUEL'S BIRTH

CRÉDITOS DEL LIBRO BOOK CREDITS

Esta edición se ha publicado con ocasión de la retrospectiva de la filmografía de Luis Buñuel, que ha tenido lugar en el Museo de Arte Moderno de Nueva York, del 14 de noviembre de 2000 al 6 de enero de 2001. La traducción de este libro ha sido posible gracias a la ayuda de Celeste Bartos.

This edition is published on the occasion of the film retrospective *Luis Buñuel*, held at The Museum of Modern Art, New York, from November 14, 2000 to January 6, 2001. The translation of the book was made possible thanks to the support of Celeste Bartos.

© de la presente edición/of the present edition: Instituto Cervantes. 122 east 42nd st. suite 807 New York 10168 N.Y.

© de los textos/of texts: sus autores/their authors; of Max Aub, Fundación Max Aub; of Octavio Paz, Filmoteca Española

© de las reproducciones/of reproductions: sus propietarios/their owners

(Las ilustraciones que están sujetas a derechos de reproducción se citan en los créditos fotográficos/Certain illustrations are covered by claims to copyright cited in the Photographic Credits)

© Traducción al inglés/English translation: © 2001, The Museum of Modern Art, New York

Library of Congress Control Number: 2001088370

ISBN MoMA, Thames & Hudson: 0-87070-015-04

ISBN MoMA, Abrams: 0-8109-6219-5

D.L.: M-14817-2001

Co-published by The Museum of Modern Art, New York

11 West 53 Street, New York, New York 10019

and the Instituto Cervantes, 122 east 42nd st., suite 807, New York, New York 10168

DISEÑO Y MAQUETA / DESIGN & LAYOUT
Mengs + BruMa

COORDINACIÓN GENERAL / GENERAL COORDINATION
Amaranta Ariño

TEXTOS DE / TEXTS BY
Enrique Camacho
Javier Pérez Bazo
Manuel Rodríguez Blanco

ASESOR LITERARIO / LITERARY ADVISOR
Javier Pérez Bazo

COLABORADORES / ASSISTANTS
Jesús Baigorri
Marie-Laure Cazeaux

ASISTENTE EN LA SELECCIÓN DE IMÁGENES / SELECTION OF IMAGES'S ASSISTANT
Imelda Ferrer

TRADUCCIÓN / TRANSLATION
Alejandro Branger
Marguerite Feitlowitz
Kathryn A. Kopple

EDITADO POR / EDITED BY
Departamento de Publicaciones, Museo de Arte Moderno, Nueva York / Department of Publications, The Museum of Modern Art, New York
Instituto Cervantes, New York

REPRODUCCIONES FOTOGRÁFICAS PHOTOGRAPHIC REPRODUCTIONS
Chema Castelló
Patrick Riou

FOTOMECÁNICA / COLOR SEPARATIONS
Lucam

IMPRESO POR / PRINTED BY
Tf Artes Gráficas

ENCUADERNACIÓN / BOUND BY
Ramos

AGRADECIMIENTOS ACKNOWLEDGMENTS INSTITUTO CERVANTES

Ramón Abad, New York / Agence de Presse KoM, Toulouse / Agencia EFE, Madrid / Consuelo Álvarez, Roma / Aragón en Toulouse, Toulouse / Arte, Strasbourg / Ateneo Español de México A.C., México D.F. / Ayuntamiento de Calanda, Teruel / Juan Antonio Bardem, Madrid / Cristina Barón, München / José Luis Barros, Madrid / BBC Written Archives Centre, Berks / BIFI, Bibliothèque du Film, Paris / José Luis Borau, Madrid / Raymond Borde, Toulouse / Bundesarchiv, Berlin / Juan Luis Buñuel, Paris / Rafael Buñuel, Los Angeles / Carmen Cabrera, Paris / Javier Campillo, Toulouse / Jean-Claude Carrière, Paris / Churubusco S.A., México D.F. / Cinemateca portuguesa, Museu do cinema, Lisboa / CONACULTA. INBA, México D.F. / Yasha David, Paris / Sandrine Debrus, Toulouse / Fernando del Diego, Madrid / Editions Robert Laffont, Paris / Esicma, Madrid / José Ángel Ezcurra, Madrid / José María Fernández, Manchester / Cecilia Fernández Suzor, Instituto Cervantes, Madrid / Festival de cine de Huesca / Filmoteca UNAM, México D.F. / Fnac, Toulouse / Fundación Federico García Lorca, Madrid / Fundación Max Aub, Segorbe (Castellón) / Fundación Octavio Paz A.C., México D.F. / Carlos Gancedo, Madrid / Luis García Berlanga, Madrid / Pedro Christian García Buñuel, Zaragoza / Marie-Louise Gimel, Toulouse / José Hernández, Toulouse / INA Pyrénées, Droits et Archives, Toulouse / Instituto de Estudios Turolenses, Teruel / Revista Ínsula / Jet Films, Barcelona / Pierre Lary, Paris / Catherine Lecoq, Paris / Les Films Ariane / Revcom, Paris / Les films de la Pléiade, Paris / Librería *Ocho y medio*, Madrid / Abelardo Linares, Sevilla / Luk Internacional, Barcelona / Marinette Luria Schmitt, Barcelona / Jean-Pierre et Anne-Marie Machand, Paris / Juan Luis Marcó, Istambul / Marianne Miguet, Toulouse / Bernard Musson, Paris / Jérôme Parent, Toulouse / Pathé Télévision, Paris / Películas y Vídeos Nacionales, México D.F. / José Pérez Peiró, Toulouse / Ariodante Roberto Petacco, Castelnuovo Magra / Michel Piccoli, Paris / Plaza & Janés, Barcelona / Hélène Plemiannikov, Paris / Francisco Rabal, Madrid / Marcantonio Ragone, Carrarra / RAI Direzione Teche e servizi tematici / Educativi, Roma / Thomas Rodríguez Sauzin, Toulouse / Eugenio Rojas, Toulouse / Carlos Saura, Madrid / Bernadette Sauzin, Toulouse / Sindicato de Trabajadores de la Producción Cinematográfica, México D.F. / Televisa S.A., México D.F. / Iván Trujillo, México D.F. / TVE, Madrid / Université Toulouse-Le-Mirail, Toulouse / Video Mercury, Madrid.

Disguises, jokes, masks, peculiar hands, hidden feet, photogenic insects and Benito Pérez Galdós, the great nineteenth-century Spanish novelist, were to Luis Buñuel the emblems of an artistic destiny. With these and other private jokes, he made thirty-two films, and created one of the most intimate and fascinating cinematic universes in the history of film.

In the year 2000, in celebration of the hundredth anniversary of Buñuel's birth, the Instituto Cervantes, which is devoted to the diffusion of Spanish language and culture throughout the world, honored him with this heart-felt tribute. Buñuel is a contemporary classicist and a historical avant-gardist; thus his films demand and invite us to see them over and over again so that we may forever contemplate and be amazed by his work.

The aim of *Buñuel: 100 Years. It's Dangerous to Look Inside,* curated by Enrique Camacho, Instituto Cervantes, and Manuel Rodríguez Blanco, is to reconstruct the different stages of the Spanish filmmaker's life and work, to explore the most significant sources of his inspiration, and to revisit in the viewing of his films a brilliant and mysterious cinematic world.

Throughout the year 2000, the Instituto Cervantes brought the exhibition and the films to diverse cities around the world and will continue to do so throughout 2001. The magical journey began at the Filmoteca and the Instituto Cervantes in Toulouse, and at the Centre Pompidou and the Instituto Cervantes in Paris. None of this was accidental. France and French Surrealism were essential ingredients in the life and work of Luis Buñuel. The exhibition has traveled to Bremen, Rome, and Naples, during which time the films participated in various exhibitions and festivals in Spain, such as in Las Palmas, Valencia, Pontevedra, and Huelva, among others. In 2001, the exhibition will pass through Geneva and Morocco.

The generous collaboration of The Museum of Modern Art, New York, opens a new stage of the project: it makes this publication available to cinephiles across the United States.

A project as ambitious as this one could not have been completed without the collaboration of a group of prestigious institutions and organizations. The Instituto Cervantes wishes to express its appreciation for the support and help of the Spanish Ministry of Education and Culture. We also thank the Institute of Cinematography and Audiovisual Arts, the Filmoteca Española, the General Delegation of Aragón, the French Ministry of Culture, the Centre Pompidou in Paris, the Filmoteca in Toulouse, the Región de Mediodía-Pirineos, the Consul General of Alto Garona, the City Counsel of Toulouse, the Gan Foundation for Cinema, and The Museum of Modern Art, New York. We are as grateful to all of them as we are to Luis Buñuel.

Fernando R. Lafuente / Director, Instituto Cervantes

Para Luis Buñuel los disfraces, las bromas, las máscaras, las enigmáticas manos, los escondidos pies, los fotogénicos insectos y Benito Galdós, enorme novelista español del siglo XX, fueron tal vez los emblemas de un destino artístico. Con estos y otros juegos privados rodó treinta y dos películas y construyó uno de los universos fílmicos más íntimos y fascinantes de la historia del cine.

En 2000 se han cumplido cien años de su nacimiento y el Instituto Cervantes —organismo encargado de difundir en todo el mundo la lengua española y la cultura en español— le rinde un emocionado homenaje. Buñuel es un clásico contemporáneo, un vanguardista histórico y, por ello, su obra merece, sugiere volver siempre a ella, volver a la contemplación y al asombro.

Lo que pretende *Buñuel: 100 años. Es peligroso asomarse al interior*, exposición de la que son comisarios Enrique Camacho, del Instituto Cervantes, y Manuel Rodríguez Blanco, especialista en cinematografía, es reconstruir las distintas etapas de la vida y la obra del cineasta español, explorar las fuentes más significativas de su inspiración y revivir, en la proyección de sus filmes, un mundo cinematográfico deslumbrante y misterioso.

El Instituto Cervantes ha llevado y llevará la exposición y las películas de Buñuel por diversas ciudades de todo el mundo a lo largo de 2000 y de 2001. La primera etapa de este itinerario de magias no ha sido casual: comenzó en Toulouse —extendiéndose por su entorno geográfico— y en el Centro Pompidou de París, pues Francia y el surrealismo francés fueron elementos esenciales en la vida y la obra de Luis Buñuel. Ha viajado a Múnich, a Bremen, a Roma, a Nápoles, pasará por Ginebra antes de ir a Marruecos y a la vez ha estado presente en numerosas muestras o festivales de cine en España como los de Las Palmas, Valencia, Pontevedra y Huelva.

Una nueva etapa se abre ahora con la generosa colaboración del Museo de Arte Moderno de Nueva York para que esta edición bilingüe español-inglés pueda estar al alcance de todos los cinéfilos de Estados Unidos.

Un programa ambicioso que no se hubiera podido llevar a cabo sin la colaboración de instituciones y organismos del máximo prestigio. Por ello, el Instituto Cervantes quiere dejar constancia de su agradecimiento por el apoyo y la ayuda que le han prestado el Ministerio de Educación y Cultura de España, así como su Instituto de la Cinematografía y las Artes Visuales y la Filmoteca Española, la Diputación General de Aragón, el Ministerio de Cultura de Francia, el Centro Pompidou de París, la Filmoteca de Toulouse, la Región de Mediodía-Pirineos, el Consejo General del Alto Garona, el Ayuntamiento de Toulouse y la Fundación Gan para el Cine y el Museo de Arte Moderno de Nueva York. A todos ellos nuestra gratitud, como a Luis Buñuel.

Fernando R. Lafuente / Director, Instituto Cervantes

This book is published on the occasion of the most comprehensive retrospective of the films of Luis Buñuel ever offered in the United States. Both the publication and the retrospective mark the centennial year of Buñuel's birth in Calanda, Spain, and all the films by the great Surrealist master are being shown at The Museum of Modern Art, New York, from November 14, 2000, to January 6, 2001.

The museum is especially pleased to copublish the English-Spanish language edition of *Buñuel 100 Years* with the Instituto Cervantes, Madrid, and thus expand the audience that can experience this extraordinary volume on a filmmaker whose narrative genius and subversive wit have had an indelible impact on the history of this modern medium. The book was originally published in Spanish and French by the Instituto Cervantes, Madrid, and edited by Enrique Camacho, director of the Instituto Cervantes, Toulouse; it was prepared for two retrospective exhibitions held in France in 2000, at La Cinémathèque de Toulouse and at the Centre Pompidou in Paris.

The present retrospective, prepared by the Department of Film and Video at the Museum encompasses his first film, *Un Chien Andalou* of 1929, and his last work, *That Obscure Object of Desire* of 1977, and opened with a lecture by the renowned writer, Carlos Fuentes, a close friend of Buñuel for many years. This lecture was sponsored in large part by the Mexican Cultural Institute, New York, which, with the Instituto Cervantes, also helped to organize two symposia featuring leading Mexican and Spanish film-makers and scholars. In addition to the thirty-two films signed by the master, the retrospective includes the 1921 Fritz Lang film that inspired the young Surrealist to become a filmmaker, two films by Jean Epstein on which Buñuel worked as an assistant, four films Buñuel produced in pre-Civil War Spain, the documentary he oversaw in Paris about the Spanish Civil War, the Nazi propaganda films he re-edited in the early 1940s while on the staff of the Museum, the musical comedy he wrote in 1950, and the recent-ly discovered alternate ending to his film *Los olvidados* of 1950, which was shot and never used.

Among the many organizations and individuals whose efforts and cooperation made this retrospective possible are the Instituto Cervantes (Fernando R. Lafuente, Madrid; Enrique Camacho, Madrid; Maria Lozana, formerly of the New York office; Antonio Carrido, New York; Olvido Salazar-Alonso, New York); the Mexican Cultural Institute, New York (Ambassador Jorge Pinto; Juan Garcia de Oteyza; Jorge Capetillo; Carlos Gutiérrez); the Cultural Services of the French Embassy, New York (Pierre Buhler; Vèronique Godard); the Filmoteca Española, Madrid (José María Prado; Catherine Gautier); Cineteca Nacional, Mexico (Luz Fernández); the Filmoteca de la UNAM, Mexico City (Iván Trujillo Bolio; Francisco Ohem); the Archives du Film et du Dépôt Légal du Centre National de la Cinématographie, Bois d'Arcy (Michelle Aubert; Eric Le Roy); The Cinémathèque Française, Paris; the British Film Institute, London; the Harvard Film Archive, Cambridge, Mass.; the Kunst–und Ausstellungshalle der Bundesrepublik Deutschland, Bonn; Martin Scorsese; and Tom Toth. Our appreciation also goes to those American dis-

Este libro se publica con ocasión de la celebración de la más amplia retrospectiva de la filmografía de Luis Buñuel jamás realizada en los Estados Unidos. Tanto la publicación como la retrospectiva apuntan a celebrar el centenario del nacimiento de Buñuel en Calanda, España; así como todas las películas del gran maestro del Surrealismo, que se exhibieron en The Museum of Modern Art, New York (MoMA), desde el 14 de noviembre de 2000 al 6 de enero de 2001.

Es un gran honor para este museo publicar, conjuntamente con el Instituto Cervantes de Madrid, la versión inglesa y española de la edición de *100 años de Buñuel, el peligro de asomarse al interior,* y así dar a conocer al público, a través de este extraordinario ejemplar, la vida y obra del director de cine cuyo humor subversivo y genio narrativo han tenido un impacto imborrable en la historia de este medio. El libro fue publicado por vez primera por Enrique Camacho, Director del Instituto Cervantes de Toulouse, con el objetivo de ilustrar dos retrospectivas celebradas en Francia en el 2000, en La Cinémathèque de Toulouse y en el Centro Pompidou de París.

La presente retrospectiva, organizada por el Departamento de Cine y Video del Museo abarcó desde su primer trabajo, *Un chien andalou,* de 1929 hasta el último, *Ese oscuro objeto del deseo,* de 1977, y se inauguró con una conferencia del reconocido escritor Carlos Fuentes, amigo, durante muchos años, de Buñuel. Esta conferencia ha sido patrocinada en gran medida por el Instituto Mexicano de Cultura de Nueva York, el cual junto con el Instituto Cervantes, ayudó también en la organización de dos simposios que contaron con la presencia de destacados directores de cine españoles y mexicanos, así como de otros expertos en la materia. Además de las treinta y dos películas firmadas por el maestro, la retrospectiva incluye la película de Fritz Lang que inspiró al joven surrealista a convertirse en director de cine; dos trabajos de Jean Epstein en los que Buñuel trabajó como ayudante; cuatro películas de Buñuel producidas en la pre-guerra civil española; un documental supervisado por él mismo en París sobre la guerra civil española; las películas de propaganda nazi que reeditó a principios de los años 40 como miembro del personal del Museo; una comedia musical escrita en los 50, y el recientemente descubierto final alternativo de su película *Los Olvidados,* de 1950, que fue rodado y jamás usado.

Entre las muchas instituciones y personas cuyos esfuerzos y colaboración han hecho posible esta retrospectiva están el Instituto Cervantes (Fernando R. Lafuente, Madrid; Enrique Camacho, Madrid; María Lozano, Nueva York; Antonio Garrido, Nueva York, Olvido Salazar-Alonso, Nueva York); el Instituto Mexicano de Cultura de Nueva York (Embajador Jorge Pinto, Juan García de Oteyza, Jorge Capetillo, Carlos Gutierrez); los Servicios culturales de la Embajada Francesa en Nueva York (Pierre Buhler y Vèronique Godard); La Filmoteca Española, Madrid (José María Prado y Catherine Gautier); la Cineteca Nacional, México (Luz Fernández); la Filmoteca de la UNAM, Ciudad de México (Iván Trujillo Bolio y Francisco Ohem); Archives du Film et du Dépôt Légal du Centre National de la Cinématographie, Bois D'Arcy (Michelle Aiubert y Eric Le Roy); La Cinémathèque Française, París; British Film Institute, Londres; Harvard Film Archive, Cambridge, Massachusetts; Kunstund

tributors of Buñuel's films who contributed works to this program: Rialto Pictures (Bruce Goldstein, Adrienne Halpern), Kino International (Don Krim, Gary Palmucci), Milestone Film and Video (Amy Heller, Dennis Doros), Interama (Nicole Jouve), and Miramax (Harvey Weinstein).

Several of our colleagues at MoMA are also owed a debt of gratitude, particularly Laurence Kardish, Senior Curator, Department of Film and Video, who organized the retrospective, and Mary Lea Bandy, Chief Curator, Department of Film and Video and Deputy Director of Curatorial Affairs, who arranged for the acquisition of several Buñuel films by the Museum. We also thank the team in the Museum's Department of Publications that prepared this edition for their commitment to the project and for their expertise in executing it: they are Michael Maegraith, Publisher, and Harriet Schoenholz Bee, Managing Editor, who was ably assisted in the editing of the texts by Inés Katzenstein, and by the translators Alejandro Branger, Marguerite Feitlowitz, and Kathryn A. Kopple. Finally, our deepest gratitude goes to Celeste Bartos, whose generous gift made it possible for The Museum of Modern Art to copublish this book.

Glenn D. Lowry
Director, The Museum of Modern Art, New York

Ausstellungshalle der Bundesrepublik Deutschland, Bonn; Martin Scorsese y Tom Toth. Nuestro reconocimiento también se dirige a los distribuidores americanos de las películas de Buñuel que han contribuido a este programa: Rialto Pictures (Bruce Goldstein y Adrienne Halpern), Kino International (Don Krim y Gary Palmucci), Milestone Film and Video (Amy Heller y Dennis Doros), Interama (Nicole Jouve), y Miramax (Harvey Weinstein).

Gran número de nuestros colegas en MoMA son de igual forma merecedores de gratitud, particularmente Laurence Kardish, Conservador del Departamento de Cine y Video, que ha organizado la retrospectiva, y Mary Lee Bandy, Conservadora Jefe del citado departamento y Directora adjunta de la División de Conservación, quien llevó a cabo la adquisición de varias películas de Buñuel para el Museo. De igual forma, agradecemos al equipo del Departamento de Publicaciones del Museo, que preparó esta edición, por su compromiso con el proyecto y su profesionalidad en la ejecución del mismo: Michael Maegraith, Editor, y Harriet Schoenholz Bee, Redactor Jefe, quien fue hábilmente asistida en la preparación de la edición por Inés Katzenstein, y por los traductores Alejandro Branger, Marguerite Feitlowitz y Kathryn A. Kopple. Por último, nuestro más profunda gratitud a Celeste Bartos, quien con su generosa donación hizo posible a The Museum of Modern Art, New York, la publicación conjunta de este volumen.

Glenn D. Lowry
Director, The Museum of Modern Art, New York

The Centre Pompidou feels especially fortunate to be able to participate in the celebrations that, throughout the world, are taking place in honor of the centennial of Luis Buñuel's birth. We are pleased to show, as one of the centerpieces of the Pompidou's cinematography series for the year 2000, all of the films by the Spanish director. This project came about in collaboration with the Instituto Cervantes in Toulouse and Paris, which will simultaneously offer an educational exhibition about Buñuel, in addition to the publication of this catalogue, which includes testimonies and unedited documents about Buñuel's career as a filmmaker.

Buñuel thus occupies a place of honor in the Centre Pompidou this year. In fact, for the first time in the history of the National Museum of Modern Art, an entire room of the museum, chosen among those dedicated to Surrealism, will be devoted entirely to film and to a filmmaker, Luis Buñuel. Almost impossible to see for nearly fifty years, and today universally recognized as one of the great films in the history of cinematography and the cornerstone of Buñuel's work, *L'Age d'or* (1930) is shown to the visitors of the National Museum of Modern Art in a room specially prepared for the occasion. The film's negative, which was donated to the museum and restored in 1993, forms part of the Centre Pompidou's collection.

I wish to thank here the German Federal Republic Salon of Art and Exhibitions in Bonn and the Luis Buñuel Foundation in Paris for their extremely valuable contributions. I would also like to thank Jean-Michel Bouhours, curator of the National Museum of Modern Art, for taking charge of this event.

To celebrate Buñuel is, obviously, to pay homage to one of the greatest filmmakers of the century that has now come to an end. It is through Buñuel's immense work, which in all reality never abandoned Surrealism, that we recognize the importance of magic and dreams in XX century culture.

Jean-Jacques Aillagon
President, Centre Pompidou

Con esta presentación de la totalidad de las películas del cineasta español, que constituye uno de los platos fuertes de la programación cinematográfica del *Centre* para el año 2000, el *Centre Pompidou* se siente especialmente afortunado por asociarse a las celebraciones que, en todo el mundo, marcarán el centenario del nacimiento de Luis Buñuel. Este proyecto se inició en asociación con los Institutos Cervantes de Toulouse y París, que presentarán paralelamente una exposición informativa además de la presente publicación, que incluye testimonios y documentos inéditos relativos a la carrera de Buñuel como cineasta.

Por lo tanto, Buñuel ocupa este año un lugar de honor en el *Centre Pompidou*. Efectivamente, por primera vez en la historia del *Museo Nacional de Arte Moderno*, una sala del museo —de entre las dedicadas al Surrealismo— se dedica por entero al cine y a un cineasta, Luis Buñuel. Prácticamente imposible de ver durante casi cincuenta años, y reconocida hoy día universalmente como una de las obras maestras de la historia del cine y piedra angular del edificio buñueliano, *La edad de oro* (1930), cuyo negativo entró a formar parte de la colección del *Centre Pompidou* a través de una donación y que fue restaurado en 1993, se proyecta así para los visitantes del *Museo Nacional de Arte Moderno* en una sala acondicionada especialmente.

Quiero mostrar aquí mi agradecimiento a la *Sala de Arte y Exposiciones* de la República Federal de Alemania en Bonn y al *Fondo Luis Buñuel* de París por su contribución especialmente valiosa, así como a Jean-Michel Bouhours, conservador del *Museo Nacional de Arte Moderno*, que se ha hecho cargo de este acontecimiento.

Celebrar a Buñuel es, evidentemente, rendir homenaje a uno de los mayores cineastas del siglo recién terminado; es también dar cuenta, a través de una obra inmensa que nunca abandonó realmente el Surrealismo, de la importancia de lo maravilloso y de los sueños en la cultura del siglo XX.

Jean-Jacques Aillagon
Presidente, *Centre Pompidou*

Now that we are preparing to celebrate—and will celebrate here shortly—the centennials in honor of those who contributed to XX century culture, the question that emerges is what is the most appropriate way to commemorate the centennial of an author of films. Beyond remembering his birth, the centennial of Luis Buñuel celebrates the total personality of the universal artist who, as a metaphor for the century and the country that he was born in, created his singular work where his uprootedness could take root.

In the course of 32 films—in spite of and sometimes despite the production conditions, subject matter, countries where they were filmed, and the many obstacles that the seventh Art is capable of interposing between the *mobil* of the creator and the final shape of the idea in images and sound—Buñuel's work achieved a unique coherence. "Among the directors, I am the one who most expresses himself through cinema, as he is", he would say during the final years of his life in a declaration that should be kept closely in mind when it comes to seeing his films.

The Cultural Secretary of State, the Institute of Cinematography and Audiovisual Arts, and the Filmoteca Española have all wished to celebrate the Centennial under the insignia of a central idea: guarantee that the work of the filmmaker—his movies—are accessible to the citizens of today and for generations to come.

It was with this intention that, in 1996, we acquired the director's personal archives, which consist of documents, screenplays, his personal library, photographs, and objects related to his career. For many years, the Filmoteca Española has devoted continuous energy to preserving his films so that his complete filmography would be conserved and so that it could be seen in Spain. For a filmmaker who possesses the personality and talent of Buñuel, there is no better tribute than direct access to his work and to documents that further research.

Every publication that emerges in the shadow of this Centennial will add to the ample and varied bibliography on Buñuel. But it is no less certain that we are dealing with a personal achievement and a career that is difficult to domesticate, which is why Buñuel will be the subject of new readings throughout the years.

Buñuel's definition of cinema or, as he would say, this "marvelous instrument for the expression of poetry and dreams" is a living presence in this project, which has been completed with commendable rigor and dedication. We are, therefore, happy to have been able to collaborate on it. We are certain that reflecting upon his achievements will be pleasing to everyone who, unconscious of the danger, looks inside.

José Maria Prado
Director, Filmoteca Española

Ahora que la cultura del siglo está desgranando —y va a desgranar de aquí a poco— los centenarios de aquellos que la construyeron, se plantea espontáneamente la pregunta acerca de cuál puede ser la manera más adecuada de conmemorar el de un autor de películas. Más allá del acta de nacimiento, este centenario de Luis Buñuel celebra el conjunto de la personalidad de un artista universal que, metáfora también del siglo y de la historia del país en el que le tocó nacer, hizo su obra singular allá donde pudo enraizar su desarraigo.

A través de 32 películas que, por encima, y a veces a pesar de las condiciones de producción, de los temas impuestos, de los países en que se rodaron y de cuantos obstáculos el séptimo Arte es capaz de interponer entre el *móvil* del creador y la plasmación final de la idea en imágenes y sonido, Buñuel logró una obra de insólita coherencia. "Yo soy de los directores del mundo el que más se expresa a través de sus películas como él es", llegaría a decir en los años finales de su vida, en una declaración que se ha de tener muy cuenta a la hora de aproximarse a su cine.

Desde la Secretaría de Estado de Cultura, el Instituto de la Cinematografía y de las Artes Audiovisuales y la Filmoteca Española han querido celebrar el centenario bajo la insignia de una idea central: conseguir que la obra del cineasta —sus películas— sea accesible para los ciudadanos de hoy para las generaciones futuras.

Con esta intención, ya en 1996 se adquirió el archivo personal del director, constituido por documentos, guiones, cartas, su biblioteca personal, fotografías y objetos relacionados con su carrera. Desde hace muchos años la Filmoteca Española ha venido dedicando un esfuerzo continuado a la preservación de las películas, con el fin de que su filmografía completa se conserve y se pueda ver en España.

En un cineasta de las características y la genialidad de Buñuel, el acceso directo a su obra y a los documentos que permiten su estudio es el mejor homenaje que se le puede rendir.

Si bien la bibliografía existente sobre Buñuel es amplia y variada, no es menos cierto que nos encontramos ante una realización personal y una trayectoria difícilmente domesticables y, en cambio, susceptibles de nuevas lecturas en el futuro.

Ese cine, que el propio Buñuel definiría como "instrumento maravilloso para la expresión de la poesía y los sueños" tiene una presencia viva en esta propuesta, llevada a su forma final con un rigor y una dedicación encomiables. De ahí, también, que nos satisfaga haber podido colaborar en ella y de que estemos seguros de que la contemplación de sus logros resultará gozosa para cuantos, inconscientes del peligro, se asomen a su interior.

José María Prado
Director, Filmoteca Española

ÍNDICE TABLE OF CONTENTS

Escritos Texts

Su obra y su tiempo His Work and His Times

Entrevistas Interviews

Obsesiones Obsessions

Filmografía y bibliografía Filmography and Bibliography

ESCRITOS TEXTS

Introduction

ENRIQUE CAMACHO AND MANUEL RODRÍGUEZ BLANCO

Among the innumerable photographs that make up Luis Buñuel's personal album, there is one dated November 1972 that shows a rare gathering of some of the more renowed directors of American cinema: Robert Mulligan, William Wyler, Robert Wise, George Stevens, Rouben Mamoulian, and Alfred Hitchcock. They had been invited by the filmmaker George Cukor to a dinner at his house in Beverly Hills to celebrate the Oscar that was awarded, in honor of Buñuel, to the best foreign-language film, *The Discreet Charm of the Bourgeoisie*. The guest of honor arrived in the company of his son Rafael, along with Jean–Claude Carrière and Serge Silberman, screenwriter and producer of his last films. Without a doubt, this was the respect that the director from Aragon deserved, *primus inter pares*, and the award he received from Hollywood was the definitive international recognition of his cinematic career. But such recognition does not come as a surprise when we consider that various specialists of different nationalities count *Un Chien Andalou*, *L' Age d'or*, and *Land without Bread* among the first twenty films that have left their mark on the seventh art during the XX century. Certainly, the celebrity of the man from Calanda was based in great measure on these three initial works, although it is no less certain that his later productions—the twenty-some movies made in Mexico, the two in Spain, and seven more in France—must be understood as one of the most emblematic and genuinely Spanish artistic contributions to contemporary Western culture. The far-reaching importance of Buñuel's films is reason enough to organize, on the centennial of his birth, a series of cultural events and retrospective exhibitions, which aims to reveal the true scope of his creative personality—his films, of course, but also his literary work—as well as the significant period of time, from the Surrealist avant-garde to the exile in Mexico, to which he belonged.

Hence, the Instituto Cervantes took the initiative in preparing, as the core of *Buñuel: 100 Years. It's Dangerous to Look Inside*, two exhibitions that have been thematically organized. The first of these, His Lifework and His Times, offers a synthesis of the Spanish filmmaker's biography. Particular attention, in this section, has been given to his family life and the close friends who were decidedly influential in his intellectual and creative development (Salvador Dalí, Federico García Lorca, José Bello, Rafael Alberti, José Moreno Villa... the Parisian Surrealist group); also present are those who supported him during his exile in Mexico (Max Aub, José Bergamin, Manuel Altolaguirre, Juan Larrea, Octavio Paz, Carlos Fuentes, etc.); and also recognized in this section is Buñuel's contribution to XX century Hispanic-French culture. Of equal importance is the section entitled Obsessions, which is an anthology of some of the most surprising recurring themes, characters and motifs that appear with astonishing regularity throughout Buñuel's cinematic production. The exhibit offers a glimpse of an extremely personal artistic and cultural universe, the basis of which, whether real or imagined, came from Buñuel's own life.

Presentación

ENRIQUE CAMACHO Y MANUEL RODRÍGUEZ BLANCO

Entre las innumerables fotografías del álbum personal de Luis Buñuel se encuentra una fechada en noviembre de 1972 en la que aparecen excepcionalmente reunidos algunos de los directores más renombrados del cine estadounidense: Robert Mulligan, William Wyler, Robert Wise, George Stevens, Ruben Mamoulian y Alfred Hitchcock. Habían sido invitados por el cineasta George Cukor a una cena en su casa de Beverly Hills para celebrar, en honor del español, la concesión del *Oscar* como mejor película extranjera del certamen a *El discreto encanto de la burguesía.* El homenajeado acudió en compañía de su hijo Rafael y de Jean Claude Carrière y Serge Silberman, guionista y productor de sus últimos filmes. Sin duda es éste el testimonio gráfico del respeto que merecía el director aragonés, *primus inter pares,* y el galardón obtenido en Hollywood el definitivo reconocimiento internacional por su carrera cinematográfica. En este sentido, no extraña que varios especialistas de distintas nacionalidades incluyeran *Un perro andaluz, La edad de oro* y *Las Hurdes* entre los veinte primeros títulos de una selección de las películas que han marcado la historia del séptimo Arte durante el siglo XX. Cierto es que si la celebridad del calandino se asienta en gran medida sobre estos tres trabajos iniciales, no lo es menos que su producción posterior —una veintena de películas rodadas en México, otras dos en España y siete más en Francia— ha de comprenderse entre las aportaciones artísticas más emblemáticas y genuinamente españolas a la cultura occidental contemporánea. Esta impronta singularísima del ejercicio cinematográfico de Buñuel parecía, pues, razón suficiente para organizar al alba del nuevo milenio, y coincidiendo con el centenario de su nacimiento, una serie de actos culturales y exposiciones retrospectivas con el fin de reconstruir no sólo la verdadera dimensión de su personalidad creadora, sino también su obra tanto fílmica como literaria y la generosa porción de tiempo ––desde la vanguardia surrealista al exilio mexicano— en la que ésta se inscribe.

De ahí que el Instituto Cervantes tuviera la iniciativa de preparar como eje vertebrador de *Buñuel: 100 años. Es peligroso asomarse al interior* dos exposiciones temáticas, las mismas que hoy mostramos en el presente catálogo. La primera de ellas, *Su obra y su tiempo,* presenta una síntesis biográfica del cineasta español, que concede especial relieve al entorno familiar y al afectivo de las amistades —señaladamente decisivas en su formación intelectual y creativa (Salvador Dalí, Federico García Lorca, José Bello, Rafael Alberti, José Moreno Villa…, el grupo surrealista parisino), muy fecundas y tributarias durante el período de su exilio mexicano (Max Aub, José Bergamín, Manuel Altolaguirre, Juan Larrea, Octavio Paz, Carlos Fuentes, etc.)—, así como a su aportación a la cultura hispano-francesa del siglo XX. No es menor la importancia concedida a *Obsesiones*, exposición antológica en torno a algunas de las recurrencias temáticas más sobresalientes, a los personajes y motivos cuya presencia resulta abrumadoramente reiterativa a lo largo de la producción cinematográfica de Buñuel, dejando entrever su personalísimo universo artístico y cultural, con el trasfondo, real o imaginario, de su vida misma.

The director who made *Un Chien Andalou* was born with the cinema for the cinema. Here we see the Buñuel we know best, surrounded by the aromas of his native land, and opening his eyes to the cultural avant-garde in Madrid during the *anneés folles*. Here we see the image of a young man arriving at the *Residencia de Estudiantes* who went on to become the faithful squire of a Surrealism without labels, the defiant knight who transformed cinema into art, the standard bearer of the cosmic unconscious and imagination. Here we see Buñuel making the decision to become the director Luis Buñuel after André Breton had shaken the pillars of poetry with his Surrealist Manifesto and Louis Aragon had given his celebrated lecture in the salons of the "*Resi*" [Residencia de Estudiantes.] And here we find the progenitor of Filmófono, who had the will to make his living by working in the film industry, and who, with the professional realism he acquired, produced convincing cinematic work. And finally, here is Buñuel in exile in the lands of Mexico, with brief stays at L'Aiglon in Paris; and most importantly the international applause and the late films of this director of the century who went from *Los olvidados* to the Oscar of Hollywood, from Cannes to Venice, from *Simon of the Desert* to *That Obscure Object of Desire*.

In the reflection of Buñuel's public image as one of the quintessential artists of the twentieth century, there is also Luis, the private person, who wishes to emerge: his childhood spent in Calanda, the liturgies and drum rolls, his Jesuit education, the discontents of his youth. Here is his first intimate autobiography taken to the semi-occult level of his films. Here we evoke the activities of a man who served the Republic, who was committed to art and honor. But there are also many other things of the heart: his marriage to Jeanne, his affection for his children, the ritual of his hobbies and habits, his friendships, and the way he treated his closest collaborators... and also the understandable fear that was triggered by the distrust of those who prematurely and rigidly judged his return to Spain to make *Viridiana*. In short, the Buñuel who never forgot Luis.

This project would have never been completed, much less seen the light of day, without the support of Ministry of Culture and Communication (DRAC Midi-Pyrénées), the Midi-Pyrénées Regional Counsel, the General Consul of Haute-Garonne, the Mayor's Office Toulouse, the GAN Foundation for Cinema, and the Department of Culture and Tourism of the General Delegation of Aragon. These pages are also a testimony of our sincere gratitude to the filmmaker's sons, Juan Luis and Rafael Buñuel Rucar, whose generosity and willingness to make their family's legacy available to us were indispensable to the completion of the exhibit; they prove yet again that the filial bond is still a joyous one. Nor can we forget the help that, throughout these long months of preparing for the centennial, innumerable friends and collaborators have given us. We are particularly indebted to Pedro Christian Buñuel and the surgeon José Luis Barros. Also, because of the graciousness with which they embraced this project and the contributions they made in order to bring this project to fruition, it would be unthinkable to omit the names of José María Prado, director of the Filmoteca Española, Pierre Cadars, director of La Cinémathèque de Toulouse, and Jean-Michel Bouhours, curator of film at the Centre Pompidou. Similarly, we express our gratitude to the people whose memories and opinions enriched the content of this catalogue and their illustrations of the personality of the creator of *The Milky Way*. Nor should we forget the work of Buñuel specialists whose research has shed light on our project. It would also be unthinkable to omit the pertinent suggestions—even if they were not always carried out in the most prudent manner—of those who

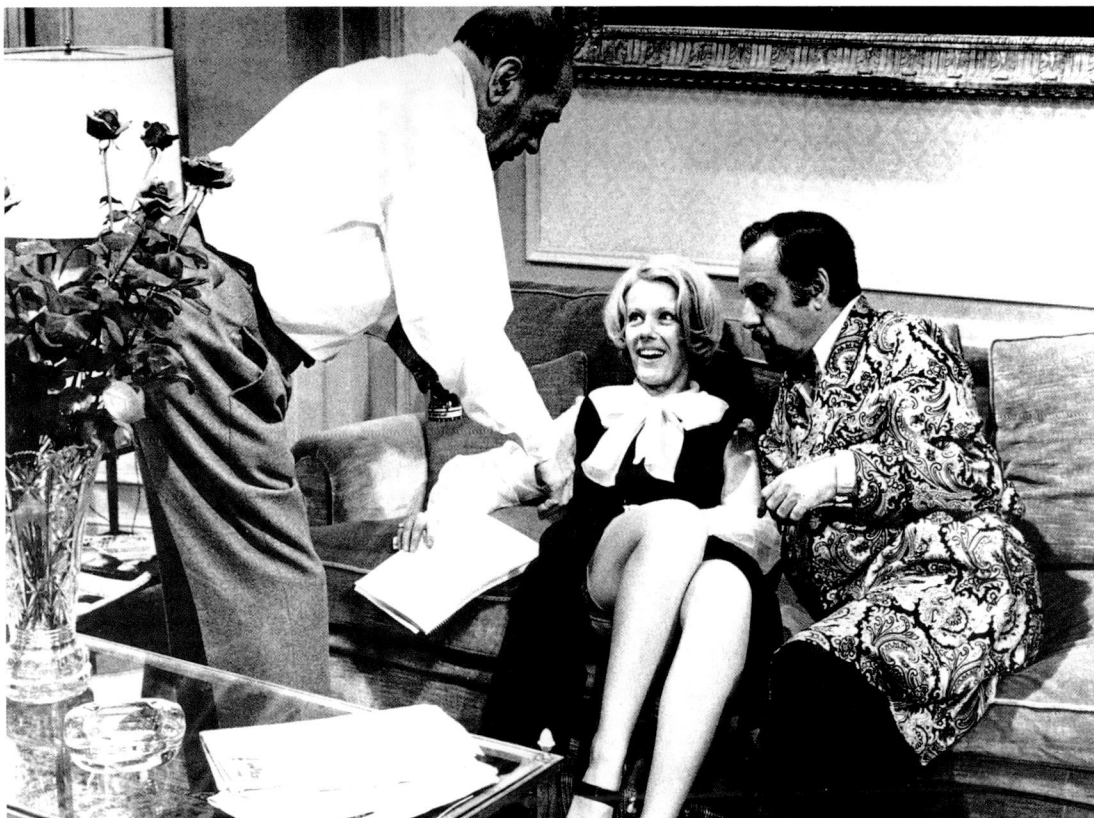

EL DISCRETO ENCANTO DE LA BURGUESÍA / THE DISCREET CHARM OF THE BOURGEOISIE, 1972.

Porque quien filmó *Un perro andaluz* había nacido con el cine para el cine. Por eso, aquí está el Buñuel más divulgado, envuelto por los aromas del terruño y descerrajando sus ojos ante el mundo vanguardista en el Madrid de los *années folles*. Aquí quiere fijar su imagen el joven recién llegado a la Residencia de Estudiantes, el fiel escudero de un surrealismo sin etiquetas, el insumiso hidalgo creador del cine como arte y estandarte del cosmos de la subsconciencia y de la imaginación. Aquí está el Buñuel decidido a ser definitivamente el director Luis Buñuel, cuando André Breton ya había zarandeado los pilares del poema con su *Manifiesto del Surrealismo* y Louis Aragon dictaba su célebre conferencia en los salones de la "Resi". Y, cómo no, aquí surge el progenitor de *Filmófono*, aquella voluntad de procurar la existencia de un cine industrial y que, con el realismo profesional que venía al caso, produjo una convincente labor fílmica. Aquí están, por último, sus vidas de exilio en tierras mexicanas con estancias circunstanciales en el hotel *L'Aiglon* de París; también, y sobre todo, el aplauso internacional y la forja última del cineasta de la centuria, desde *Los olvidados* al *Oscar* de Hollywood, desde Cannes a Venecia, desde *Simón del desierto* a *Ese oscuro objeto del deseo*.

Y junto a ese Buñuel con la imagen pública de los artistas imprescindibles del siglo, quiere aparecer al trasluz el Luis más recóndito. Aquí están, pues, las horas infantiles calandinas, liturgias y redobles de tambor, la enseña jesuítica y la juventud insatisfecha: su primera autobiografía íntima llevada al plano semioculto de sus películas. Aquí se evocan las actividades de un hombre al servicio de la República, comprometido con el Arte y

worked on this project with us. We refer to the workforce that, in Madrid and Toulouse (thanks to the gadgets of Modernity, discussions, and difficult circumstances), has turned our desires into reality. We need no reminders of their support. And finally, why not, we give thanks to Luis Buñuel for having filmed for us the capacity to dream.

VIRIDIANA, 1961.

con la honradez. Pero también otras muchas cosas del corazón: el matrimonio con Jeanne, la ternura paterna, el ritual de sus aficiones y costumbres, la amistad y el trato con los colaboradores más próximos..., hasta el miedo natural que suscitaron en él los recelos de quienes enjuiciaron prematura y torticeramente su vuelta a España para rodar *Viridiana*. En suma, el Buñuel que no olvidó ser Luis.

Para llevar a término el programa que nos propusimos ha sido imprescindible el apoyo, desde sus albores, del *Ministère de la Culture et de la Communication* (*DRAC Midi-Pyrénées*), el *Conseil Régional Midi-Pyrénées*, el *Conseil Général de la Haute-Garonne*, la *Mairie de Toulouse* y la *Fondation GAN pour le Cinéma* y el Departamento de Cultura y Turismo de la Diputación General de Aragón. Quede en estas páginas también el testimonio de nuestra sincera gratitud a los hijos del cineasta, Juan Luis y Rafael Buñuel Rucar, cuya generosidad y préstamo del legado familiar nos han sido imprescindibles para completar la exposición y que prueban, una vez más, el recuerdo filial que mantienen jubiloso. No podemos olvidar la ayuda que durante estos largos meses de preparación del centenario nos han ofrecido innumerables amigos y colaboradores. Con Pedro Christian Buñuel y con el cirujano José Luis Barros hemos contraído una deuda muy especial. Porque acogieron confiadamente con agrado nuestro propósito y contribuyeron a que esta conmemoración del centenario tuviera su concreción, parecería indebido silenciar los nombres de José María Prado, director de la Filmoteca Española, Pierre Cadars, director de *La Cinémathèque de Toulouse* y Jean-Michel Bouhours, conservador de cine del *Centre Pompidou* de París. Asimismo, expresamos nuestra gratitud a las personas que con sus recuerdos y opiniones enriquecen el contenido de este catálogo e ilustran la personalidad del autor de *La vía láctea*. No olvidamos tampoco a los especialistas de la obra de Buñuel, cuyos estudios fueron dando luz a nuestro trabajo. Además, sería improcedente no reconocer la pertinencia de las sugerencias, quizás no siempre plasmadas en los hechos con la debida sensatez, de aquellos con quienes compartimos nuestro proyecto. Nos referimos a los equipos de trabajo que desde Madrid y en Toulouse (merced a los artilugios de la Modernidad, al diálogo y también a algunas contrariedades) han hecho realidad nuestros deseos. Su sincera amistad justifica su omisión. Y finalmente, cómo no, gracias a Luis Buñuel Portolés, por habernos filmado la posibilidad de soñar.

Caption for a photo of L.B. along the streets of Mexico

MAX AUB

The illogical fascinates him, for it hasn't a verb, the absurd, for it too lacks a verb; also why not because why not. It either is or it isn't. What doesn't count is what can be rejected, negated, discarded, refuted, any regular verb. The irrational yes, the arbitrary no; arbitrariness, not unlikely; unlikely, not what's impossible.

The ridiculous, the enormous, the monstrous, the anomalous, deliriousness (not wackiness or madness), the asinine, not the foolish; impertinence but not extravagance. He is charmed by what is senseless, incoherent, disobedient, fictional, oneiric, nonsensical, phantasmagoric; now and again, the stupid, the absurd, the contradictory if it opposes, counter meanings, paradoxes, nonsense, mistakes. Being delirious, having no head or tail, but never talking gibberish. Above all, the irrational for the sake of the rational. A certain brutality for the sake of whatever it partakes of bestiality. The unreasonable, the irrational (which are not the same: the irrational can be reasonable). Inconvenience for the sake of whatever it has of the bourgeois. Hence his liking for what the "well educated" call immoral and for pornography, which is delicately referred to as eroticism.

He prefers nouns to verbs: to talk absurdities, no, to talk nonsense, no, to rave, no, to dream, no, to lose it, no, but the noun of all nouns yes: absurdities, dreams, crammed into the most vulgar and quotidian reality.

Let's finish this up before moving on to humor, irony, discretion, jokes, pranks, satire, sarcasm, causticity, mordancy, the death of illusions. Add to that irreverence, disobedience, rebelliousness, brazenness, disdain, scorn—short of offending—profanation, blasphemy, irreverence; everything short of dissonance; scorn, offense, profanation, blasphemy. At a crossroad: the pretence of innocence just in case.

Neither credulous nor incredulous, neither religious nor irreligious, neither communist nor bourgeois (much less anticommunist), neither anarchist nor totally opposed, neither a believer nor a disbeliever (take magic, for example). Skeptical without being so, not completely atheist, maybe—I don't believe it— a disbeliever, materialist to a point, faithful and unfaithful, heretical without knowing about what, anticlerical with absences, irreverent, libertine, impious in principle only; sacrilegious in form only, as un-Catholic as a Spaniard can ever be, which isn't a whole lot. Hypocrite in the best sense of the word, which there is. Daring reluctantly. Fond of talking back to authority as long as it doesn't get him into trouble. Quick. Well-educated. Egotist and fabulist. Fond of helping. Difficult to anger, but no stranger to letting

Largo pie para una fotografía de LB por las calles de México

MAX AUB

Le fascina lo ilógico, que no tiene verbo, lo absurdo, que tampoco disfruta de tal; lo porque sí, que tampoco se puede declinar. Sólo es o no es. No cuenta lo que se puede rechazar, rehusar, desechar, despedir, refutar, verbos regulares. Sí lo irracional, no lo arbitrario; la arbitrariedad, no lo inverosímil; la inverosimilitud, no lo imposible.

El despropósito, la enormidad, el desvarío, la aberración, el delirio, (ni la locura ni el devaneo), la burrada no la necedad; la impertinencia mas no la extravagancia. Le encanta la insensatez, la incoherencia, la desconformidad, la ficción, el sueño, el esperpento, las apariciones; a veces, la patochada, el absurdo, la contradicción si es oposición, el contrasentido, las paradojas, el disparate, el desbarro. Delirar, no llevar pies ni cabeza; pero nunca hablar a tontas y a locas. Lo irracional, ante todo, por lo racional. Cierta brutalidad por lo que tiene de bestialidad. Lo irrazonable, lo disparatado (que no son lo mismo: lo disparatado puede ser razonable). Lo inconveniente para lo que se tiene burguesamente por ello. De allí su gusto por lo inmoral desde el ángulo de la "buena educación" y por la pornografía, así se llame erotismo por lo fino.

Prefiere los nombres a los verbos: ni disparatar, ni desbarrar, ni desvariar, ni soñar ni delirar, sino lo sustantivo de los sustantivos: los disparates, los sueños, embutidos en la realidad más vulgar y cotidiana.

Apaga y vámonos antes de pasar al humor, la ironía, al donaire, la broma, la burla, la sátira, el sarcasmo, lo cáustico, lo mordaz, la muerte de las ilusiones. Añádase la irreverencia, la desobediencia, la rebeldía, el descaro, el desdén, el menosprecio —sin llegar a la ofensa—, la profanación, la blasfemia, la irreverencia; todo sin hacer disonancia: desprecio, ofensa, profanación y blasfemia. Entre dos aguas; haciéndose el inocente, para poder defenderse en caso necesario.

Ni crédulo ni incrédulo, ni religioso ni irreligioso, ni comunista ni burgués (ni mucho menos anticomunista), ni anarquista ni totalmente en contra, ni creyente ni increyente (en la magia, por ejemplo). Escéptico sin serlo, ni ateo del todo, tal vez —no lo creo— descreído, materialista hasta cierto punto, fiel e infiel, hereje sin saber de qué, anticlerical con lagunas, irreverente, libertino, sólo en principio impío; sacrílego sólo en las formas, descatolizado hasta el punto en que puede serlo un español, que no es demasiado. Hipócrita en el buen sentido de la palabra, que lo tiene. Atrevido sin querer. Amigo del desacato a las autoridades siempre que no entrañe peligro para él. Adelantado. Bien educado. Egoísta y espléndido. Amigo de ayudar. Difícil de enfurecer, pero no enemigo de dejarse llevar por su temperamento. Amigo de los excesos, lo infrecuente; monstruo normal; nada rencoroso; cascarrabias a veces; algo quisquilloso; malicioso; amigo de retruécanos, anfibologías y ambigüedades, no le importaban los contrasentidos ni la malicia ni la corrupción —teniendo muy en menos los

his temperamental side get the best of him. Fond of excesses, infrequency; ordinary monster; not a bit rancorous; irritable at times, somewhat fussy; malicious; fond of puns, amphibology and ambiguities, he doesn't care for contradictions or malice or corruption, including *vices*. He doesn't care for lies if they aren't the result of or lead to intrigues, he never gets off track, he ignores bad thoughts because they are easy to uncover. He isn't fresh, or amorous, or suave. Obstinate, tenacious, tough, married to his opinions, persistent, pigheaded, stubborn as he can be but not hard—headed, nearly inflexible, deaf, impertinent, obstinate, blinded but not fanatical; consistent, sectarian, protective of his friends; stubborn but not maniacal, keeps his promises and knows what it means to be responsible despite his love of the irrational. Punctual without fail, he goes out of his mind if others aren't.

Fond of gaping, of staring, of the cold, of walking, of killing time, of idleness and good wine, sweet aperitifs, creams, pastries and if its eating we're talking about I don't know a dish—well garnished—that he doesn't consume whole-heartedly; when it comes to food he doesn't have preferences; simple or fancy it's all the same to him whether the food has been prepared by chefs or kitchen boys. Eat—did he ever eat, ay!—like a German, like a Frenchman, like an Aragonés. They say: "God first, the pot second;" to him, it's all the same, whenever. He was a man of invitations, a gastronomist of the tavern and glutton of the finest restaurants. Multi-faceted.

Partial, with preferences, predilections, favorites, weaknesses for those who perhaps don't deserve it (who does?), prejudices (but just as capable of throwing them overboard), intolerant, has certain obsessions, well-mannered, unconcerned about what others will say, seemingly more pensive, because of age, than he is and seems.

Intelligent, an arbitrary critic, and therefore excellent. Fond of his friends, the older the better, because of his love of life.

Respectful of fate. Lover of the illogical. With that long face, walking bent over by the years, little inclined to showing affection, Luis Buñuel, on his way to the supermarket to buy fresh sardines, that is if there are any; *Noilly Prat*, if he finds a bottle. Incapable of taking a pack when going out, happy that a friend brings him a pack of Gitanes. Contradiction made into art.

Insula, no. 320-321, 1973

vicios—. No le importan las mentiras si no provienen o buscan enredos, jamás toma el rábano por las hojas, ignora los malos pensamientos porque los descubre fácilmente. Ni fresco, ni amoroso, ni suave. Terco, pertinaz, duro, casado con sus opiniones, porfiado, cabezudo, tieso que tieso pero no duro de mollera, casi irreductible, sordo, impertinente, testarudo, obcecado, pero no fanático; constante, sectario, defensor de sus amigos; empecinado pero sin manías, cumple lo que promete y sabe lo que es hacerse responsable a pesar de su afición a lo irracional. Puntual sin falla, se sale de sí si los demás no lo son.

Amigo de papar moscas, mirar las musarañas, el frío, andar, matar el tiempo, la ociosidad y el buen vino, los aperitivos dulces, las cremas, la repostería, y si de comer se habla todavía no conozco plato —si bien aderezado— al que no le entre como valiente; no tiene, en la mesa, preferencias: lo popular y lo muy preparado en cocina de altos gorros y pinches le tientan por igual. Come —comía ¡ay!— como un tudesco, un gabacho, un aragonés. Dicen: "Después de Dios, la olla"; para él tanto montan, a sus horas. Fue hombre de convites, gastrónomo de taberna y tragaldabas de restaurantes de los más nombrados. Polífago.

Parcial, con preferidos, predilectos, favoritos, debilidades por quienes tal vez no las merecían (¿quién no?), prejuicios (pero capaz fácilmente de echarlos por la borda), obstinado, intolerante, con ciertas obsesiones, de buenas costumbres, sin importarle el que dirán, parece más caviloso, por los años, de lo que es y está.

Inteligente, crítico arbitrario y por lo tanto excelente. Amigo de sus amigos, cuando más viejos mejor, por su amor a la vida.

Respetuoso del azar. Amante de lo ilógico. Cara de verdugo; de andar ya recargado por sus años, poco dado a demostrar sus afectos, por ahí va al Supermercado, Luis Buñuel a comprar sardinas frescas, si las hay; *Noilly-Prat*, si encuentra una botella. Incapaz de viajar con un paquete, feliz de que un amigo le traiga uno de Gitanes. Contradicción hecho arte.

Ínsula, nº 320-321, 1973.

Letter to LB

OCTAVIO PAZ

Cannes, April 11, 1951
M. Luis Buñuel
Mexico D.F.

Dear Buñuel:

Yesterday we showed *Los olvidados*. I believe that we've won the battle with the public and the critics. Better yet, it has been won by your movie. I'm not certain that the jury will award you first prize. What is certain is that everyone considers–at least up until now–*Los olvidados* to be the best film shown at the Festival. We are thus assured (taking into account, naturally, reservations, surprises and last minute changes) of a prize.

I'll tell you now a little bit about how things went. On April 1ˢᵗ (I just learned that Karal, who represents the industry or the distributors–I'm not sure which–was named the official government representative when I went to interview him). Karal and his wife looked completely skeptical. They not only had no faith in your movie but I could tell that they didn't like it. Clearly, it was useless to discuss it with them. I knew that in eight days–faced with the opinions of people they respected–they would reconsider. That's just what happened. Now Karal predicts that *Los olvidados* will win first prize.

When I got to Cannes on the 3ʳᵈ I realized that neither Mexico nor Karal were prepared for the event. They didn't have pamphlets, publications, anything. Nor had they done the least bit of advertising or taken advantage of the admiration and friendship that they feel for you here. My first task was to get people talking. Fortunately, on the same day, the 3ʳᵈ, I met several friends (journalists and filmmakers) who, with total self-sacrifice–and out of affection for your work–, dedicated themselves to making *Los olvidados* "the film of the Festival"; among them I should mention Simone Rebreuilh (a friend of yours), Kyrou (a friend of Breton's), Frédéric and Langlois (from the Cinemateca), etc. First, they visited Prévert (who has behaved marvelously). We obtained the assistance of Cocteau and Chagall (Picasso promised to come, but wasn't able to or didn't want to–party politics?–attend the showing. Nonetheless, your friends were with us). We also mobilized what Mexican politicians call "the infantry" of the Festival: journalists, secretaries, etc. Prévert declared that a great film was at stake. Cocteau called the Secretary General several times asking for pamphlets, etc. Finally, with 24 hours to go, we distributed the text that I had written about you. In short, we created an atmosphere of suspense. It must also be mentioned that Karal, those last days, "woke up" and helped us. Danztinguer (is this the way it is spelled?) showed up at the last minute and–although late–was also effective.

Carta a LB
OCTAVIO PAZ

Cannes, 11 de abril 1951
M. Luis Buñuel
México D.F.

Querido Buñuel:

Ayer presentamos *Los olvidados.* Creo que la batalla con el público y la crítica la hemos ganado. Mejor dicho, la ha ganado su película. No sé si el Jurado le otorgará el Gran Premio. Lo que si es indudable es que todo el mundo considera que —por lo menos hasta ahora— *Los olvidados* es la mejor película exhibida en el Festival. Así, tenemos seguro (con, naturalmente, las reservas, sorpresas y combinaciones de última hora) un premio.

Ahora le contaré un poco cómo pasaron las cosas. El día 1 de abril (apenas supe que era delegado guberna-mental entrevisté a Karal, delegado de la industria, o de los distribuidores, no sé aún a ciencia cierta). Karal y su mujer se mostraban totalmente escépticos. No solamente no creían en su película, sino que adiviné que no les gustaba. Claro que me pareció inútil discutir con ellos. Sabía que en ocho días —y ante opiniones de gente que ellos consideran— cambiarían. Así ocurrió. Ahora Karal proclama que *Los olvidados* obtendrán el gran premio.

Cuando llegué a Cannes el 3 me di cuenta que ni México ni Karal habían preparado la presentación. No tenía-mos folletos, publicaciones, nada. Tampoco se había hecho la menor propaganda, ni se había utilizado la admi-ración y amistad que aquí le profesa. Mi primera preocupación fue movilizar la opinión. Por fortuna, el mismo día 3 encontré varios amigos (periodistas y cineastas) que con todo desinterés —y por amistad hacía su obra— se dedicaron a hacer de *Los olvidados* "el film del Festival" entre ellos debo mencionar a Simone Rebreuilh (amiga suya), Kyrou (un chico amigo de Breton), Frédéric y Langlois (de la Cinemateca), etc. En primer término visitaron a Prèvert (que se ha portado de un modo maravilloso. Logramos la colaboración de Cocteau y Chagall. (Picasso que prometió asistir, no pudo o no quiso —¿política de partido?— concurrir a la representación. De todos modos sus amigos estuvieron con nosotros). Movilizamos también a los que los políticos mexicanos lla-man "la infantería" del Festival: periodistas, secretarias, etc. Prévert declaró que se trataba de una gran película. Cocteau llamó varias veces a la Secretaria General, pidiendo folletos, etc. Finalmente, 24 horas antes, distri-buimos el texto que escribí sobre usted. En suma, creamos una atmósfera de expectación. Hay que decir que Karal los últimos días, "despertó" y nos ayudó. Danztinguer (¿se escribe así?) se presentó a última hora y —aunque tarde— también fue eficaz.

Ayer el teatro estaba lleno como en sus grandes días. Algo iba a pasar. Distribuimos a nuestros amigos estraté-gicamente. Pero no hubo batalla. Su película ganó al publico, aunque —claro está— parece que hay incom-

Yesterday the theater was full just like in its glory days. Something was going to happen. We sat our friends strategically. But there was no battle. Your film won the public over, although—understandably—it seems that there are misunderstandings among the "well-bred" and some communist group (about the latter I'm not altogether certain but they tell me that Sadoul found the film too "negative" and "useless"). The public applauded in a number of places: the dream, the erotic scene between Jaibo and the mother, the one with the pederast and Pedro, the dialogue between Pedro and his mother, etc.) At the end, big applause. But, above all, a profound, beautiful emotion. We left, as they say in Spanish, with a lump in our throats. There was one moment—when Jaibo wants to take out Pedro's eyes—when some hissed. But they were silenced by the applause.

The response couldn't be more enthusiastic. Prévert declared that it was the best film he had seen in the last ten years. Cocteau quoted Goethe, who had stated that the best musician of his day was Bethoven [sic]. And Mozart? He said: Mozart is neither first, nor second. He is unique, an exception. He said as much about Buñuel. He is neither first, nor second. He is unique. One of a kind. Pudovkin stated that it was a great film filled with the optimism of human values*. This remark will upset the communist journalists. Today in the morning French radio will speak to all of these celebrities in order to ask them their opinion. And we will send it to you. We will also send you the press clippings. And, for now, you can use everything I'm telling you for the press omitting, of course, intimate details that are meant for you only, such as Karal's attitude.

I need to ask you a favor: I added on page five of the article I sent you, after "stars great and small," the following: "We knew that Rodolfo Hafter [sic] was a great musician. We did not know that music—the art endowed with irreducible powers of enchantment—was such that it could become one with the action. Visual image, sound, and cinematic movement form an indivisible whole. Hafter's [sic] music possesses a quality that, without exaggeration, can be said to be internal. What I wish to say is this: it does not accompany the drama, it doesn't underscore it, it doesn't comment on it: it blossoms from the action, it is the action's fatal response, its necessary complement—unity achieved!"

I beg you to add this paragraph because not only does it seem appropriate to me but I would never forgive myself if I were to forget Hafter [sic]. Moreover, I implore you to copy the article and send it to Fernando Benítez, director of *Novedades*. It would be good if the article could appear with a brief note in which the success of *Los olvidados* is mentioned, as well as the comments I have written down for you in this letter.

And that is all but for a cordial salutation from your friend[1]
Octavio Paz
I will write you with new developments later.

*Chagall said that he wasn't surprised—he knew that you were a great artist. He also congratulated Figueroa and Hafter [sic].

[1] Is it necessary to repeat that I am proud to fight for a film such as *Los olvidados*?

prensiones: los "refinados" y algún grupo comunista (esto último no lo puedo asegurar, aunque me dicen que Sadoul encontró el film demasiado "negativo" e "inutilizable"). El público aplaudió varios fragmentos: el del sueño, la escena erótica entre el Jaibo y la madre, la del pederasta y Pedro, el diálogo entre Pedro y su madre, etc. Al final, grandes aplausos. Pero, sobre todo, una profunda, hermosa emoción. Salimos, como se dice en español, con la garganta seca. Hubo un momento —cuando el Jaibo quiere sacarle los ojos a Pedro— que algunos sisearon. Fueron acallados por los aplausos.

Los comentarios no pueden ser más entusiastas. Prévert declaró que era la mejor película que había visto en los últimos diez años. Cocteau citó a Goethe, quien había afirmado que el mejor músico de su época era Bethoven [sic]. ¿Y Mozart? Le dijeron : —Mozart no es el primero, ni el segundo. Es único, está aparte. Así dijo de Buñuel. Ni es el primero, ni el segundo: es único. Está solo— Pudovkine afirmó que se trataba de un gran film lleno de optimismo en los valores humanos[*]. Esta opinión desconcertará a los periodistas comunistas. Hoy por la mañana la Radiodifusión francesa invitará a todas esas personalidades para pedirles opiniones. Ya se las enviaremos. También le remitiremos los recortes de prensa. Y por lo pronto puede usted utilizar para la prensa lo que le cuento, omitiendo, naturalmente, los detalles íntimos que son sólo para usted, como la actitud de Karal.

Tengo que pedirle un favor: agregue en la página cinco del artículo que le envié, a continuación de "grandes y pequeñas estrellas", lo siguiente: "Sabíamos que Rodolfo Hafter [sic] es un gran músico. Ignorábamos que la música —arte dotado de irreductibles poderes de encantación— era de tal modo capaz de fundirse a la acción. Imagen visual, sonido y movimiento fílmico forman un todo indivisible. La música de Hafter [sic] posee una calidad que no es exagerado llamar interior. Quiero decir: no acompaña el drama, no lo subraya, ni lo comenta : brota de la acción, es su respuesta fatal, su necesario complemento ¡lograda unidad!"

Le ruego agregar este párrafo porque no solo me parece justo sino porque no me perdonaría a mí mismo haber olvidado a Hafter [sic]. Asimismo le suplico que mande copiar el artículo y se lo envíe a Fernando Benítez, director de *Novedades*. Sería bueno que el artículo apareciese con una breve nota en la que se mencionase el éxito de *Los olvidados* y las opiniones que le transcribo en esta carta.

Y nada más, sino un cordial saludo de su amigo[1]·
Octavio Paz
Le escribiré después con nuevos detalles.

[*] Chagall declaró que no estaba sorprendido: sabia que usted era un gran artista. Felicitó también a Figueroa y Hafter [sic].
[1] ¿Es necesario repetirle que estoy orgulloso de luchar por una pelicula como *Los olvidados*?

Resi
1919

SU OBRA Y SU TIEMPO
HIS LIFEWORK AND HIS TIMES

Aragon: Childhood and Adolescence

1900–1917

The émigré Leonardo Buñuel, a hardware merchant and arms dealer in Cuba, returned to the province of Teruel in Calanda shortly before the Spanish colony won its independence. He was forty-three years old when he married María Portolés, a young girl of seventeen. Luis, the first of seven siblings, was born on February 22, 1900. His childhood and adolescence were spent between his birthplace and Saragossa. His family was comfortably well off and he was educated in the extremely religious halls of the Jesuits.

The festivals, Holy Week celebrated in Calanda to the sound of drum rolls and the chiming of bells, the puppet shows on the family farm, his passion for guns, his first encounters with death, "*los carnuzos*" (carrion), his fondness for the most diverse animals, disguises, and street scenes, which supplied him with the images and sensations that would be recorded in his memory… and in his films.

IN PRESENTING HERE THE LIFE AND WORK OF THE SPANISH FILMMAKER, WE DRAW UPON WHAT BUÑUEL HIMSELF HAS TO SAY IN *MY LAST SIGH*, AND ALSO HIS WIFE, JEANNE RUCAR, IN *MEMOIRS OF A WOMAN WITHOUT A PIANO*.

Aragón: infancia y adolescencia
1900–1917

El emigrado Leonardo Buñuel, ferretero y comerciante de armas en Cuba, regresa a la localidad turolense de Calanda, poco antes de la independencia de aquella colonia española. Tiene cuarenta y tres años cuando se casa con María Portolés, una jovencita de diecisiete. El 22 de febrero de 1900 nace Luis, el primogénito de siete hermanos. Su infancia y adolescencia transcurren entre el pueblo natal y Zaragoza, en el ambiente de una familia acomodada y de una educación de extrema religiosidad en las aulas de los jesuitas.

Las festividades populares, la Semana Santa calandina al son del redoble de tambores y los tañidos de campanas, un teatro de marionetas en el granero familiar, la pasión por las armas, los primeros encuentros con la muerte, los "carnuzos" (la carroña), el afecto por los más variopintos animales, los disfraces y la sorpresa misma de la calle, le deparan algunas de las imágenes y sensaciones que quedarán grabadas en su memoria... y en sus películas.

CON LAS PALABRAS DE LUIS BUÑUEL, *MI ÚLTIMO SUSPIRO,* Y DE JEANNE RUCAR, *MEMORIAS DE UNA MUJER SIN PIANO,* SE RECONSTRUYEN EN ESTAS PÁGINAS LA VIDA Y OBRA DEL CINEASTA ESPAÑOL.

Fui el primogénito, concebido durante un viaje a París, en el hotel Ronceray [Pasaje Jouffroy].

■ Al Pasaje Jouffroy Luis Buñuel (LB) dedica la secuencia final de su última película, *Ese oscuro objeto del deseo*.

I was the first born, conceived during a trip to Paris, in the Hotel Ronceray (Jouffroy Passage).

■ Luis Buñuel (LB) dedicates the final sequence of his last film, *That Obscure Object of Desire*, to the Jouffroy Passage.

DOMICILIO FAMILIAR EN CALANDA. FOTOGRAFÍA DE 1998.
FAMILY RESIDENCE IN CALANDA. PHOTOGRAPH OF 1998.

CASA DE LOS BUÑUEL EN ZARAGOZA.
THE BUÑUEL HOUSE IN SARAGOSSA.

Mi infancia transcurrió en una atmósfera casi medieval (como la de casi todas las provincias españolas), entre mi ciudad natal y Zaragoza.

My childhood took place in an almost medieval atmosphere (like that of most the Spanish provinces), between my native city and Saragossa.

LA FAMILIA BUÑUEL, 1913. LB, TERCERO POR LA IZQUIERDA.
THE BUÑUEL FAMILY, 1913. LB, THIRD FROM THE LEFT.

LB

TAMBORILEROS, 1924.
DRUMMERS, 1924.

Los tambores de Calanda redoblan sin interrupción, o poco menos, desde el mediodía del Viernes Santo hasta el día siguiente a la misma hora. Los escuché por primera vez desde la cuna.

■ Los tambores resuenan en *La edad de oro*, *Nazarín* y *Simón del desierto.*

The drums of Calanda redouble with little or no interruption, from noon of Good Friday until the following day at the same time. I heard them for the first time from the crib.

■ The drums resound in *L'Age d'or*, *Nazarin* and *Simon of the Desert.*

CON SU HIJO JUAN LUIS, 1963.
WITH HIS SON JUAN LUIS, 1963.

LB

En 1908, siendo todavía un niño, descubrí el cine. Nunca olvidaré cómo me impresionó el primer *travelling* que vi. En la pantalla una cara avanzaba hacia nosotros, cada vez más grande, como si fuera a tragarnos.

In 1908, still as a child, I discovered cinema. I will never forget how the first traveling shot I saw impressed me. A face came toward us on the screen, bigger each time, as if it were to swallow us.

VIAJE A LA LUNA, DE GEORGES MÉLIÈS, 1902.
A TRIP TO THE MOON, BY GEORGES MÉLIÈS, 1902.

Se proyectaban las películas de Max Linder y de Méliès, como *Viaje a la luna*.

The films of Max Linder and of Méliès, like *A trip to the Moon*, were projected.

Entré como mediopensionista en los jesuitas del Colegio del Salvador, donde estudié siete años.

I entered as a half-boarder with the Jesuits of the School of the Saviour, where I studied for seven years.

ESTUDIANTE CON LOS JESUITAS. ZARAGOZA, 1907.
LB, CUARTO POR LA IZQUIERDA, SEGUNDA FILA SUPERIOR.
STUDENT WITH THE JESUITS. SARAGOSSA, 1907.
LB, FOURTH FROM THE LEFT, SECOND ROW FROM TOP.

EQUIPO DE FÚTBOL DEL COLEGIO, 1911.
LB,CUARTO POR LA IZQUIERDA DE LA FILA SUPERIOR.
SOCCER TEAM OF THE SCHOOL, 1911.
LB, FOURTH FROM THE LEFT, TOP ROW.

Afirmo que hasta aprobar el bachillerato, a los dieciséis años de edad, no formé parte de la sociedad moderna. Entonces fui a Madrid a estudiar.

I declare that until I passed high school, at sixteen years old, I wasn't part of modern society. I then went to Madrid to study.

Intellectual Development: Madrid

1917-1925

After graduating from high school, Buñuel moved to Madrid in 1917 to begin his university studies at the School of Agronomy and, later, at the College of the Humanities. He became interested in entomology, which was an object of curiosity and study inspired by the work of Jacques-Henri Fabre. He completed his military service and was able to avoid having to serve in the War of Morocco.

The *Residencia de Estudiantes*, located on Pinar street at the top of the Hippodrome, was a sort of Oxbridge (Oxford–Cambridge) built in the style of the English colleges. It was the product of the *Institución de Libre Enseñanza* (Institute for Liberal Arts), which was directed by Alberto Jiménez Fraud under the aegis of the German Kraus and his program of cultural, lay and liberal modernization. It was a wonderful time for poetry and musical gatherings, lectures given by the European intellectual elite (Ravel, Keynes, Le Corbusier, Marie Curie, Marinetti, Valéry, Aragon…), and for afternoons filled with sport.

There, in the "*Resi*" *de la Colina de los Chopos*, the young Buñuel began his friendship with Federico García Lorca, Salvador Dalí, José "Pepín" Bello, Rafael Alberti… In the twenties, cultural life followed the trends set by the avant-garde. Madrid was the site of bustling meetings and soirees attended by Ultraists and bohemians. Ramón Gómez de la Serna, from the *Pombo* café, proclaimed the value of the new, of the ludic, and of his greguerias [literary mode created by the writer in 1912 that emphasized the absurd]; José Ortega y Gasset, at the helm of the *Revista de Occidente*, instructed the literary youth in the ways of "dehumanization"; the most authentic of Hispanic traditions and the classical Baroque were revived…

Formación intelectual: Madrid
1917-1925

Bachiller, Buñuel se traslada a Madrid en 1917 para iniciar su formación universitaria en la Escuela de Agróno-
mos y luego en la Facultad de Letras. Se interesa por la ciencia entomológica, curiosidad y estudio que le suscitan los trabajos de Jacques-Henri Fabre. Cumple el servicio militar y consigue librarse de la guerra de
Marruecos.

En la madrileña calle Pinar, en los altos del Hipódromo, estaba la Residencia de Estudiantes, una especie de
Oxbridge (Oxford-Cambridge) con los *colleges* ingleses por modelo. Era producto de la Institución Libre de
Enseñanza, dirigida por Alberto Jiménez Fraud, bajo la égida de la modernización cultural, laica y liberal del
krausismo alemán. Corren buenos tiempos para las veladas de poesía y música, para las conferencias que
imparte la elite intelectual llegada de Europa (Ravel, Einstein, Keynes, Le Corbusier, Marie Curie, Marinetti, Valéry,
Aragon…) y para tardes de deporte.

Allí, en la "Resi" de la Colina de los Chopos, el joven Buñuel entabla amistad con Federico García Lorca, Salvador Dalí, José "Pepín" Bello, Rafael Alberti… Las tendencias vanguardistas orientan la vida cultural de los años
veinte. Madrid asiste al bullicio de las tertulias, las veladas de los jóvenes ultraístas y la bohemia. Ramón Gómez
de la Serna proclama desde el café Pombo el valor de lo nuevo, del humor, del ludismo y de sus greguerías;
José Ortega y Gasset al frente de *Revista de Occidente* guía por sendas "deshumanizadas" a la juventud literaria; vuelven la tradición más genuinamente hispana y la clasicidad barroca…

CON UN GRUPO DE RESIDENTES: LB EN LA VENTANA, CUARTO POR LA IZQUIERDA.
WITH A GROUP OF RESIDENTS. IN THE WINDOW, LB, FOURTH FROM LEFT.

En 1917 me encontré en Madrid, en la Residencia de
Estudiantes.

**In 1917 I found myself in Madrid, in the Residencia de
Estudiantes.**

RESIDENCIA DE ESTUDIANTES, MADRID.

DURANTE EL SERVICIO MILITAR, 1922.
DURING MILITARY SERVICE, 1922.

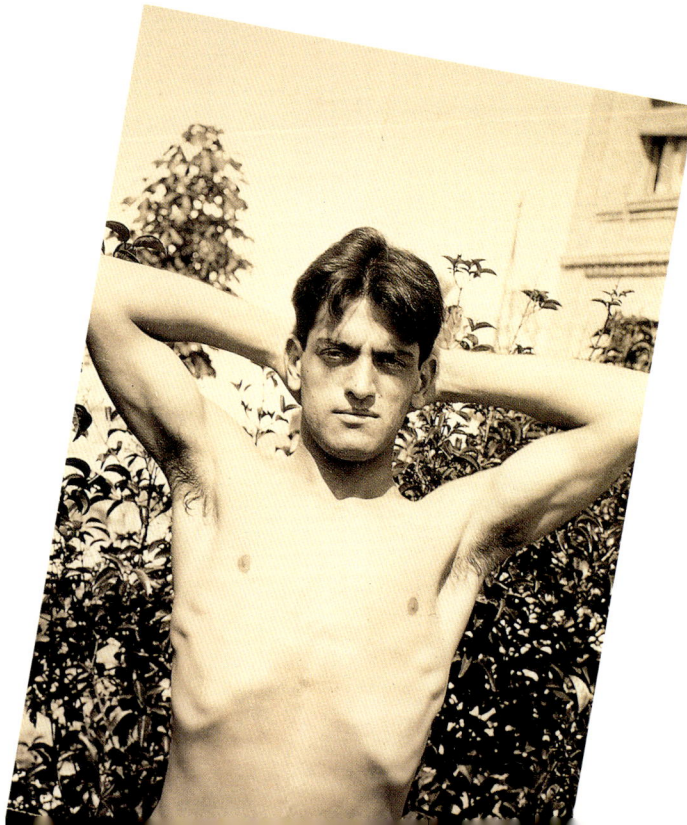

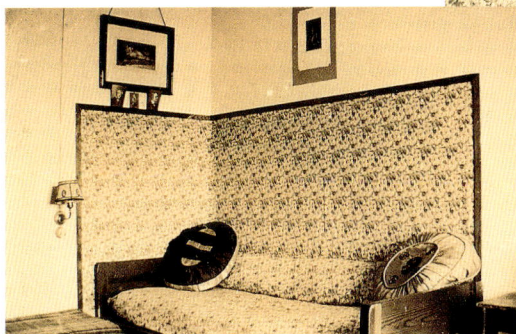

HABITACIÓN DE BUÑUEL EN LA RESIDENCIA.
BUÑUEL'S ROOM IN THE RESIDENCIA.

EN EL CENTRO FEDERICO GARCÍA LORCA Y JOSÉ "PEPÍN" BELLO.
IN THE CENTER, FEDERICO GARCÍA LORCA AND JOSÉ "PEPÍN" BELLO.

Alternaba las interminables reuniones de nuestro grupo de amigos con la poesía y el deporte. En 1921, llegué a ser campeón *amateur* de boxeo. Como suele decirse, en el país de los ciegos el tuerto es el rey.

I alternated the interminable reunions of our group of friends with poetry and sports. In 1921, I got to be *amateur* champion of boxing. As the saying goes, in the land of the blind, the one-eyed man is king.

47

Preferíamos las películas cómicas norteamericanas, que nos encantaban: Ben Turpin, Harold Lloyd, Buster Keaton..., todos los cómicos del equipo de Mack Sennett. El que menos nos gustaba era Chaplin.

We preferred the American comedies, which we loved: Ben Turpin, Harold Lloyd, Buster Keaton..., all the comedians of Max Sennett's team. The one we liked the least was Chaplin.

HAROLD LLOYD.

BUSTER KEATON.

EN LA VERBENA DE SAN ANTONIO DE LA FLORIDA. MADRID, 1923.
AT THE FAIR OF SAINT ANTHONY OF FLORIDA, MADRID, 1923.

Lorca me hizo descubrir la poesía, en especial la española, que conocía admirablemente.

Lorca made me discover poetry, especially Spanish, which he knew admirably.

En el dorso de la foto, a las tres de la madrugada (borrachos los dos), Federico escribió un poema, improvisado en menos de tres minutos.

At three in the morning, Federico wrote a poem on the back of the picture, improvised in less than three minutes. (We were both drunk).

LB, FEDERICO GARCÍA LORCA. MADRID, 1922.

SALVADOR DALÍ, JOSÉ MORENO VILLA, LB, FEDERICO GARCÍA LORCA, JOSÉ ANTONIO RUBIO SACRISTÁN.

JOSÉ MARÍA HINOJOSA, SALVADOR DALÍ, LB, RAFAEL BARRADAS, 1924.

La peña desempeñó un papel muy importante en la vida de Madrid y no sólo en la literaria. Nos reuníamos por profesiones, siempre en el mismo establecimiento.

The gatherings played a very important role in the life of Madrid, and not just in the literary one. We met by professions, always in the same establishment.

HOMENAJE A RAMÓN GÓMEZ DE LA SERNA EN EL ORO DEL RHIN. MADRID, 1923.
TRIBUTE TO RAMÓN GÓMEZ DE LA SERNA AT THE RESTAURANT EL ORO DEL RHIN, MADRID, 1923.

DE TERTULIA Y DISFRACES EN EL CAFÉ POMBO, 1922.
AT A MEETING IN COSTUMES AT THE CAFÉ POMBO, 1922.

SALVADOR DALÍ, MARÍA LUISA GONZÁLEZ, LB, JUAN VICENS, JOSÉ MARÍA HINOJOSA, JOSÉ MORENO VILLA. VENTA DE AIRES, TOLEDO, 1925.

El día de San José de 1923, fundé la Orden de Toledo, de la que me nombré a mí mismo Condestable, que funcionó y siguió admitiendo nuevos socios hasta 1936. La decisión de fundar la Orden la tomé, como todos los fundadores, después de tener una visión... Comíamos casi siempre en tascas, como la Venta de Aires, a las afueras de Toledo.

The day of Saint Joseph in 1923, I founded the Order of Toledo, of which I named myself Constable. The Order functioned and continued to admit new members until 1936. I made the decision to found it, like all founders, after having a vision… We ate almost always in taverns, like the Venta de Aires, in the outskirts of Toledo.

JOSÉ «PEPÍN» BELLO, JOSÉ MORENO VILLA, MARÍA LUISA GONZÁLEZ, LB, SALVADOR DALÍ, JOSÉ MARÍA HINOJOSA. VENTA DE AIRES, TOLEDO, 1925.

LB, EDUARDO UGARTE.

ORDEN DE CABALLERIA DE TOLEDO
CONDESTABLIA

Titulo de Escudero
A favor de Hernando Viñes

Venta de Aires (Toledo) a 21 de mayo de 1936
Vº Bº
El Condestable   El Secretario
LB.

JOSÉ ZORRILLA, AUTOR DE
DON JUAN TENORIO.
JOSÉ ZORRILLA, AUTHOR OF
DON JUAN TENORIO.

Los alumnos de la Residencia veían en el ultrarromanticismo de
Don Juan Tenorio una fuente de datos freudianos y otros
elementos precursores del Surrealismo, que pronto asimilarían
casi todos los componentes de este grupo.

**The students of the Residencia saw in the ultra
romanticism of *Don Juan Tenorio* a source of Freudian
facts and other precursors of Surrealism, which most of
the components of the group would soon assimilate.**

REPRESENTACIONES DE *DON JUAN TENORIO*
EN LA RESIDENCIA.
REPRESENTATIONS OF *DON JUAN TENORIO* AT
THE RESIDENCIA.

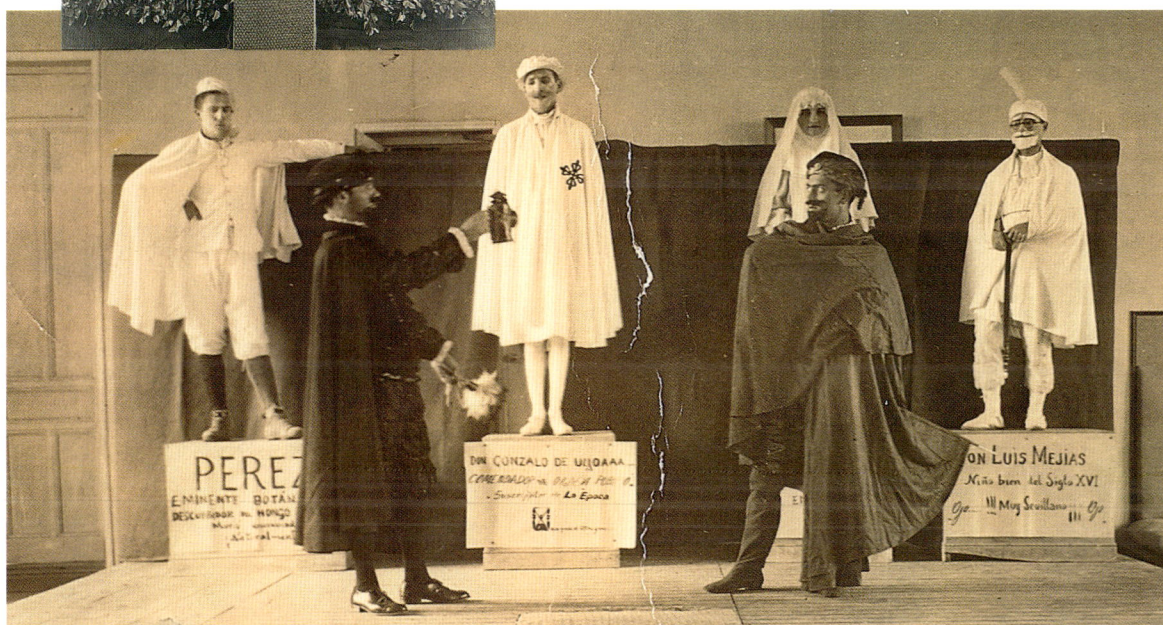

Face-to-Face with the Parisian Avant-Garde:
The Making of an Artist
1925–1931

In 1925, Buñuel traveled to Paris where he stayed in the Latin Quarter and Montparnasse. He was a regular among a group of Spanish painters (Francisco Bores, Joaquín Peinado, Manuel Ángeles Ortiz, Hernando Viñes), and he also came to know Pablo Picasso and Juan Gris. Surrealism permeated the air of the French capital: the first manifestos, acts of artistic subversion, exhibitions, gatherings at the café *Cyrano* in Pigalle, the interpretation of dreams, which eluded the rational, and automatic writing...

Buñuel, who read Freud, Péret and Sade, wrote texts in the surrealist mode and essays about film for the magazines that, at the time, were dedicated to the avant-garde: *La Gaceta Literaria, Cahiers d'art, La Révolution Surréaliste...* In 1927, he wrote *Hamlet*, a theatrical work along surrealist lines.

He met Jeanne Rucar who, years later, in 1934, he would marry. His desire to become a film director surfaced after seeing Fritz Lang's *Destiny (Dee Müde Tod)*. He enrolled in an acting school, met Jean Epstein and became his assistant.

His mother's financial assistance allowed him to produce and finish, in 1929, his first film, *Un Chien Andalou*, with the collaboration of Salvador Dalí. It debuted in Paris on June 6th to an audience that was enthusiastically receptive to the provocation and scandal transmitted by the surrealist experience: the world of the unconscious, irrationalism and psychical automatism, the transposition of oneiric images, planes and sequences without any apparent logical connection, etc. The following year, with the patronage of the Viscounts of Noailles, he furthered the surrealist ethic and aesthetic with *L' Age d'or*, which was censored by French authorities for having provoked altercations with the extreme right.

Ante las vanguardias parisinas: la forja del artista

En 1925 Buñuel viaja a París, lo alojan el Barrio Latino y Montparnasse. Frecuenta el grupo de los pintores españoles (Francisco Bores, Joaquín Peinado, Manuel Ángeles Ortiz, Hernando Viñes), conoce a Pablo Picasso y a Juan Gris. La capital parisina transpira Surrealismo: primeros manifiestos, actos de subversión artística, exposiciones, tertulias en el café *Cyrano* de Pigalle, interpretación de sueños que eluden la racionalidad, poesía automática…

Buñuel, lector de Freud, Péret y Sade, construye textos de factura surrealista y ensayos sobre cine en revistas de la época adscritas a la Vanguardia: *La Gaceta Literaria, Cahiers d'Art, La Révolution Surréaliste*… En 1927 escribe *Hamlet,* pieza teatral de sesgo surrealista.

Le presentan a Jeanne Rucar, con quien años después, en 1934, contraerá matrimonio. La proyección de *Las tres luces*, de Fritz Lang, despierta sus deseos de ser director de cine. Ingresa en una escuela de actores, conoce a Jean Epstein y llega a ser su asistente.

La ayuda económica de su madre le permite producir y realizar, en 1929, la primera película, *Un perro andaluz*, con la colaboración de Salvador Dalí. Se estrenó en París el 6 de junio ante un público que recibió entusiasta la provocación y el escándalo que traducía esta experiencia surrealista: mundo del inconsciente, irracionalismo y automatismo psíquico, transposiciones de imágenes oníricas, planos y secuencias sin aparente conexión lógica, etc. Al año siguiente, bajo el mecenazgo de los vizcondes de Noailles, prolonga la estética y moral del Surrealismo con *La edad de oro*, prohibida a instancias de las autoridades francesas al haber provocado su proyección altercados de la extrema derecha.

A los tres días de mi llegada me entero de que Unamuno está en París... todos los días él acudía a una peña que se reunía en *La Rotonde*.

Three days after my arrival I find out that Unamuno is in Paris... every day he would go to a gathering which would meet at *La Rotonde*.

LB CON AMIGOS ESPAÑOLES EN MONTPARNASSE, 1926.
LB WITH SPANISH FRIENDS IN MONTPARNASSE, 1926.

CON JEANNE RUCAR EN EL INVERNADERO. PARÍS, 1925.
WITH JEANNE RUCAR IN THE GREENHOUSE, PARIS, 1925.

MYRSINE MOSCHOS, JEANNE RUCAR, JUAN VICENS.

SAN SEBASTIÁN, 1930

JEANNE RUCAR, MEDALLA DE BRONCE EN GIMNASIA RÍTMICA EN LOS JUEGOS OLÍMPICOS DE 1924.
JEANNE RUCAR, BRONZE MEDALLIST IN RHYTHMIC GYMNASTICS IN THE OLYMPIC GAMES OF 1924.

EN LA BRETAÑA FRANCESA, 1928.
SAINT-MICHEL-EN-GRÈVES, BRITTANY, 1928.

Al salir de las clases de anatomía nos gustaba visitar a Joaquín Peinado. Una tarde nos presentaron a Hernando Viñes, también pintor, y a Luis Buñuel, recién llegado a París. A partir de ese momento Luis comenzó a cortejarme con insistencia.

JEANNE RUCAR

Upon getting out of anatomy class we liked to visit Joaquín Peinado. One afternoon they introduced us to Hernando Viñes, also a painter, and Luis Buñuel, who had just arrived from Paris. From that moment on, Luis began courting me with insistence.

JEANNE RUCAR

■ La Orquesta de Holanda pretendía estrenar en Amsterdam *El retablo de Maese Pedro*, una composición musical y escénica para voces y orquesta, de Falla. Le ofrecieron la dirección escénica y Buñuel aceptó.

■ The Orchestra of Holland intended to premiere *The Theater of Master Pedro*, a musical and stage composition for voice and orchestra by Falla, in Amsterdam. They offered him the set design and Buñuel accepted.

REPRESENTACIÓN DE *EL RETABLO DE MAESE PEDRO*, DE MANUEL DE FALLA. AMSTERDAM, 1926. A LA IZQUIERDA, L. B.
REPRESENTATION OF *THE THEATER OF MASTER PEDRO*, BY MANUEL DE LA FALLA. AMSTERDAM, 1926. TO THE LEFT, LB.

MANUEL DE FALLA.

EL ACORAZADO POTEMKIN, 1925.
THE BATTLESHIP POTEMKIN, 1925.

EL ÚLTIMO HOMBRE, 1924.
THE LAST LAUGH, 1924.

Fue al ver *Las tres luces* cuando comprendí sin la menor duda que quería hacer cine. Por primera vez pensé que las películas podían ser una forma de expresión y no un simple pasatiempo.

It was when I saw *Destiny (Der Müde Fod)* that I understood without the slightest doubt that I wanted to do cinema. For the first time I thought that movies could be a form of expression and not a simple pastime.

De las películas que más me impresionaron, imposible olvidar *El Acorazado Potemkin*, de Eisenstein, *El último hombre,* de Murnau, y, sobre todo, las de Fritz Lang.

Of the films that impressed me the most, it is impossible to forget *The Battleship Potemkin*, by Eisenstein, *The Last Laugh*, by Murnau, and above all, those of Fritz Lang.

LAS TRES LUCES, DE FRITZ LANG, 1921.
DESTINY (DER MÜDE TOD), BY FRITZ LANG, 1921.

El rodaje de *Mauprat* fue mi primera experiencia cinematográfica.

The *Mauprat* shoot was my first cinematographic experience.

FIGURANTE EN *MAUPRAT*, DE JEAN EPSTEIN, 1926.
APPEARING IN *MAUPRAT*, BY JEAN EPSTEIN, 1926.

AYUDANTE DE DIRECCIÓN EN *EL HUNDIMIENTO DE LA CASA USHER*, DE JEAN EPSTEIN, 1928.
ASSISTANT DIRECTOR ON THE *FALL OF THE HOUSE OF USHER*, BY JEAN EPSTEIN, 1928.

FIGURANTE EN *CARMEN*, DE JACQUES FEYDER, 1926.
APPEARING IN *CARMEN*, BY JAQUES FEYDER, 1926.

CON JOSÉPHINE BAKER EN *LA SIRENA DEL TRÓPICO*, 1927. WITH JOSEPHINE BAKER IN *SIREN OF THE TROPICS*, 1927.

LB, SALVADOR DALÍ, ANA MARÍA DALÍ.

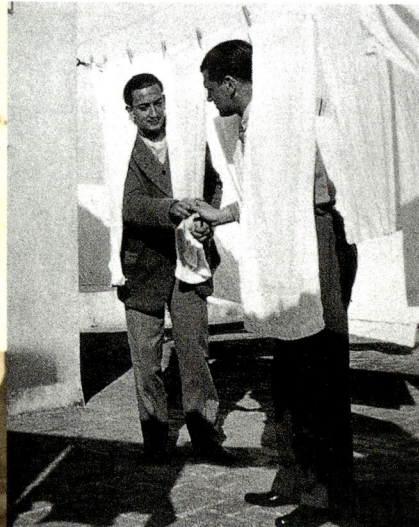

Pasando la Navidad con Salvador Dalí en Figueras, le sugerí hacer una película. Me dijo: "Anoche soñé con hormigas que pululaban en mi mano". Y yo: "Hombre, pues yo he soñado que le cortaba el ojo a alguien". En seis días escribimos el guion. Estábamos tan identificados que no hubo discusión.

While spending Christmas with Salvador Dalí in Figueras, I suggested to him that we do a film together. He said: "Last night I dreamt with ants swarming in my hand." And I said: "Oh! Man! I dreamt that I was cutting someone's eye." We wrote the script in six days. We identified with each other so much that there was no discussion.

SALVADOR DALÍ, LB, SIMONE MAREUIL, JEANNE RUCAR, ROBERT HOMMET. LE HAVRE, 1929.

JEANNE RUCAR, ROBERT HOMMET. LE HAVRE. 1929.

CON PIERRE BATCHEFF, PROTAGONISTA DE LA PELÍCULA.
WITH PIERRE BATCHEFF, STAR OF THE FILM.

JAUME MIRAVITLLES, SALVADOR DALÍ.

Escribimos el guion en menos de una semana, siguiendo una regla muy simple, adoptada de común acuerdo: no aceptar idea ni imagen alguna que pudiera dar lugar a una explicación racional, psicológica o cultural.

We wrote the script in less than a week, following a very simple rule, adopted by common agreement: not to accept any idea or image that might give rise to a rational, psychological or cultural explanation.

A mi modo de ver la película no es más que un llamamiento público al asesinato.

The way I see it, the film is nothing more than a public call to murder.

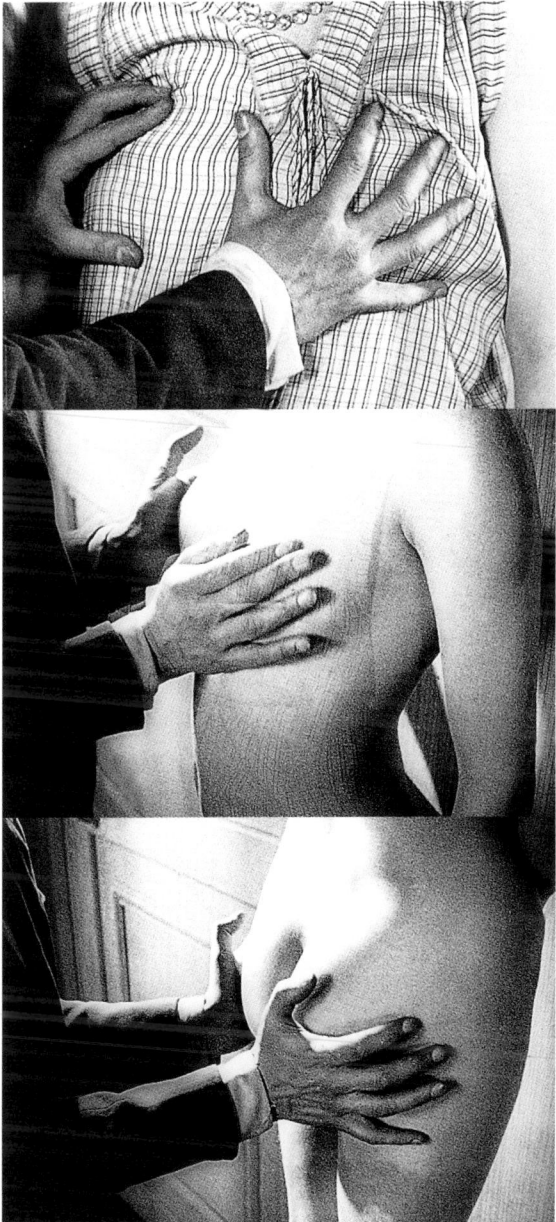

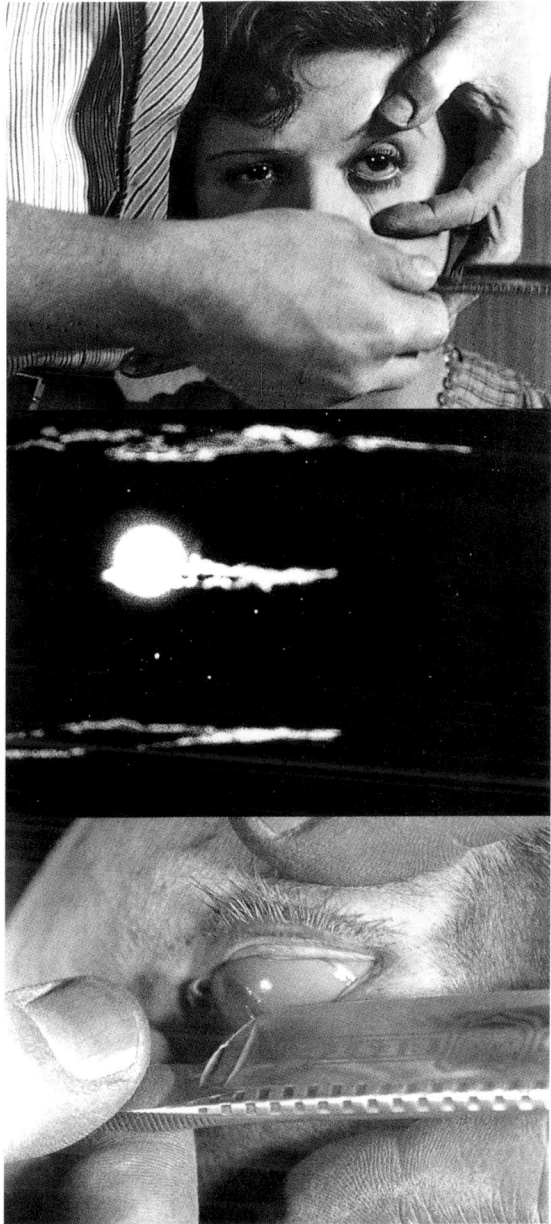

Aquella primera proyección pública de *Un perro andaluz* reunió a la flor y nata de París y, por supuesto, al grupo surrealista al completo. Mi entrada en él se produjo como algo sencillo y natural y fue esencial y decisiva para el resto de mi vida.

That first public screening of *Un Chien andalou* brought together the cream of Paris and, of course, the complete surrealist group. My entrance into it happened simply and naturally and was essential and decisive for the rest of my life.

MAN RAY: *SÉANCE D'UN RÊVE ÉVEILLÉ*, 1924. MAX MORISE, ROGER VITRAC, SIMONE BRETON, JACQUES ANDRÉ BOIFFARD, ANDRÉ BRETON, PAUL ÉLUARD, GIORGIO DE CHIRICO, PIERRE NAVILLE, ROBERT DESNOS, JACQUES BARON, MAN RAY.

MAN RAY: *JEANNE RUCAR*, 1946.

En 1929 me incorporé al grupo surrealista parisino. Su intransigencia moral y artística, sus preocupaciones sociales y políticas encajaban perfectamente con mi carácter.

In 1929 I joined the Parisian surrealist group. Its moral and artistic intransigence, its social and political preoccupations fit in perfectly with my character.

ALEXANDRE 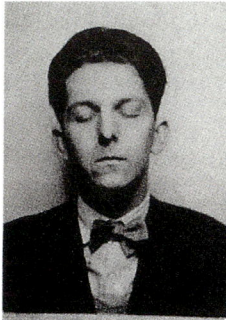 ARAGON  BRETON  BUÑUEL  CAUPENNE

DALÍ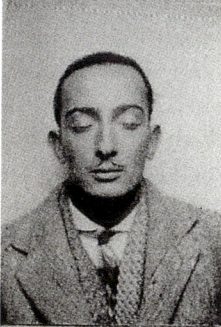

ÉLUARD

ERNST

FOURRIER

GOEMANS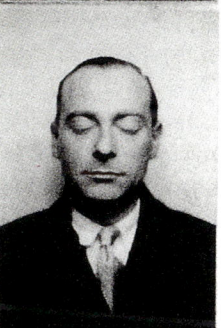

MAX ERNST: *LOPLOP PRÉSENTE LES MEMBRES DU GROUPE SURRÉALISTE*, 1931.
MAX ERNST: *LOPLOP INTRODUCES MEMBERS OF THE SURREALIST GROUP*, 1931.

LA RÉVOLUTION SURRÉALISTE Nº12. 1929.

MAGRITTE

NOUGÉ 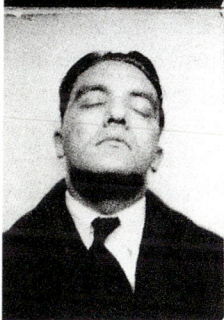 SADOUL  TANGUY  THIRION  VALENTIN

GALA, DALÍ. CADAQUÉS, 1929.

Nos pusimos a trabajar dos o tres días. Pero a mí me pareció que el encanto de *Un perro andaluz* se había perdido por completo. ¿Era ya la influencia de Gala? No estábamos de acuerdo en nada. Nos separamos amigablemente y yo escribí el guion solo en Hyères, en la finca de Charles y Marie-Laure de Noailles.

We worked for two or three days. But it seemed to me that the charm of *Un Chien Andalou* had been completely lost. Was it already Gala's influence? We didn't agree on anything. We separated amicably and I wrote the script alone in Hyères, in the country residence of Charles and Marie-Laure de Noailles.

CHARLES DE NOAILLES, MARIE-LAURE DE NOAILLES, LB. HYÈRES, 1930.

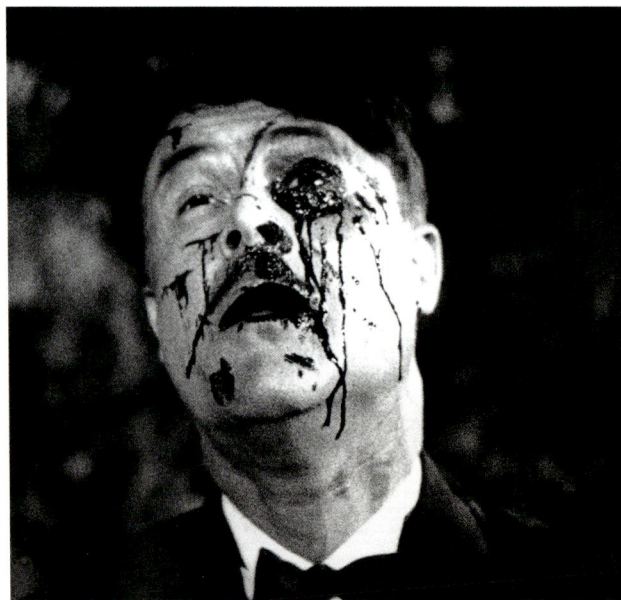

GASTON MODOT.

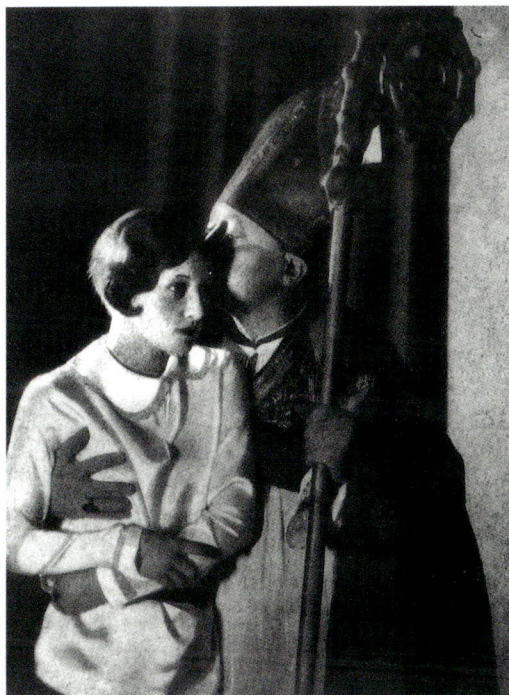

LE SURRÉALISME AU SERVICE DE LA RÉVOLUTION, N°1, 1930.

CARTEL DE MAN RAY. POSTER BY MAN RAY.

Una película de amor loco, un impulso irresistible que, en cualquier circunstancia, empuja, el uno hacia el otro, a un hombre y a una mujer que nunca pueden unirse.

A film about mad love, an irresistible impulse that, under any circumstance, pushes a man and a woman who can never meet toward one another.

MAX ERNST.

JEANNE RUCAR, FRANCISCO G. COSSÍO, MAX ERNST, PEDRO FLORES.

SALA DE PROYECCIÓN EN LA CASA DE LOS NOAILLES.
SCREENING ROOM IN THE NOAILLES HOUSE.

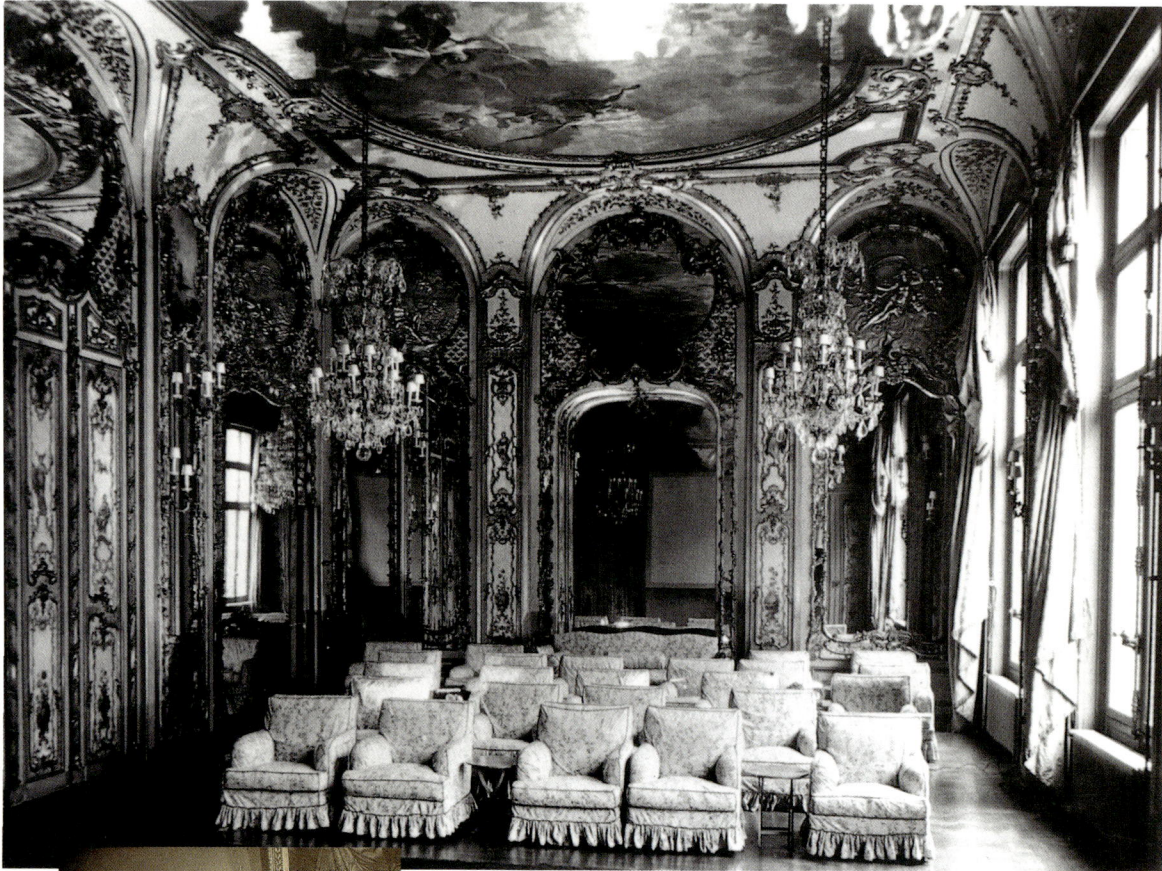

GASTON MODOT, JEANNE RUCAR.

RECORTES DE PRENSA DE LB. *LA EDAD DE ORO.*
NEWSPAPER CLIPPINGS OF LB. *L'AGE D'OR.*

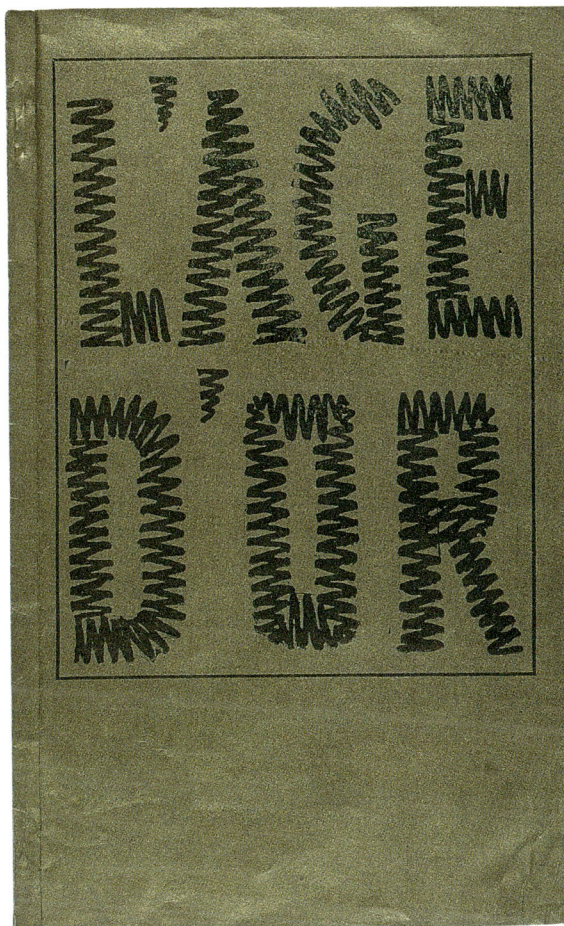

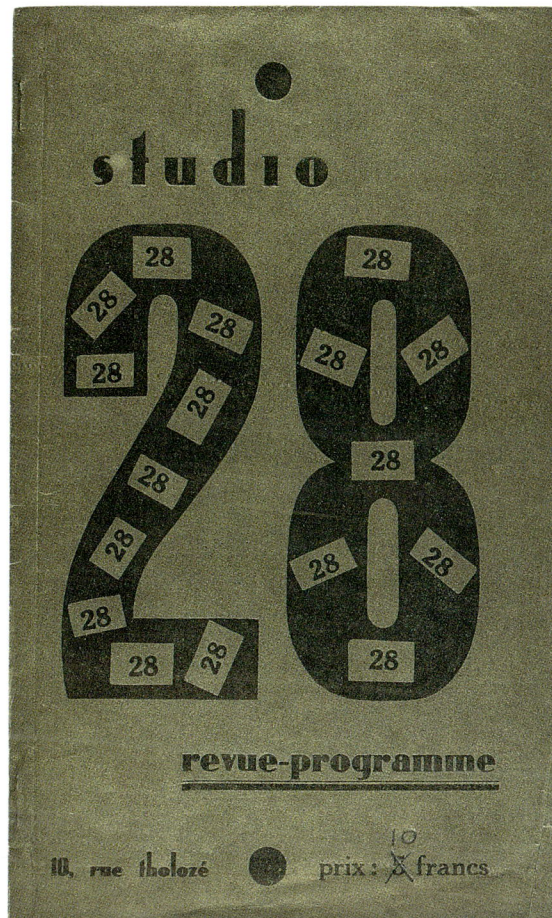

La extrema derecha atacó el cine, rasgó los cuadros de la exposición surrealista que se había montado en el vestíbulo, lanzó bombas a la pantalla y rompió butacas. Fue el "escándalo" de *La edad de oro*. Una semana después, Chiappe, el gobernador civil, en nombre del orden público, pura y simplemente prohibió la película.

The extreme right attacked the movie theater, tore up the paintings in the surrealist exhibit that had been set up in the foyer, threw bombs at the screen, and destroyed seats. It was the "scandal" of *L'Age d'or*. A week later, Chiappe, civil governor, purely and simply banned the film in the name of public order.

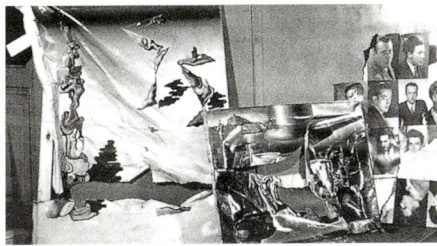

ATENTADO AL *STUDIO 28*, 3 DE DICIEMBRE DE 1930. ATTACK AT STUDIO 28, DECEMBER 3RD, 1930.

Up with the Spanish Republic
1931–1936

On April 14, 1931, Spain woke up to the enthusiastic declaration of the Second Republic. With the onset of the thirties, a re-convergence of political radicalism, populism, and the political vanguard took place. It was a time of commitment, re-humanization, and transcendence: art with a purpose. It was a time of militant, social, and revolutionary literature. It was a time when the movie industry was booming.

With the advent of the Republic, after a brief period in Hollywood, Buñuel returned to Madrid. He was hired by Paramount in Paris to supervise dubbing, and he lived between the French and Spanish capitals.

The book *Las Jurdes*, by Maurice Legendre, about an impoverished and forgotten region of Extremadura, which bordered Portugal and which King Alfonso XIII had visited years before, provided the inspiration for a new film: *Land without Bread* (1933). After being shown in Madrid, the Lerroux government suppressed *Land without Bread* on the pretext that it was an insult to Spain's honor. Only in 1936, with the Popular Front, would it return to the screen. The soundtrack to *Land without Bread* was recorded in Paris the following year.

Buñuel married Jeanne Rucar. In February 1935, he settled in Madrid with his wife and his son Juan Luis, who was barely a few months old, in order to work for Warner Brothers. He joined forces with Ricardo Urgoiti to establish the production company Filmófono. In the course of four commercially successful films and numerous projects, which were interrupted by the Spanish Civil War (1936-1939), Filmófono became one of the most coherent attempts to create a film industry.

Con la España republicana
1931-1936

El 14 de abril de 1931 España se despereza con la proclamación entusiasta de la Segunda República. Al alba de los años treinta se dan cita los radicalismos políticos, la cultura al servicio del pueblo y la vanguardia política. Son tiempos que reclaman el compromiso, la rehumanización, la trascendencia: la finalidad del arte; tiempos para una literatura militante, social y revolucionaria; tiempos de bonanza para la industria cinematográfica...

Con el advenimiento de la República, Buñuel, después de una breve estancia en Hollywood, vuelve a Madrid. Contratado por la *Paramount* de París como supervisor de doblajes, vive entre la capital francesa y la española.

El libro *Las Jurdes,* de Maurice Legendre, sobre esta paupérrima y olvidada comarca extremeña, limítrofe con Portugal y que años antes había visitado el Rey Alfonso XIII, suscita su nuevo trabajo fílmico: *Las Hurdes* (1933). Presentado en Madrid, el gobierno de Lerroux prohibirá su proyección pretextando que era deshonrosa para España. Sólo en 1936, con el Frente Popular, volverá a las pantallas y se sonorizará en París al año siguiente.

Matrimonio con Jeanne Rucar. En febrero de 1935 se instala en Madrid con su mujer y su hijo Juan Luis, de pocos meses de edad, para trabajar con la *Warner Brothers*. Se asocia con Ricardo Urgoiti para impulsar la sociedad de producción Filmófono. Mediante cuatro películas de éxito comercial y abundantes proyectos, cuya realización truncó la Guerra Civil española (1936-1939), Filmófono fue una de las propuestas más coherentes de crear una industria cinematográfica.

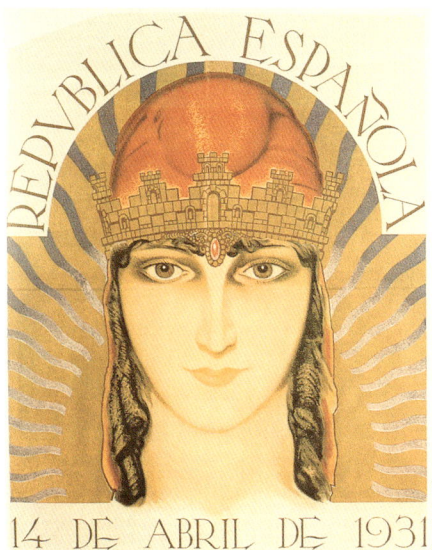

REPVBLICA ESPAÑOLA

14 DE ABRIL DE 1931

Llegué a Madrid en abril de 1931, dos días antes de la marcha del Rey y de la alborozada proclamación de la República española.

I arrived in Madrid in April of 1931, two days before the king's departure and the joyful proclamation of the Spanish Republic.

RAFAEL ALBERTI, LB, FEDERICO GARCÍA LORCA; EDUARDO UGARTE, JOSÉ DÍAZ, MARÍA TERESA LEÓN, MIGUEL GONZÁLEZ. MADRID, 1935.

LB, EDUARDO UGARTE, FEDERICO GARCÍA LORCA. MADRID, 1935.

LB, ALBERTO GIACOMETTI. HYÈRES, 1932.

ROGER DESORMIÈRES, FRANCIS POULENC, LB, CHRISTIAN BÉRARD, ALBERTO GIACOMETTI, GEORGES AURIC; IGOR MARKEVITCH, PIERRE COLLE, HENRI SAUGUET, IGOR STRAVINSKY. HYÈRES, 1932.

Para ganarme la vida, empecé a colaborar de forma anónima en mi profesión, trabajando como escritor en los Estudios *Paramount* en París, adaptando los guiones del inglés al español. Luego fui supervisor de doblaje en la *Warner Brothers*, en Madrid.

To make a living, I began collaborating anonymously in my profession, working as a writer at *Paramount* studios in Paris, adapting screenplays from English to Spanish. Later I was dubbing supervisor at *Warner Brothers*, in Madrid.

LB Y JEANNE RUCAR RECIÉN CASADOS, 1934.
LB AND JEANNE RUCAR, JUST MARRIED, 1934.

No hubo fotógrafo, por lo que nos sacamos unas fotos instantáneas en uno de esos aparatos nuevos que se colocan en algunas esquinas.

JEANNE RUCAR

There wasn't a photographer, so we took some instantaneous pictures in one of those new machines that are placed on some corners.

JEANNE RUCAR

GEORGIA HALE, LB. HOLLYWOOD, 1930.

9 DE NOVIEMBRE DE 1934: NACIMIENTO DEL PRIMER HIJO, JUAN LUIS.
NOVEMBER 9, 1934: BIRTH OF JUAN LUIS, THE FIRST SON.

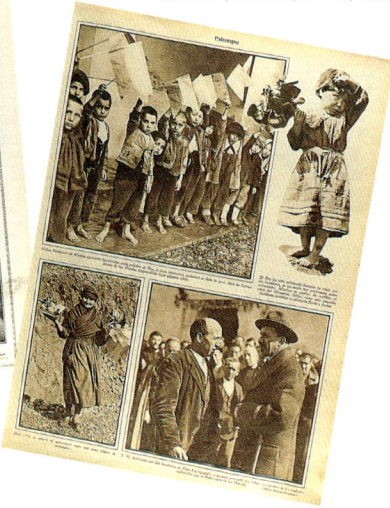

ESTAMPA, MADRID, Nº 115, 1930.

Existía en España una región casi desconocida para los propios españoles, hasta que en 1922 la visitó el rey Alfonso.

In Spain there existed a region practically unknown to the Spaniards themselves, until King Alfonso visited it in 1922.

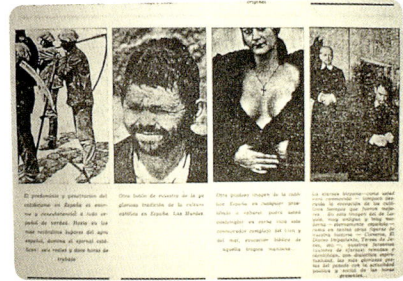

LA ESFERA, MADRID, Nº 8, 1922.

NUEVA CULTURA, VALENCIA, Nº 7-8, 1935.

ACEITUNILLA, LAS HURDES.

FOTOGRAFÍA DE ELI LOTAR: CARMEN, LA DE LAS BATUECAS.
PHOTOGRAPH BY ELI LOTAR: CARMEN, THE WOMAN OF LAS BATUECAS.

Acababa de leer un estudio completo
realizado sobre Las Hurdes por Legendre. Un
día en Zaragoza, hablando de la posibilidad
de realizar un documental, Ramón Acín me
dijo: "Si me toca la lotería, te pago esa
película". A los dos meses le tocó y cumplió
su palabra.

**I had just read a complete study done on
Las Hurdes by Legendre. One day in
Saragossa, discussing the possibility of
shooting a documentary, Ramón Acín
said to me: "If I win the lottery, I'll pay
for the film." Two months later he won it
and kept his word.**

DURANTE EL RODAJE EN LAS BATUECAS, SALAMANCA.
DURING THE SHOOT IN LAS BATUECAS, SALAMANCA.

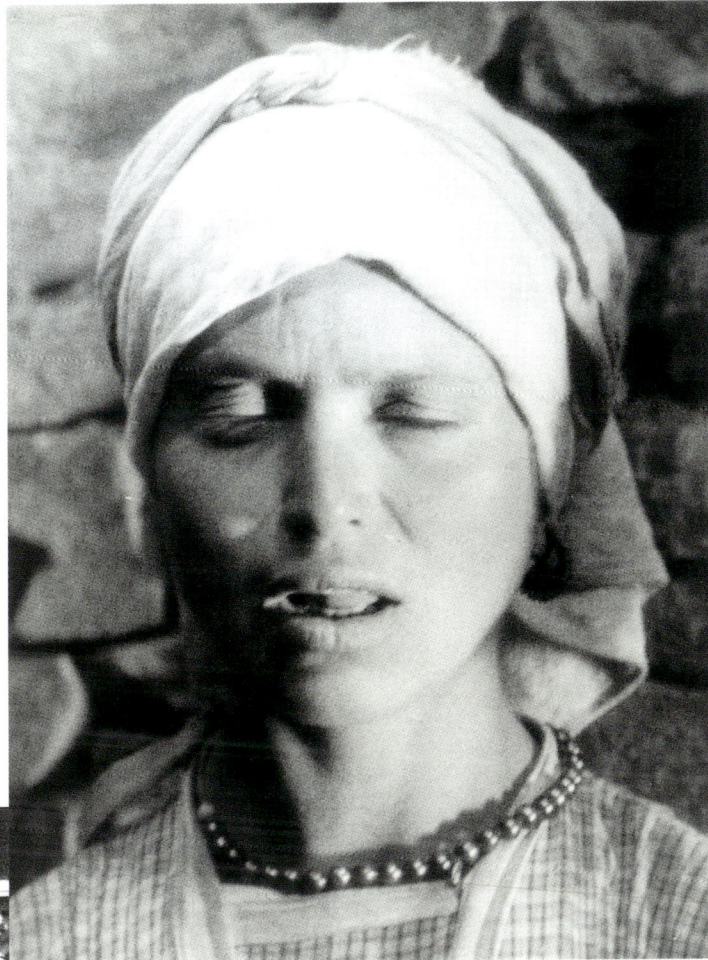

FOTOGRAFÍA DE ELI LOTAR DURANTE EL RODAJE, 1933.
PHOTOGRAPH BY ELI LOTAR DURING THE SHOOT, 1933.

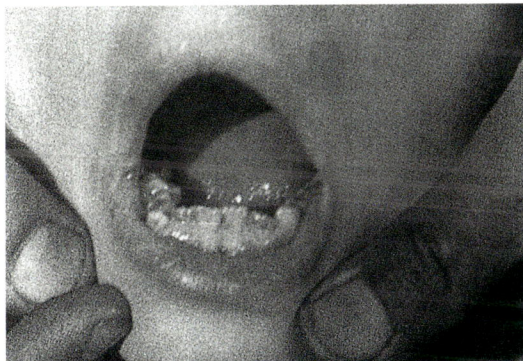

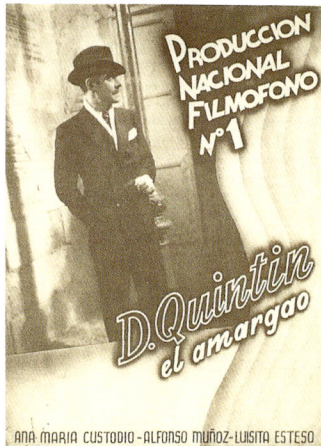

DON QUINTÍN EL
AMARGAO, 1935.
*THE BITTER MR.
QUINTÍN, 1935.*

Empecé a colaborar con un joven empresario español, Ricardo Urgoiti, propietario de la mejor cadena de cines de Madrid. Durante esos años fui el anónimo productor de varias películas realizadas por Filmófono, que ése era el nombre de la compañía.

I began collaborating with a young Spanish businessman, Ricardo Urgoiti, owner of the best chain of theaters in Madrid. During those years I was the anonymous producer of many films made by his production company, *Filmófono.*

LB DE PIE CON LUIS MARQUINA
Y EDUARDO UGARTE, SENTADOS
A AMBOS LADOS DE LA CÁMARA
LB STANDING WITH LUIS MARQUINA
AND EDUARDO UGARTE SITTING AT
EACH SIDE OF THE CAMERA

La gran bailaora de flamenco, la gitana Carmen Amaya, muy jovencita todavía, hizo su debut en el cine.

The great flamenco dancer, the gypsy Carmen Amaya, made her debut in films while still very young.

LA HIJA DE JUAN SIMÓN, 1935.
THE DAUGHTER OF JUAN SIMON, 1935.

¿QUIÉN ME QUIERE A MÍ?, 1936.
WHO LOVES ME?, 1936.

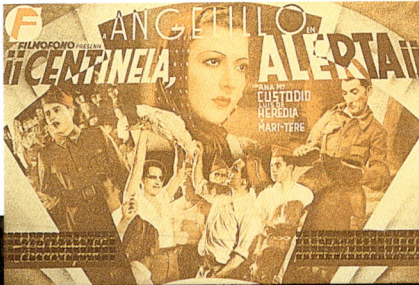

¡CENTINELA ALERTA!, 1936.
GUARD! ALERT!, 1936.

..., LB, RICARDO URGOITI, ..., JEAN GRÉMILLON, EDUARDO UGARTE, ..., ANGELILLO, LUIS DE HEREDIA.

From Paris to New York... Travels through America

1936-1946

The Spanish Civil War had barely begun when Buñuel returned to Paris where he worked as the coordinator of propaganda for the Spanish Embassy. He was the executive producer of the film *España leal en armas,* which depicted the conflict from a Republican perspective. He was actively involved in preparing the film program for the Spanish pavilion at the World's Fair in Paris, with the writer Max Aub as general curator, and where Picasso's *Guernica* was shown.

In September 1938, he moved to Hollywood to supervise films sympathetic to the Republican cause. Having finished this work, he found himself without a job and, with the war now over, he was forced to go into exile. After many setbacks, he was employed in 1941 by The Museum of Modern Art (MoMA) in New York. He was put in charge of the montage of anti-Nazi propaganda films for Latin America. In the summer of 1943, he resigned his post due to pressure by conservatives and accusations regarding his ideologically subversive past.

Once again in Hollywood, he worked for six months as a dubbing director for Warner Brothers. He wrote the screenplays for *The Sewers of Los Angeles*, with Man Ray, and *The Midnight Bride*, with José Rubia Barcia.

De París a Nueva York..., por tierras americanas
1936-1946

Apenas iniciada la Guerra Civil Buñuel regresa a París, donde ejercerá como coordinador de propaganda de la Embajada de España. La contienda, vista desde la óptica republicana, inspira *España leal en armas*, película de la que es productor ejecutivo. Participa activamente en la preparación del Pabellón español de la Exposición Universal de París, de la que sería comisario general el escritor Max Aub y donde se colgará el *Guernica* de Picasso.

En septiembre de 1938 se traslada a Hollywood para supervisar películas de orientación republicana. El fin de esta actividad le deja sin trabajo y, acabada la guerra, se ve obligado a exiliarse. Después de grandes penurias, en 1941 obtiene un empleo en el Museo de Arte Moderno neoyorquino (MoMA): se le encarga el montaje de documentales de propaganda antinazi para Hispanoamérica. En el verano de 1943 dimite de su puesto por presiones conservadoras y debido a las acusaciones relativas a su pasado estética e ideológicamente subversivo.

De nuevo en Hollywood, trabaja como director de doblaje para la *Warner Brothers* durante seis meses. Escribe los guiones de *The sewers of Los Angeles* (*Los basureros de Los Ángeles*), con Man Ray, y *La novia de media-noche,* con José Rubia Barcia.

FOTOGRAMAS DE *ESPAÑA LEAL EN ARMAS*, 1937.
STILLS FROM *ESPAÑA LEAL EN ARMAS*, 1937.

■ 18 de julio de 1936, inicio de la Guerra Civil española.
■ July 18th, 1936, beginning of the Spanish Civil War.

En mi despacho de París me ocupaba de reunir todas las películas de propaganda republicana rodadas en España. En realidad, mis funciones eran más complejas, me ocupaba de "informaciones" y de propaganda.

In my office in Paris, I was in charge of gathering all the Republican propaganda films shot in Spain. Actually, my duties were more complex; I was in charge of "information" and propaganda.

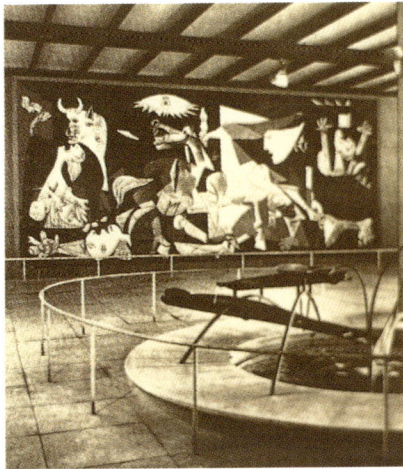

■ En la Exposición Universal de París, Luis Buñuel se encargó de la programación cinematográfica del Pabellón español.
■ At the Universal Exhibition of Paris, Luis Buñuel was in charge of film programming for the Spanish Pavilion.

Se iban a hacer en Hollywood dos o tres películas sobre nuestra guerra, favorables a nuestra causa, y el Gobierno republicano me mandó allí como supervisor. Fue en septiembre de 1938.

Hollywood was going to make two or three films about our war, favorable to our cause, and the Republican government sent me over there as supervisor. It was in September of 1938.

■ 1 de abril de 1939, fin de la Guerra de España.
■ April 1st, 1939, end of the Spanish War.

MAINE, 1940.

EL SEGUNDO HIJO, RAFAEL, NACE EN NUEVA YORK EL 1 DE JULIO DE 1940.
THE SECOND SON, RAFAEL, IS BORN IN NEW YORK ON THE 1ST OF JULY, 1940

Abandonando Hollywood, donde no podía hacer nada,
decidí ir a Nueva York para buscar trabajo.

**Abandoning Hollywood, where I couldn't do
anything, I decided to go to New York to look for
work.**

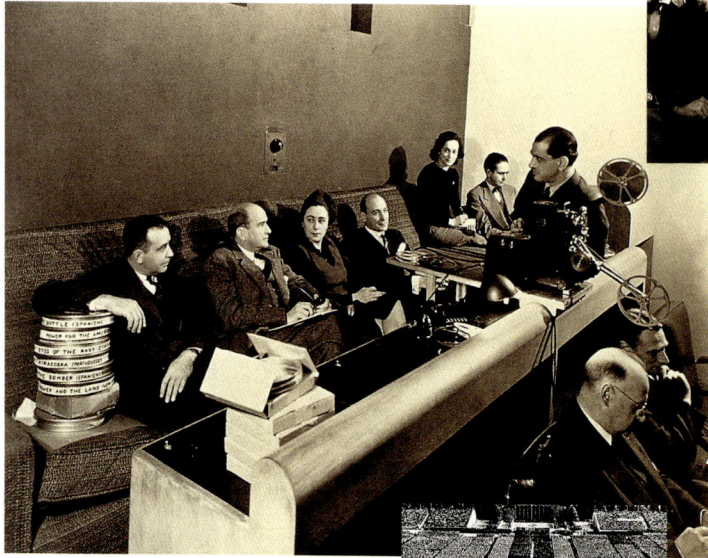

EN EL MUSEUM OF MODERN ART (MOMA), 1942.
IN THE MUSEUM OF MODERN ART (MOMA), 1942.

EL TRIUNFO DE LA VOLUNTAD,
DE LENI RIEFENSTAHL, 1936.
THE TRIUMPH OF THE WILL,
BY LENI RIEFENSTHAL, 1936.

Me instalaron en el MoMA para trabajar en
documentales, en una oficina de
propaganda cinematográfica de los aliados
para toda América Latina. Entré allí gracias
a Iris Barry. Hice para Roosevelt y los
senadores un montaje de *El triunfo de la
voluntad*, de Leni Riefenstahl, con una
película sobre la invasión de Polonia
[*Bautismo de fuego*, de Hans Bertram].

**They installed me at MoMA to work on
documentaries, in an office for film
propaganda of the allies for all of Latin
America. I got in there thanks to Iris
Barry. I put together a cut of *Triumph
of the Will*, by Leni Riefenstahl, with a
film about the invasion of Poland
(*Campaign in Poland*, by Hans Bertram)
for Roosevelt and the senators.**

EN CASA DEL ESCULTOR ALEXANDER CALDER. NUEVA YORK.
AT THE HOUSE OF SCULPTOR ALEXANDER CALDER, NEW YORK.

NEW YORK.

LONG ISLAND.

■ Obligado a dimitir del MoMA en junio de 1943, meses después vuelve a Los Ángeles.

■ Asked to resign from MoMA in June of 1943, he returns to Los Angeles months later.

EL ÁNGEL EXTERMINADOR.
THE EXTERMINATING ANGEL.

LA BESTIA DE LOS CINCO DEDOS, DE ROBERT FLOREY, 1946.
THE BEAST WITH FIVE FINGERS, BY ROBERT FLOREY, 1946.

Imaginé una escena —en la que se veía una mano viva, la bestia—, que se desarrollaba en una biblioteca.

■ Buñuel no fue incluido en los créditos de la película. Años más tarde, en *El ángel exterminador*, diseña una escena semejante.

I imagined a scene–in which there was a live hand, the beast–, which took place in a library.

■ Buñuel wasn't included in the credits of the film. Years later, in *The Exterminating Angel*, he designs a similar scene.

..., DENISE TUAL, ..., LB, OSCAR DANCIGERS.

En Los Ángeles conocí a Denise Tual... la acompañé a México... Fue entonces cuando me puse en contacto con el productor Oscar Dancigers... Me preguntó: "Tengo algo para usted. ¿Quiere quedarse en México?".

I met Denise Tual in Los Angeles...I accompanied her to Mexico...It was then that she put me in contact with Oscar Dancigers...He asked me: "I have something for you. Do you want to stay in Mexico?".

From One Place of Exile to Another: A Citizen of Mexico

1946-1965

Ever since June 1938, under the presidency of Lázaro Cárdenas, Mexico had given refuge to a sizeable group of intellectuals from the Republican diaspora, which led to the creation of the *Casa de España*, later known as the *Colegio de México*. Cárdenas continued to encourage the arrival of Spanish émigrés by officially recognizing the Republican Spanish government in exile (1945) and granting Mexican citizenship to refugees who so desired it... The total number of Spaniards in exile would exceed fifteen thousand.

After failing to bring García Lorca's *The House of Bernarda Alba* to the screen, Buñuel arrived in the Mexican capital in 1946 and established residency. He quickly became part of a group of Spanish and Mexican writers and artists. He had not made a single film since the days of Filmófono. In 1946, Oscar Dancigers produced *Gran Casino*, which turned out to be a commercial disaster. The same would not be said of *The Great Madcap* (1949), which marked the beginning of a new period of creative activity.

Between 1946 and 1964, he made twenty films in Mexico. Foremost, among others, is *Los olvidados* (1950), which won the prize for best direction in Cannes. Then came the Mexican-North American production of *Adventures of Robinson Crusoe, El (This strange passion)* (1952). *Adventures of Robinson Crusoe* is the film that draws most on Buñuel's personal background; it was followed by *Wuthering Heights* (1953).

Buñuel received definitive international recognition with *The Criminal Life of Archibaldo de la Cruz* (1955). Three years later, he decided to bring to the screen his adaptation of the novel *Nazarin*, which was written by the Canarian realist writer Benito Pérez Galdos. The film won a prize at the Cannes Film Festival. Buñuel's Mexican cycle ended with two exceptional works: *The Exterminating Angel* (1962) and *Simon of the Desert* (1965).

On October 20, 1949, Buñuel was granted Mexican citizenship.

Recorriendo exilios: ciudadano de México

1946-1965

El México del Presidente Lázaro Cárdenas había acogido desde junio de 1938 a un nutrido grupo de intelectuales de la diáspora republicana, propiciando la creación de la Casa de España, luego El Colegio de México. Cárdenas persistirá en facilitar la llegada de emigrados españoles: el reconocimiento oficial del gobierno español republicano en el exilio (1945), la concesión de la ciudadanía mexicana a los refugiados que la desearan... El número total de exiliados sobrepasaría los quince mil.

Con el fallido proyecto de llevar a la pantalla *La casa de Bernarda Alba*, de García Lorca, Buñuel llega en 1946 a la capital mexicana, donde fija la residencia familiar. Muy pronto se incorpora al grupo de artistas y escritores españoles y mexicanos. Desde la experiencia de Filmófono no ha rodado ninguna película, hasta que Oscar Dancigers produce *Gran Casino* (1946), que será un fracaso comercial. No ocurre lo mismo con *El gran calavera* (1949), inicio de un nuevo período de su actividad creadora.

Entre 1946 y 1964 realiza veinte películas en México. A la primera hora pertenece, entre otras, *Los olvidados* (1950), premio a la mejor dirección en Cannes. Siguen la coproducción mexicano-estadounidense *Robinson Crusoe*, *Él* (1952), la película con mayor trasfondo personal del autor, y *Abismos de pasión* (1953).

El definitivo reconocimiento internacional le llega en 1955 con *Ensayo de un crimen*. Tres años después decide llevar a la pantalla su adaptación de la novela *Nazarín*, del escritor realista canario Benito Pérez Galdós, galardonada en el Festival de Cannes. El ciclo mexicano se cierra con dos trabajos excepcionales: *El ángel exterminador* (1962) y *Simón del desierto* (1965).

El 20 de octubre de 1949 había adquirido la nacionalidad mexicana.

EXILIADOS EN MÉXICO/EXILED IN MEXICO: RODOLFO HALFFTER, JOSÉ MORENO VILLA, RAFAEL MÉNDEZ, JUAN REJANO, JUAN LARREA; MAX AUB, JUAN JOSÉ DOMENCHINA, WENCESLAO ROCES, JUAN COMÁS, ERNESTINA DE CHAMPOURCÍN; JOSÉ IGNACIO MANTECÓN, ANA MARÍA CUSTODIO, RAMÓN J. SENDER, LUIS ALCORIZA, ANTONIO MARÍA SBERT; NICOLÁS CABRERA, LEÓN FELIPE, EMILIO PRADOS, ENRIQUE DÍEZ-CANEDO, JOSÉ BERGAMÍN; BIBIANO F. OSORIO TAFALL, JOAQUÍN XIRAU, NICETO ALCALÁ ZAMORA, PEDRO BOSCH GIMPERA, BLAS CABRERA.

Al final de la Guerra Civil, numerosos españoles eligieron México como tierra de exilio, y entre ellos muchos de mis mejores amigos. Había obreros, pero también escritores, científicos, que se adaptaban sin demasiado esfuerzo a su nuevo país.

At the end of the Civil War, numerous Spaniards elected Mexico as the land of exile, and among them many of my best friends. There were laborers, but also writers and scientists who were adapting without too much effort to their new country.

LB, JEANNE RUCAR. 1945.

EL PRESIDENTE LÁZARO CÁRDENAS.
THE PRESIDENT LÁZARO CÁRDENAS.

Hicimos una fiesta de disfraces –durante toda su vida a Luis le encantó disfrazarse–, los hombres debían ir de Juan Tenorio.

JEANNE RUCAR

We gave a costume party–throughout all of his life, Luis loved to dress up–; the men had to go as Juan Tenorio.

JEANNE RUCAR

MATILDE MANTECÓN, ERNESTO GARCÍA, ANA MARÍA CUSTODIO, EDUARDO UGARTE, CONCHITA MANTECÓN, LB, COTITO MANTECÓN; GUSTAVO PITTALUGA, JEANNE RUCAR, RAFAEL BUÑUEL, JUAN LUIS BUÑUEL, JOSÉ IGNACIO MANTECÓN.

GRAN CASINO, 1947.

Oscar Dancigers tenía contratadas a dos grandes figuras latinoamericanas, el cantante Jorge Negrete y la cantante argentina Libertad Lamarque. Se trataba de una película musical. ■ Fue un fracaso.

Oscar Dancigers had two popular Latin American figures under contract, the singer Jorge Negrete and the Argentinean singer Libertad Lamarque. It was a musical film. ■ It was a failure.

EL GRAN CALAVERA, 1949.
THE GREAT MADCAP, 1949.

■ Al final de la película, Buñuel crea uno de los mejores *collages* cinematográficos, ya ensayado en *La edad de oro*.

■ At the end of the film, Buñuel creates one of the best cinematic collages, already rehearsed in *L'Age d'or*.

SUSANA, 1950.

Lamento no haber subrayado la caricatura del final, cuando termina milagrosamente bien.

I regret not having underlined the caricature at the end, when it all turns out miraculously well.

FERNANDO SOLER, ROSITA QUINTANA, LB.

UNA MUJER SIN AMOR, 1951. *A WOMAN WITHOUT LOVE*, 1951.

Sin duda mi peor película.

Without a doubt my worst film.

LA HIJA DEL ENGAÑO, 1951. *THE DAUGHTER OF DECEIT*, 1951.

Mal título de Dancigers para lo que no era sino una nueva versión de *Don Quintín el amargao*, de Filmófono.

Bad title by Dancigers for what was only a remake of *The Bitter Mr. Quintín,* of *Filmófono.*

LOS OLVIDADOS, 1950.

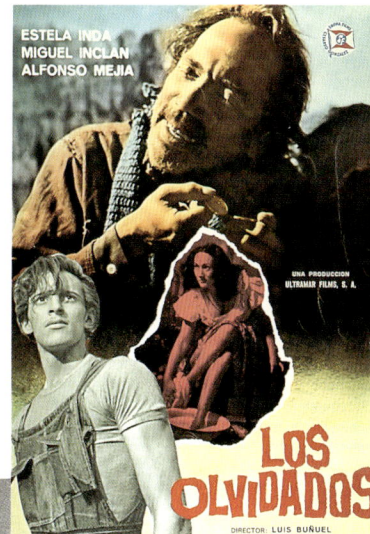

ESTELA INDA
MIGUEL INCLÁN
ALFONSO MEJÍA

UNA PRODUCCIÓN
ULTRAMAR FILMS, S. A.

LOS OLVIDADOS

DIRECTOR: LUIS BUÑUEL

Leí que se había encontrado en un basurero el cadáver
de un chico de unos doce años, y eso me dio la idea
del final. Algunas de las cosas que vi pasaron
directamente a la película. Yo había visto esas camas de
bronce en una barraca de madera.

**I read that the body of a twelve year-old boy was
found in a dumpster, and that gave me the idea for
the ending. Some of the things I saw were passed
on directly into the film. I had seen those bronze
beds in a wooden shack.**

El guion se inspiraba en algunas aventuras acaecidas al productor de la película, el poeta español Manuel Altolaguirre.

The script was based on some adventures that occurred to the film's producer, the Spanish poet Manuel Altolaguirre.

SUBIDA AL CIELO, 1951.
MEXICAN BUS RIDE, 1951.

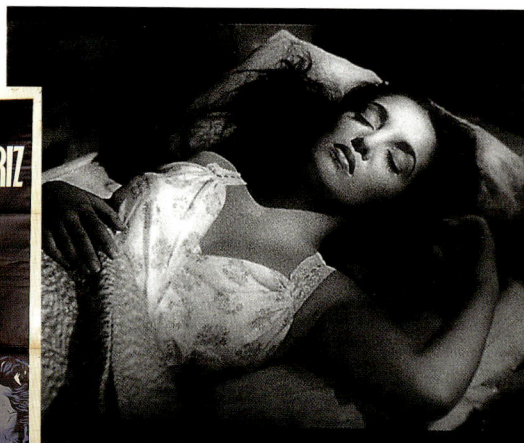

No me propongo tratar ni bien ni mal a los obreros. Que una familia sea obrera no me la hace ni simpática ni antipática. Mi simpatía dependerá de lo que cada uno sea como persona.

I don't propose to treat the laborers neither in a good nor in a bad way. That a family is working class doesn't make it likeable or unlikeable to me. My sympathy will depend on what each is like as a person.

EL BRUTO, 1952.
THE BRUTE, 1952.

Introduje algunos elementos de la vida sexual (sueño y realidad) y la escena del delirio en la que Robinsón vuelve a ver a su padre.

I introduced some elements of sexual life (dream and reality) and the delirium scene in which Robinson sees his father again.

■ Su primera película en color y en inglés.

■ His first film in color and in English.

ROBINSON CRUSOE, 1952.
ADVENTURES OF ROBINSON CRUSOE, 1952.

■ Seis años después, Hitchcock rodó una escena semejante en *Vértigo*.
■ Six years later, Hitchcock shot a similar scene in *Vertigo*.

ÉL, 1952. EL (THIS STRANGE PASSION), 1952.

Él es una de mis películas preferidas. Se trata del retrato de un paranoico. Los paranoicos son como los poetas. Nacen así. Además, interpretan siempre la realidad en el sentido de su obsesión, a la cual se adapta todo.

El (This Strange Passion) is one of my favorite films. It's a portrait of a paranoid. Paranoids are like poets. They are born that way. Furthermore, they always interpret reality in the sense of their obsession, which adapts to everything.

L B DURANTE EL RODAJE.
L B DURING THE SHOOT.

En 1930 había escrito con Pierre Unik un guion basado en el libro *Cumbres borrascosas*. Como todos los surrealistas, me sentía muy atraído por esta novela.

In 1930 I had written a script with Pierre Unik based on the book *Wuthering Heights*. Like all surrealists, I felt very attracted by this novel.

ABISMOS DE PASIÓN, 1953.
WUTHERING HEIGHTS, 1953.

Cuando las mujeres, con aquellas faldas largas, subían al tranvía, les echábamos la vista, para ver si enseñaban algo de pantorrilla.

When the women, with those long skirts, got on the streetcar, we would look, to see if they showed any calf.

LA ILUSIÓN VIAJA EN TRANVÍA, 1953.
ILLUSION TRAVELS BY STREETCAR, 1953.

EL RÍO Y LA MUERTE,1954.
THE RIVER AND DEATH, 1954.

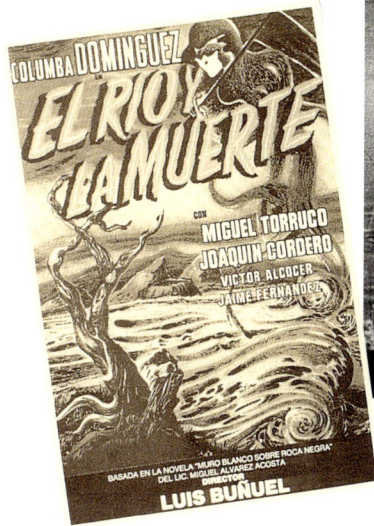

La mayoría de los sucesos que cuenta esta película son auténticos y pueden, de paso, permitir echar un interesante vistazo a las costumbres mexicanas.

Most of the events that are told in this film are authentic. They allow one to have an interesting quick look at Mexican customs.

Sade sólo cometía sus crímenes en la imaginación, como una forma de liberarse del deseo criminal. La imaginación puede permitirse todas las libertades... La imaginación es libre, el hombre, no.

Sade only committed his crimes in the imagination, as a way to liberate himself from criminal desire. Imagination can permit itself all liberties...Imagination is free, man is not.

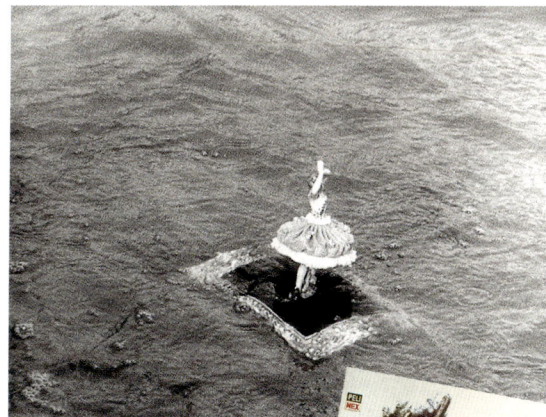

ENSAYO DE UN CRIMEN, 1955.
THE CRIMINAL LIFE OF ARCHIBALDO DE LA CRUZ, 1955.

Habiendo vuelto a tomar contacto con Europa, rodé dos películas en lengua francesa, una en Córcega, *Así es la aurora*, la otra en México, *La muerte en el jardín*.

Having come in contact again with Europe, I shot two films in French, one in Corsica, *Cela s'appelle l'aurore*, the other in Mexico, *Death in the Garden*.

LA MUERTE EN EL JARDÍN, 1956.
DEATH IN THE GARDEN, 1956.

Nazarín es un Quijote del sacerdocio y, en lugar de seguir el ejemplo de los libros de caballería, sigue el de los Evangelios. En vez de tener al escudero Sancho Panza, es acompañado por dos mujeres que son un poco escuderas.

Nazarin is a Quixote of the priesthood and, instead of following the example of the books of chivalry, he follows those of the Gospel. Instead of having the footman Sancho Panza, he is accompanied by two women who are a bit like footmen themselves.

Las películas políticas, por lo general, no me interesan. Objetivamente, entiendo el interés que pueden tener, pero no me interesa hacerlas, no siento que sean mi terreno.

In general, political films don't interest me. Objectively, I understand the interest they might have, but I'm not interested in making them, I don't feel that they are my field.

LOS AMBICIOSOS, 1959.
FEVER MOUNTS AT EL PAO (REPUBLIC OF SIN), 1959.

■ Al igual que *Robinson Crusoe*, se rodó en inglés, en tierras mexicanas y con la participación de estadounidenses que se encontraban en las listas negras de Hollywood y tuvieron que exiliarse en México a raíz de la caza de brujas del maccarthysmo.

■ Just like *Adventures of Robinson Crusoe*, *The Young one* it was shot in English, on Mexican soil and with the participation of Americans who were on the Hollywood blacklists and had to exile themselves in Mexico as a result of the witch-hunt of McCarthyism.

LA JOVEN, 1960.
THE YOUNG ONE, 1960.

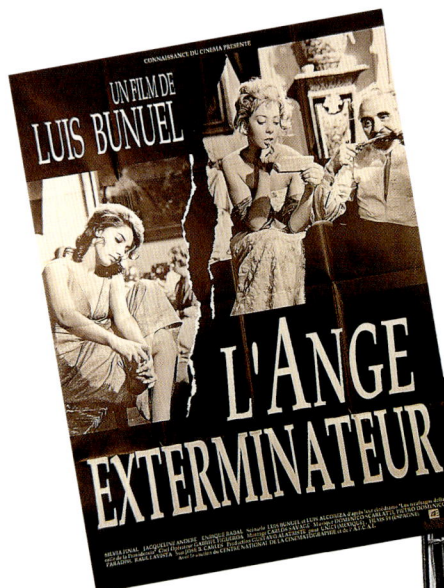

EL ÁNGEL EXTERMINADOR, 1962.
THE EXTERMINATING ANGEL, 1962.

Siempre me he sentido atraído, en la vida como en mis películas, por las cosas que se repiten. En *El ángel exterminador* hay, por los menos, una decena de repeticiones. Creo que he sido el primero en utilizar este recurso en el cine.

I have always felt attracted, in life as in my films, by things that repeat themselves. In *The Exterminating Angel* there are, at least, a dozen repetitions. I believe I was the first one to use this resource in cinema.

SIMÓN DEL DESIERTO, 1965.
SIMON OF THE DESERT, 1965.

Alatriste me ofreció la posibilidad de realizar en México una película sobre el sorprendente personaje de San Simeón el Estilita, anacoreta del siglo IV, que pasó más de cuarenta años en lo alto de una columna en un desierto de Siria. Obtuvo cinco premios en el Festival de Venecia, cosa que no ha sucedido con ninguna de mis películas.

Alatriste offered me the opportunity to shoot a film in Mexico about the surprising character of Saint Simeon the Stylite, an IV century hermit who spent more than forty years on top of a column in a Syrian desert. The film obtained five awards at the Venice Film Festival, something that hasn't happened with any of my movies.

■ En 1951 regresa a Francia donde puede ver a sus amigos. En el *Studio 28* de París presenta *Los olvidados* y se entrevista con André Breton. Buñuel visita a su familia en Pau.

■ In 1951 he returns to France where he can see his friends. At the *Studio 28* in Paris he presents *Los olvidados* and he meets André Breton. Buñuel visits his family in Pau.

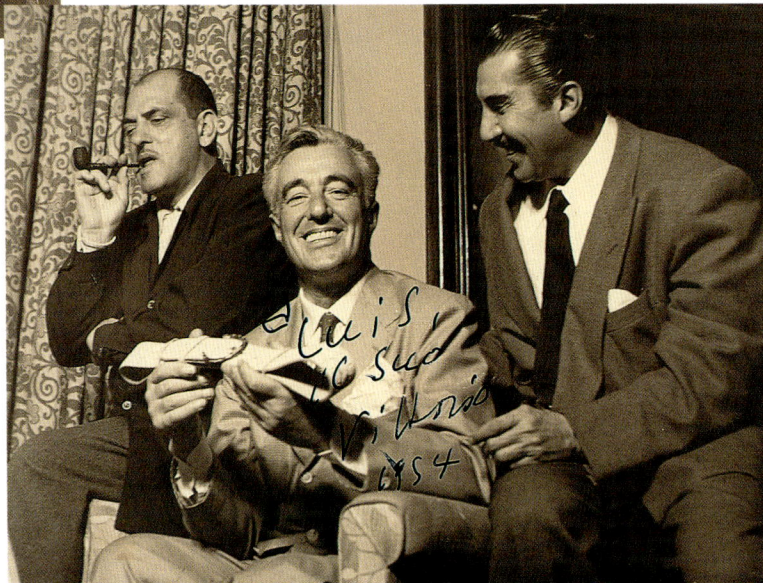

CON SU MADRE, MARÍA PORTOLÉS, EN PAU, 1951.
WITH HIS MOTHER, MARÍA PORTOLÉS, IN PAU, 1951.

LB, VITTORIO DE SICA, EMILIO "INDIO" FERNÁNDEZ, 1954.

CON MANUEL BARBACHANO PONCE, PRODUCTOR DE *NAZARÍN*, Y NOE MURAYAMA.
WITH MANUEL BARBACHANO PONCE, PRODUCER OF *NAZARIN*, AND NOE MURAYAMA.

LB, EN EL CENTRO, A SU IZQUIERDA, EL PINTOR FERNAND LÉGER.
LB, IN THE CENTER, TO HIS LEFT, THE PAINTER FERNAND LÉGER.

OCTAVIO PAZ, JEANNE RUCAR.

ALBERTO ISAAC, LUIS ALCORIZA, ALFREDO RIPSTEIN, ARTURO
RIPSTEIN, SIGFRIDO GARCÍA, JORGE BUSTOS, CARLOS SAVAGE,
EMILIO GARCÍA RIERA, LB.

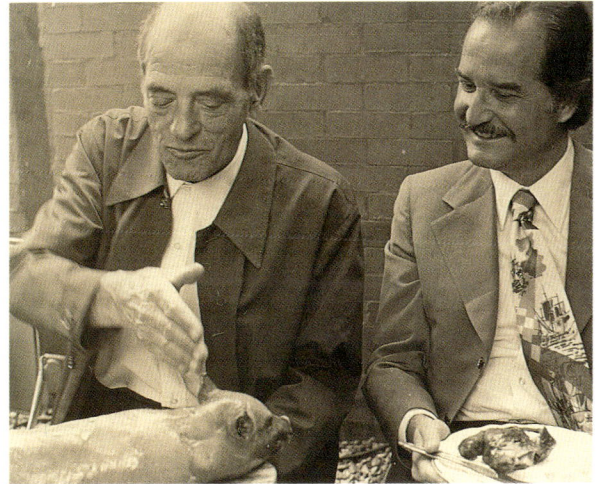

LB, CARLOS FUENTES.

LB EN EL CENTRO, 1961.
IN THE CENTER LB, 1961.

..., MANUEL MICHEL, NOVAIS TEXEIRA, ARTURO RIPSTEIN, ALBERTO ISAAC;
LUIS ALCORIZA, LB, ..., GABRIEL GARCÍA MÁRQUEZ, ..., ...

The Success of a Forbidden Film: Viridiana

1961

-Let's make it in Spain!

Luis Buñuel agreed to the Mexican producer Gustavo Alatriste's proposal on the condition that Juan Antonio Bardem and Ricardo Muñoz Suay, who were known for their opposition to Franco's regime, would work with him. In 1961, with the support of the Spanish companies UNINCI and Films 59, Buñuel shot a film for the first time in Madrid since Franco had come to power. Certain Republicans exiled in Mexico immediately responded with accusations and invectives underscored by insults. The movie would be called *Viridiana*. Conceived in Mexico, the film was, in a certain sense, a sequel to *Nazarin,* with the novel *Halma* by Galdós forming the basis of the film's plot. *Viridiana* was the culmination of one of the most significant achievements in the filmmaker's artistic universe.

The quixotic embellishments of the main character represent a continuation of the traditional dialectic between reason and madness while the action deals with the theme of a group of outcasts who ungratefully turn against their protector. The filmmaker also wished to demonstrate his conviction that, in the face of social problems and the transformations of man, Christian charity was futile.

Cannes requested the film's participation in the Festival where it was awarded the Golden Palm *ex aequo* with the French *Une aussi longue absence*. *Viridiana* incited both a scandal and the clamorous silence of the Spanish press. *L'Osservatore Romano* had pointed out its veiled impieties and blasphemous nature. The Head of Spanish Cinema, who had gone to receive the award, was fired. There followed the regime's decision to suppress *Viridiana's* national identity, which attested to the success of the second of the two Spanish films by Buñuel that had been censored.

El éxito de una película prohibida: *Viridiana*

1961

—¡Vamos a rodarla en España!

Luis Buñuel aceptó la propuesta del productor mexicano Gustavo Alatriste, a condición de realizarla con Juan Antonio Bardem y Ricardo Muñoz Suay, conocidos por su oposición al régimen de Franco. En 1961, con el concurso de las empresas españolas UNINCI y *Films 59*, Buñuel rueda por vez primera en el Madrid franquista. Por ello, no se hicieron esperar las suspicacias e invectivas, rayanas con el insulto, entre algunos republicanos exiliados en México. La película se titularía *Viridiana*. Concebida en tierras mexicanas, en cierto modo complementaria de *Nazarín* y con la novela galdosiana *Halma* como sustrato de la trama cinematográfica, *Viridiana* vino a ser la concreción de una de las realizaciones más significativas del universo artístico del cineasta.

Los ribetes quijotescos de la protagonista prolongan la tradicional dialéctica entre razón y locura, con el trasunto tópico del protector de los marginados que, ingratos, se revuelven contra él. Más aún, el cineasta quiso plasmar su convicción de la futilidad de la caridad cristiana ante los problemas sociales y la transformación del hombre.

Invitada a participar en Cannes, obtuvo la *Palma de Oro* del Festival, *ex aequo* con la francesa *Une aussi longue absence*. Con *Viridiana* llegaron el escándalo y el clamoroso silencio en los medios de comunicación españoles. *L'Osservatore Romano* había enarbolado la argucia de la impiedad y la blasfemia: el Director español de Cinematografía, que había recogido el premio, fue fulminantemente destituido. El propósito subsiguiente del régimen por negar la identidad nacional de *Viridiana,* certificó el éxito de esta segunda película española prohibida de Buñuel.

La llamé Viridiana en recuerdo de una santa poco conocida de la que antaño me habían hablado en el colegio de Zaragoza. Mi amigo Julio Alejandro me ayudó a desarrollar una antigua fantasía erótica en la que yo abusaba de la reina de España gracias a un narcótico.

I called her Viridiana in memory of a little known saint that in days gone by they told me about in the school in Saragossa. My friend Julio Alejandro helped me develop an old erotic fantasy in which I abused the queen of Spain thanks to a narcotic.

RICARDO MUÑOZ SUAY, LB,
JEANNE RUCAR, JUAN ANTONIO BARDEM. MADRID, 1961.

GUSTAVO ALATRISTE, LB, DOMINGO DOMINGUÍN, 1961

Viridiana es en cierto modo un Quijote con faldas. Don Quijote defiende a los presos que llevan a galeras y éstos lo atacan. Viridiana protege a los mendigos y ellos también la atacan.

In a way, Viridiana is a Quixote in skirts. Don Quixote defends the prisoners who are taken to the galleys and they attack him. Viridiana protects the beggars and they too attack her.

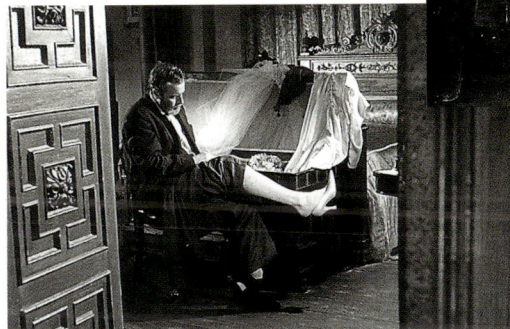

VIRIDIANA
Le chef-d'œuvre de Luis BUÑUEL.

URSULINES
DISTRIBUTION

PALME D'OR AU
FESTIVAL DE CANNES

■ Sin haberlo previsto, completó con tres extras
La cena de Leonardo de Vinci.

■ Without having planned it, he completed *The
Supper* by Leonardo Da Vinci with three extras.

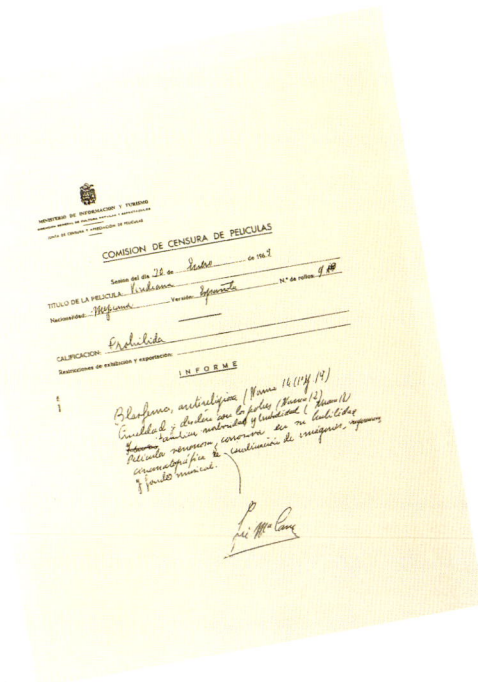

La censura provocó otro final en el guion, sin duda más inmoral, pues sugiere un *ménage à trois*: Viridiana entra cuando su primo y la criada están jugando a las cartas y se sienta junto a ellos. La cámara inicia un lento retroceso. El primo dice: "Bien sabía yo que mi prima Viridiana terminaría jugando al tute conmigo".

Censorship provoked a new ending in the script, a more immoral one no doubt, as it suggests a *ménage à trois*: Viridiana enters when her cousin and the servant are playing cards; she sits next to them. The camera begins a slow retreat. The cousin says: "I knew well that my cousin Viridiana would end up playing whist with me".

EN LA ENTREGA DE LOS PREMIOS *ESTRELLAS DE CRISTAL*. PARÍS, 1962
AT THE HANDING OVER OF *CRYSTAL STARS AWARDS*. PARIS, 1962
FRANÇOIS TRUFFAUT (*JULES ET JIM*), LB (*VIRIDIANA*), JEANNE MOREAU
(*JULES ET JIM*), ALBERT FINNEY (*SATURDAY NIGHT, SUNDAY MORNING*).

Once Again in France.
The Death of a Spanish Filmmaker
1963-1983

Buñuel's acquaintance with the producer Serge Silberman and the screenwriter Jean-Claude Carrière was decisive to the last phase of his career, which began with *Diary of a Chambermaid* (1964). The movie was, for the most part, made in France, though Buñuel never gave up his residence in Mexico. After financial difficulties prevented him from finishing *Simon of the Desert*, he would not undertake another creative project without the appropriate means. His first great commercial success, *Belle de jour* (1966), and winning the Golden Lion at The Venice Film Festival, brought him honors, prizes and definitive public recognition: the Oscar for best foreign–language film (*The Discreet Charm of the Bourgeoisie*, 1927), the Golden Seashell at the Festival of San Sebastian, and the National Prize for the Arts in Mexico for his cinematography (1972).

In *Belle de jour*, a succession of real and imaginary elements of a surrealist origin culminates in a surprising, original and open ending. Religion, a recurring theme in the filmmaker's previous work, would return in *The Milky Way* (1969), which depicts an intellectual debate between Christian dogma and certain heresies. None of this interfered with the movie's commercial success. In 1969, Buñuel began filming *Tristiana*, which is a recreation of Pérez Galdós's novel by the same name. The project made it possible for him to shoot the film in Toledo, a city that he greatly admired, and to weave memories from his own childhood and youth into the plot.

Buñuel's artistic trajectory ended with three final works: *The Discreet Charm of the Bourgeoisie*, a coherent analysis of verisimilitude and fantasy done in humorously insolent tones; *The Phantom of Liberty* (1974), a homage to fate; and *That Obscure Object of Desire* (1977), in which the author offers a compendium of the favorite obsessions, themes, and motives that gives his film work its extraordinarily unique character.

On July 29, 1983, the great XX century Spanish filmmaker died in a hospital in the Mexican capital. He had published *My Last Sigh* the year before.

De nuevo en Francia.
Muerte del cineasta español
1963-1983

El encuentro con el productor Serge Silberman y el guionista Jean-Claude Carrière será decisivo en la última etapa cinematográfica de Buñuel, iniciada con *Diario de una camarera* (1964) y fundamentalmente construida en Francia, aunque el calandino mantuvo siempre la residencia en México. Después de las dificultades económicas que condicionaron el final, inacabado, de *Simón del desierto,* contará con los medios apropiados para prolongar su actividad creadora. A partir de *Belle de jour* (1966), primer gran éxito comercial y *León de Oro* en el Festival de Venecia, le llegan distinciones, premios y el definitivo reconocimiento público: *Oscar* a la mejor película extranjera (*El discreto encanto de la burguesía*, 1972), *Concha de Oro* en el Festival de San Sebastián y *Premio Nacional de las Artes* de México por su obra cinematográfica (1972).

Si en *Belle de jour* se suceden los elementos reales e imaginarios de ascendencia surrealista hasta alcanzar un sorprendente e inédito final abierto, la religión, tema recurrente en la producción anterior del cineasta, volverá a *La vía láctea* (1969) en la que presenta un debate intelectual entre el dogma cristiano y algunas herejías, lo que no impidió el éxito comercial de la película. En 1969 comienza el rodaje de *Tristana*, recreación de la novela homónima de Pérez Galdós, permitiéndose la licencia de elegir su muy apreciada ciudad de Toledo por escenario y de imbricar en la trama recuerdos de su niñez y juventud.

La trayectoria artística de Buñuel se completa con tres últimas obras: *El discreto encanto de la burguesía,* coherente ponderación de verosimilitud y fantasía teñida de humorada insolente; *El fantasma de la libertad* (1974), homenaje al azar, y *Ese oscuro objeto del deseo* (1977), donde el autor realiza un logrado compendio de sus obsesiones predilectas, los temas y motivos que confieren extrema singularidad a su filmografía.

El 29 de julio de 1983 el gran cineasta español del siglo XX moría en un hospital de la capital mexicana. Un año antes había publicado *Mi último suspiro*.

DIARIO DE UNA CAMARERA, 1964.
DIARY OF A CHAMBERMAID, 1964.

■ Un irónico ajuste de cuentas contra los detractores de *La edad de oro*, la burguesía y el fascismo, junto a algunas dosis de obsesiones y de recuerdos.

■ An ironic settling of accounts against the detractors of *L'Age d'or,* the bourgeoisie and fascism, along with a few doses of obsessions and memories.

LB, SERGE SILBERMAN

BELLE DE JOUR
suños de amor de una mujer frustrada

CATHERINE DENEUVE
JEAN SOREL
MICHEL PICCOLI
EN UN FILM DE
LUIS BUÑUEL

con
GENEVIÈVE PAGE
PIERRE CLEMENTI
FRANCISCO RABAL
FRANÇOISE FABIAN
MACHA MERIL
MARIA LATOUR
MUNI
y
GEORGES MARCHAL

CON ALBERTO MORAVIA. EN 1967
BELLE DE JOUR OBTIENE EL *LEÓN
DE ORO* DE VENECIA.
WITH ALBERTO MORAVIA. IN 1967
BELLE DE JOUR OBTAINS THE GOL-
DEN LION IN VENICE.

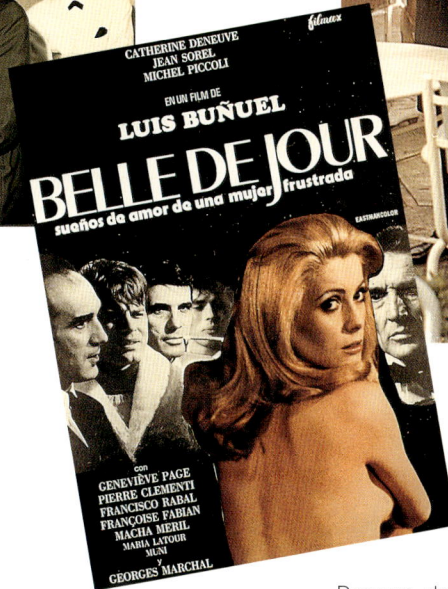

BELLE DE JOUR, 1966.

Ofrecía la posibilidad de introducir en imágenes algunas de las ensoñaciones diurnas de Séverine, el personaje principal, que interpreta Catherine Deneuve, de precisar el retrato de una joven burguesa masoquista y describir con bastante fidelidad varios casos de perversiones sexuales.

It introduced images of some of the daydreams of Séverine, the main character, interpreted by Catherine Deneuve. Also, to fix the portrait of a young bourgeois masochist and to describe accurately various sexual perversions.

LA VÍA LÁCTEA, 1969.
THE MILKY WAY, 1969.

JULIO CORTÁZAR, CARLOS FUENTES, LB, RODOLFO ECHEVERRÍA.

Un paseo por el fanatismo en el que cada uno se aferra con fuerza e intransigencia a su parcela de verdad, dispuesto a matar y morir por ella.

It is a passage through fanaticism with which each clings to his parcel of truth with strength and intransigence, prepared to kill and die for it.

Carlos Fuentes veía en ella una película combativa, antirreligiosa, mientras que a Julio Cortázar le pareció pagada por el Vaticano.

Carlos Fuentes saw it as a combative, anti-religious film; on the contrary, Julio Cortázar said it seemed funded by the Vatican.

TRISTANA, 1970.

Es una de las peores novelas de Galdós. Sólo me interesaba el detalle de la pierna cortada. Curiosamente, eso también le atraía a Hitchcock.

It is one of the worst novels by Galdós. I was only interested in the detail of the severed leg. Curiously, that also attracted Hitchcock.

■ El motivo ya había aparecido en *Ensayo de un crimen*: un maniquí femenino al que se le desprendía una pierna.

■ The motif had already appeared in *The Criminal Life of Archibaldo de la Cruz:* a female mannequin whose leg would come off.

Ocurrió que en 1640 la rueda de una carreta le aplastó una pierna a un tal Miguel Juan Pellicer, vecino de Calanda, y hubo que amputársela. Era un hombre muy piadoso que todos los días iba a la iglesia, metía el dedo en el aceite de la lamparilla de la Virgen y se frotaba el muñón. Una noche bajó del cielo la Virgen con sus ángeles y éstos le pusieron una pierna nueva.

It happened in 1640 that the wheel of a cart ran over the leg of a certain Miguel Juan Pellicer of Calanda, and it had to be amputated. He was a very pious man who went to church every day, dipped his finger in the oil of the Virgin's lamp and rubbed his stump. One night the Virgin came down from the sky with her angels and they gave him a new leg.

■ En *Simón del desierto* también se evoca el milagro mariano calandino.

■ In *Simon of the Desert* the Marian miracle of Calanda is also evoked.

■ Los espacios toledanos enmarcan la acción de la película: el campanario catedralicio, la tumba del cardenal Tavera...

■ The spaces of Toledo frame the action of the film: the cathedral belfry, the tomb of Cardinal Tavera...

HERNANDO VIÑES, LB, LULÚ VIÑES. TOLEDO, 1936.

TRISTANA, 34 AÑOS DESPUÉS.
TRISTANA, 34 YEARS LATER.

EL DISCRETO ENCANTO DE LA BURGUESÍA, 1972.
THE DISCREET CHARM OF THE BOURGEOISIE, 1972.

ARABA FILMS presenta

el discreto encanto de la burguesia

un film de LUIS BUÑUEL

Un film que tiene el
"discreto encanto" de las
obras maestras.
(Michel Duran)
Le Canard Enchaîné

con
FERNANDO REY
STEPHANE AUDRAN
PAUL FRANKEUR
BULLE OGIER
DELPHINE SEYRIG
JEAN PIERRE CASSEL

Divertido, irrespetuoso,
desenvuelto, humor negro, de
sorpresa en sorpresa...
Un autentico regalo...
(Jean de Baroncelli)
Le Monde

Guion de
LUIS BUÑUEL y
JEAN CLAUDE CARRIERE

Un humor mordaz, una pelicula
divertida, una cinta genial,
claramente fuera de serie.
(Manuel Alcalá)

Producida por
SERGE SILBERMAN

Fotografia:
EDMOND RICHARD

OSCAR A LA MEJOR PELICULA EXTRANJERA
Distribuida por ARABA FILMS

■ Con motivo de la concesión del *Oscar* a *El discreto encanto de la burguesia* se celebra en honor de Buñuel un banquete en casa de George Cukor.

■ For the awarding of an Oscar to *The Discreet Charm of the Bourgeoisie* a banquet in honor of Buñuel is celebrated at the home of George Cukor.

Escribimos cinco versiones diferentes del guion. Había que encontrar su justo equilibrio entre la realidad de la situación, que debía ser lógica y cotidiana, y la acumulación de inesperados obstáculos, que, no obstante, no debían parecer nunca fantásticos o extravagantes. El sueño vino en nuestra ayuda e, incluso, el sueño dentro del sueño.

We wrote five different versions of the script. A fair balance had to be found between the reality of the situation, which had to be logical and quotidian, and the accumulation of unexpected obstacles that, nevertheless, should never appear fantastic or extravagant. The dream came to our rescue and, even, the dream within the dream.

EL FANTASMA DE LA LIBERTAD, 1974.
THE PHANTOM OF LIBERTY, 1974.

La casualidad es la gran
maestra de todas las cosas.
Siento una especial ternura
hacia *El fantasma de la libertad*,
quizás porque aborda este
difícil tema.

**Coincidence is the great
master of all things. I feel a
special tenderness toward
The Phantom of Liberty,
perhaps because it tackles
this difficult theme.**

LB, SERGE SILBERMAN, JOSÉ LUIS BARROS, JOSÉ BERGAMÍN.

ESE OSCURO OBJETO DEL DESEO, 1977.
THAT OBSCURE OBJECT OF DESIRE, 1977.

Había pensado que Maria Schneider estaría bien en el papel. Finalmente tuve que decirle a Silberman: "Me he equivocado con esta chica. No me sirve para el papel". Silberman estaba desolado y no encontrábamos la solución. Entonces se me ocurrió decir: "Podríamos emplear a dos actrices".

I had thought that María Schneider would be right for the part. Finally I had to tell Silberman: "I have made a mistake with this girl. She is no good for the part." Silberman was devastated and we couldn't find a solution. Then it occurred to me to say: "We could hire two actresses."

ESE OSCURO OBJETO DEL DESEO, 1977. *THAT OBSCURE OBJECT OF DESIRE*, 1977.

■ ...Temas recurrentes.

■ ...Recurring themes.

EL DISCRETO ENCANTO DE LA BURGUESÍA, 1972. *THE DISCREET CHARM OF THE BOURGEOISIE*, 1972.

ENTREVISTAS INTERVIEWS

Images and Reminiscences

ENRIQUE CAMACHO AND MANUEL RODRÍGUEZ BLANCO

Over the last months we have interviewed a number of individuals who were part of Luis Buñuel's intimate circle—family members, friends, and those who worked with him closely. It was our hope that these varied recollections and opinions would help us reconstruct some of the essential moments in the life and creative trajectory of the filmmaker from Calanda, vivify the period in which he lived, clarify the circumstances in which his work developed, trace the avatars of many years of cinematic practice, and determine the possible influence of his work on later generations. We also wished—and why not—to collect the anecdotes that would best illuminate the human dimension of Luis Buñuel.

These testimonies open a window on Buñuel's artistic world and unique personality: the private routines of his daily life; his exceptional mastery of cinematic technique; his singular, often sarcastic, sense of humor; the exquisite respect with which he treated his colleagues; and the tenderness he reserved for his intimates. We also see the more bitter episodes of his existence, his intolerance of mediocrity and arrogance, and the happiness brought by the prizes honoring his *oeuvre*. Throughout, we confront a man who had a way of thinking all his own: iconoclastic, irreverent, faithful to the surreal...

Owing to considerations of length, these interviews could not be reproduced in their entirety. We were constrained to choose the passages that best illuminated our field of inquiry. In order to compensate for these excisions, we are arranging for the uncut transcripts of these interviews to be archived and available for future study and examination. We should also like to add that the translation of oral testimony to written form required some minor re-touching—for example, the suppression of certain informal locutions that would be inappropriate in a book of this nature. We hope and trust that our cuts and minor revisions in no way contradict the intentions of our interviewees. To all those who offered their testimony, we extend our sincere gratitude.

La imagen del recuerdo
ENRIQUE CAMACHO Y MANUEL RODRÍGUEZ BLANCO

A lo largo de los últimos meses hemos entrevistado a varias personas del que fuera entorno familiar y más próximo de Luis Buñuel, así como a aquellas que, pensábamos, mantuvieron un trato cordial o estuvieron profesionalmente relacionadas con él. Mediante las opiniones de los entrevistados, se trataba de reconstruir fundamentalmente algunos de los momentos esenciales de la vida y del itinerario creativo del cineasta calandino, el tiempo histórico que vivió, las circunstancias en las que hubo de desarrollar su trabajo, los avatares que conoció en el ejercicio cinematográfico, la posible influencia de su obra en generaciones posteriores e, incluso, por qué no, las anécdotas más significativas que pudieran desvelar su dimensión humana.

De estos testimonios se desprenden, pues, el mundo artístico y la peculiar personalidad de Buñuel: los recónditos paisajes de su cotidianidad, el humor rayano a veces con el sarcasmo y la afabilidad en el roce con sus colaboradores, la intransigencia con la mediocridad o la altanería y la ternura hacia todos los cercanos, los episodios manifiestamente más amargos de su existencia y el grato suceso de los premios con los que se galardonó su oficio, el pensamiento iconoclasta particularmente suyo y la sutil actitud de fidelidad o irreverencia surrealista, etc.

Cabe añadir que, por obvias razones de extensión, no se reproduce íntegro el contenido de las entrevistas; se ha optado por transcribir únicamente los fragmentos que estimamos más significativos y esenciales para el propósito que las reúne. Conscientes del exceso, cierto es, de esta cercenadura, la versión original completa pasará al archivo oportuno sin otro fin que saciar la curiosidad complementaria misma, o la consulta reposada. Por otra parte, el paso del lenguaje oral al escrito aconsejaba efectuar ciertos retoques que en la mayoría de los casos se han reducido a ligeras alteraciones de índole diversa y a la supresión de algunas expresiones propias del registro coloquial que en este volumen parecían improcedentes. Con esto, esperamos no haber contradicho la voluntad de los entrevistados ni tampoco haber adulterado por excesiva mengua su colaboración. Quede aquí constancia de nuestra gratitud sincera a todos ellos.

Juan Luis Buñuel

DIRECTOR DIRECTOR

What is the first image of your father that comes to mind? I remember sitting on his lap shooting at the leaves with an air gun…we always had guns at home. I have vague memories of Los Angeles and Mexico. In Los Angeles, of an ideal American life: the house, friends…each one living his life. The schools in the United States were horrendous. At the age of eleven, I was sent to a Catholic school and I remember that, when the children in my class were preparing to take First Communion, my mother and I thought that I should do the same, but when I told my father, he picked me up and said, "If you tell my friends about this, I'll kill you." At that moment, I didn't understand anything. In Mexico, I lived an ideal life for a child. I'd begun my studies at an American school, and continued in Mexico. My father's friends came often to the house, and their evenings always ended in the same way [with a tribute to the Spanish Republicans] "Remember the Teruel Front…!" I'd go off to bed or to read.

You never talked about movies? Didn't your father want you to follow in his footsteps? We never talked about movies. He even took pity on me when I told him I was going to make films. At home we talked about the Civil War, about literature, or other things, but never about film. He didn't go to the movies either, on account of his deafness.

How did you begin your film career? With Orson Welles, because he needed someone who knew English. Later, when they were shooting *Fever Mounts at El Pao/Republic of Sin*, with Gérard Philipe, my father needed an assistant who spoke French and Spanish. Who spoke

¿**Cuál es la primera imagen que tiene de su padre?** Me recuerdo sentado en sus piernas disparando con una escopeta de aire comprimido a las hojas de un árbol…, siempre tuvimos pistolas en casa. Conservo vagos recuerdos de Los Ángeles y de México. En Los Ángeles, de una vida bastante americana e ideal: la casa, los amigos…, cada cual tenía su vida. Las escuelas en Estados Unidos eran pésimas. Me enviaron a una escuela católica a los once años y recuerdo que, cuando los niños de mi clase iban a tomar la primera comunión, me pareció que yo debía hacer lo mismo con el acuerdo de mi madre, pero al hablar de ello con mi padre, me agarró, me levantó y dijo: "Si cuentas esto a mis amigos, te mato". Entonces no comprendí nada. En cuanto a México, pasé una vida ideal para un niño. Había comenzado mis estudios en el colegio americano, que proseguí en México. A menudo venían a casa los amigos de mi padre y aquellas veladas siempre terminaban de la misma manera: "¡Porque en el frente de Teruel…!". Yo me iba a acostar o a leer.

¿**Nunca se hablaba de cine? ¿Su padre no tenía interés en que siguiese sus pasos?** No hablábamos de cine. Incluso se apiadó de mí cuando le dije que me iba a dedicar al cine. En casa se hablaba de la Guerra Civil, de literatura o de otras cosas, pero nunca de cine. Tampoco salía al cine, por aquello de la sordera.

¿**Cómo empezó usted la carrera cinematográfica?** Con Orson Welles, porque necesitaban a alguien que supiera inglés. Después, con motivo de la realización de *Los ambiciosos*, con Gérard Philipe, mi padre necesitaba un asistente que hablara francés y español. ¿Quién hablaba

those two languages? His very own son. So I worked on that film and on *The Young One, Viridiana, Diary of a Chambermaid,* and on the last one.

Was it difficult working with your father on *That Obscure Object of Desire*? No, it was extremely easy. He was very professional, like any good director he required professionalism, being on time…There had to be silence on the set because of his hearing problems, but he was affable and nice with everyone. I realize today that he was a very good technician, able to make technically excellent films in two or three weeks.

Did he have everything all worked out beforehand, or did he improvise? With him, everything was worked out ahead of time: the angle, the movement of the camera…but his great lesson was, once you have everything prepared, allow for improvisation. That, I learned from him.

Francisco Rabal has said that the famous last supper in *Viridiana* doesn't appear in the screenplay, that Buñuel got the idea later while taking a walk one morning in the Casa de Campo, a hillside park, in Madrid. What might be taken for improvisation was in fact very thought out. It isn't possible to prepare such an important scene in one or two days. Don't forget that there are thirteen beggars in this scene. Among them— the one you see on the left—was a driver, whom my father had personally asked to participate.

It should be noted that in the Mexican productions the actors often were not very good. It seems that it fell to you to prepare them, train them in a certain sense. I tried to rehearse with them, taking care to respect them as actors. Sometimes, one had to encourage María Félix to move her eyebrows, at other times… Wherever you work, you always find good actors and bad ones…

Were you aware of the difficulties surrounding *Viridiana*? We knew that there were problems with the negatives. That's why I took them and got on a train to

esas dos lenguas? Pues su hijito. Así trabajé en esa película y en *La joven*, *Viridiana*, *Diario de una camarera* y en la última.

En *Ese oscuro objeto del deseo*, ¿era difícil trabajar con su padre? No, facilísimo. Era muy profesional; como todo buen director reclamaba profesionalismo, estar a la hora… Había que guardar silencio en el plató debido a sus problemas auditivos, pero se mostraba amable y simpático con todos. Ahora estoy convencido de que era un buen técnico, muy capaz de realizar películas en dos o tres semanas, con una excelente técnica.

¿Lo tenía todo preparado o, por el contrario, improvisaba? En él estaba todo previsto: el ángulo, el movimiento de la cámara…, pero su gran lección fue que, una vez preparado todo, cabían las improvisaciones. Eso me lo enseñó.

Francisco Rabal ha referido que en el guion de *Viridiana* no aparecía la famosa última cena, que incluyó posteriormente después de habérsele ocurrido durante un paseo matutino por la Casa de Campo madrileña. Lo que podría intuirse como improvisación en realidad era algo muy pensado. No se prepara una cosa tan significativamente relevante en uno o dos días. Es sabido que en esa secuencia había trece mendigos y, entre ellos, el de la izquierda era un chófer al que se le pidió su presencia.

Hay que reconocer que en la producción mexicana muchas veces había actores que no eran de un nivel muy bueno. Parece ser que le correspondía a usted llevar a cabo su preparación, adiestrarlos en cierta medida. Procuraba ensayar con ellos, cuidando su condición de actores. Unas veces eran las cejas de María Félix, que debía moverlas, otras… Siempre se encuentran buenos y malos actores en todos los lugares.

¿Estuvo al corriente de lo ocurrido con *Viridiana*? Sabíamos que había problemas con los negativos de la pelí-

Barcelona, with Domingo Dominguín and a bullfighter named Pedret. A little later, hidden under the blankets in the back of a truck, we managed to get across the French border—Pedret, three other bullfighters, a picador, and myself. I still have the photographs. Later we traveled to Paris, where we did the mix…We had been officially invited to Cannes by Favre Le Bret. It was he who told me we'd won the prize and that they were intending for a Spanish official to receive the award. I suggested Silvia Pinal, or Alatriste, or myself, anyone except an official representative of the Spanish government. Afterward there was the scandal unleashed by *L'Osservatore Romano*, when it published an article by Father Fierro. Much later, twenty or twenty–five years later, while we were filming *That Obscure Object of Desire* at Atocha, in Madrid, Fernando Rey told me that that Father Fierro actually came to his dressing room to ask forgiveness for the scandal about *Viridiana*. Fernando threw him right out.

Your father didn't go to Cannes. No, he was in Mexico.

Did you family talk about returning to Europe? I have the correspondence between my father and Lulú Viñes. She died three months ago, and her daughter gave me all the letters my father had sent her from 1946 until the beginning of the 1980s. In these letters there are references to the plans my father had, once he'd overcome some financial difficulties he couldn't manage to get past. He stayed in Mexico because he had work there and didn't have the money to leave. In France his possibilities for work were uncertain. He only left the house to shoot films. He didn't like being a tourist. I remember once he had the opportunity to go to Venice, and he was talking about the canals, about visiting the Danieli Palace, the mid-day aperitif, lunch, siesta until four and then, suddenly, he exclaimed, "What the hell will I do in Venice at four in the afternoon? What am I going to do? Another museum? No way. Wait for six o'clock to have a drink?!"

How much was politics discussed at home? They talked politics when Luis Alcoriza came to visit. But no

cula. Por eso con Domingo Dominguín y un torero, que se llamaba Pedret, me los llevé en tren hasta Barcelona y, poco más tarde, en la parte trasera de una camioneta, ocultos por los capotes, conseguimos pasar la frontera francesa Pedret, tres toreros más, un picador y yo. Conservo las fotografías. Luego viajamos hasta París, donde hicimos el *mixage*... Para ir a Cannes teníamos la invitación oficial de Favre Le Bret. Por él me enteré del premio conseguido y de la intención de que fuera una autoridad española quien lo recogiera. Le sugerí que el galardón se le podía entregar a Silvia Pinal, a Alatriste, a mí, a cualquier persona, pero no a un representante oficial del gobierno español. Después vino aquel escándalo provocado por *L'Osservatore Romano*: un artículo firmado por el padre Fierro. Mucho tiempo después, transcurridos veinte o veinticinco años, mientras estábamos filmando *Ese oscuro objeto del deseo* en Atocha, en Madrid, Fernando Rey se acercó a mí para decirme que el padre Fierro había entrado en su camerino pidiéndole excusas por el escándalo de *Viridiana*. Fernando le echó sin contemplaciones.

Su padre no fue a Cannes. Estaba en México.

¿Se hablaba en la familia del regreso a Europa? Tengo las cartas de Lulú Viñes. Ella acaba de morir, hace tres meses, y su hija me regaló todas las cartas que mi padre le había enviado desde 1946 hasta principios de los ochenta. En ellas se refieren los planes que tenía mi padre, una vez superadas algunas penurias que no llegaba a esquivar. Se quedó en México porque trabajaba y no tenía dinero para irse. En Francia no había seguridad de trabajo. Sólo salía de casa para filmar. No le agradaba hacer turismo. Recuerdo que, ante la posibilidad de viajar a Venecia, evocaba los canales, su visita al *Danieli Palace*, el aperitivo del mediodía, la comida, la siesta hasta las cuatro y, de repente, exclamaba: "¡Qué coño hago en Venecia a las cuatro de la tarde! ¿Qué voy a hacer? ¿Otro museo? ¡Nada. A esperar hasta el aperitivo a las siete!".

¿Qué lugar ocupaban en su casa las conversaciones sobre política? De política se hablaba cuando venía Luis Alcoriza. Pero poco más que algunos comenta-

more than a little commentary or criticism. About China, or whatever. It all depended on what was in the newspapers. He was obsessed by terrorism and that's apparent in a number of his films. In the last one there is an argument on the subject, and his final screenplay revolves around terrorists, as well.

The radical change in the family's economic situation occurred with *Belle de Jour*. At least there was a little more money at home. When he died, my father had two suits, three pairs of slacks, two pairs of shoes, and little else. Okay, my mother's Volkswagen. With or without money, he never changed the way he lived.

I remember Nicholas Ray invited him to dinner in Madrid, and my father suggested that I come too. During the meal, Nicholas Ray said to him, "Buñuel, out of all the directors I know, you're the only one who does what he wants. What is your secret?" My father replied, "I ask for less than fifty thousand dollars per film." Ray decided to change the subject. But it's true: freedom comes at a price. If you want freedom, don't charge a lot. I think that was his secret.

When do you think he began to achieve this freedom to make his films? It wasn't in Mexico. His strength was that, within a very limited story, he could make enormous, extraordinary things happen. Many of those plots were bad soap operas but, incredibly, they turned out to be magnificent stories, and very funny. Then suddenly he'd come out with a film like *El (This Strange Passion)* or *The Criminal Life of Archibaldo de la Cruz*. Okay, sometimes he had to make concessions. For example, the famous "other ending" of *Los olvidados*. He never talked about it because, while the alternate ending was plausible, it wasn't the one he wanted. They shot it because Dancigers was afraid, but ultimately that "other" scene wasn't used.

Luis Buñuel liked to joke that he had no interest in technical things. In *That Obscure Object of Desire* there's a moment when Fernando Rey and another actor are coming out of a bar. They spent four hours shooting it,

rios y crítica. De China, o de lo que fuera. Todo dependía de lo que saliera en el periódico. Estaba muy obsesionado por el terrorismo y eso lo ha transmitido en varias películas. En la última hay una discusión y su último guion también gira en torno a los terroristas.

El cambio radical en la situación económica familiar ocurrió a partir de *Belle de jour*. Al menos hubo un poco más de dinero en casa. Mi padre tenía dos trajes cuando murió, tres pares de pantalones, dos pares de zapatos y poco más. Bueno sí, el *Volkswagen* de mi madre. Pero él no cambió su manera de vida con o sin dinero.

Recuerdo que Nicholas Ray le invitó a comer en Madrid, y mi padre me propuso que le acompañara. Durante la comida, Nicholas Ray le dijo: "Buñuel, entre todos los directores que conozco eres el único que hace lo que quiere, ¿cuál es tu secreto?". Mi padre respondió: "Pido menos de 50.000 dólares por película". Ray decidió cambiar la conversación. Es cierto que la libertad se paga. Si quieres libertad, no cobres. Creo que ése era su secreto.

¿A partir de qué época piensa que pudo tener esa libertad para rodar? En México no debía de tenerla. Su fuerza consistía en el hecho de que dentro de una cosa muy cerrada incluía otras tremendas. Y muchas de las historias eran culebrones, pero, increíblemente, terminaban por salir historias magníficas, muy chistosas. De repente podía salirle una película como *Él*, o *Ensayo de un crimen*. Bueno, de vez en cuando tuvo que hacer concesiones. Por ejemplo, el famoso "otro final" de *Los olvidados*. Nunca habló de eso porque era un final posible pero no el que él quería. Lo hizo porque Dancigers seguramente tuvo miedo, aunque lo filmaron y finalmente no lo utilizaron.

Otra broma de Luis Buñuel era decir que no le interesaba la técnica. En *Ese oscuro objeto del deseo* hay un momento en que Fernando Rey y otro actor salen de un bar. Se emplearon cuatro horas para hacer las veintidós posiciones de cámara diferentes con grúa, con luces... Terminamos todos muy contentos. Creo que la técnica hay que tenerla y después no enseñarla.

using twenty-two different camera positions, with cranes and lights… By the end, we were all very happy. I think technique is crucial, but it mustn't be too obvious.

How does someone who is deaf manage to do a sound mix? He imagined the sounds. He didn't like to inject music, but he did want sound. If he wanted a car to pass by in the distance, the sound person made it happen the way he wanted.

In addition to his creative activities, Buñuel had other pursuits. For example, he played sports… Yes. Our whole family was athletic. My father boxed and my mother was a gymnast who had won a silver medal in the Olympics. I also played a lot of sports: football, wrestling, etc.

What about his interest in guns? We used often to go to a shooting club on the Toluca Highway, at six or seven in the morning, to practice with high-caliber rifles. Afterwards we'd be served breakfast—*huevos rancheros*, coffee, a cigarette. Then we'd have pistol practice, where we shot at silhouettes, until returning home to clean our guns. He loaded his own guns with a lot of powder. If you don't have enough powder, the bullets stay in the barrel; too much powder, and the explosion can tear off your hand. I remember one day he said to me, "Juan Luis, normally the bullet shouldn't go through this paper, but just in case, let's have a book, a cushion, and the paper." The bullet went through the three things and made a hole in the floor. And then he said, "Good thing you didn't put it in your hand!"

¿Cómo alguien que padece sordera puede llevar a cabo el montaje del sonido? Imaginaba los sonidos. No quería música y sí incluir sonidos. Si deseaba que un coche pasara a lo lejos, la montadora le complacía.

Además de su actividad creadora, Buñuel cultivó otras aficiones. Por ejemplo, fue deportista…. Sí. Éramos una familia de buenos deportistas. Mi padre practicó el boxeo y mi madre consiguió como gimnasta la medalla de plata olímpica. Incluso yo hice mucho deporte: fútbol americano, lucha, etc.

¿Y su afición por las armas? Solíamos ir a menudo a un club de tiro, en la carretera de Toluca, a las seis o a las siete de la mañana, a disparar con rifle de gran calibre. Después nos esperaba un desayuno de huevos rancheros mexicanos, un café, un pitillo. Luego practicábamos el tiro rápido de pistola, contra silueta, hasta que regresábamos a casa a limpiar las armas. Él cargaba sus propias balas con bastante pólvora. Si no pones bastante pólvora se queda la bala en el cañón; demasiada pólvora te atraviesa la mano. Recuerdo que un día me dijo: "Juan Luis, normalmente esta bala no debería atravesar ese papel, pero por si las moscas pon un libro, un cojín y el papel". La bala atravesó las tres cosas e hizo un agujero en el suelo. Y añadió: "¡Gracias que no pusiste la mano!".

Rafael Buñuel
ESCULTOR SCULPTOR

You were born in New York, in the 1940s. Do you have memories of that city, or are your first memories of Los Angeles? I must start by making one observation: certain things from the past, from my childhood, have stayed with me, but I don't know if it's because I saw them in a photograph, or because of the stories my parents told, or because I remember them. I think this happens with everyone. Sometimes something suddenly pops into your memory, but you're not sure if it's true, or comes from a photograph. For example, I have memories of going to Central Park with my mother.

When were you living with the sculptor Calder? I have no memories of the Calders. I know he made metal jewelry that he gave to my mother, and later a copper belt buckle, which my brother still has. I had a copy of this piece made for myself in Mexico, but out of silver.

When your father started to work again in 1946, on *Gran Casino,* you were six years old. Until then your family had had economic problems, very hard times... We had enough to eat. For the rest, everyone in Mexico has domestic help; and when I say everyone, I mean everyone. The only ones who don't have servants are the servants themselves. We always had help at home. So I never thought there were any problems.

Were you in contact with other children of exiles? Or was your father the only one connected to these circles? Many of my friends were children of refugees, but their parents weren't associated with my father. There was a park where the Spaniards used to con-

Usted nació en Nueva York, en los años cuarenta. ¿Tiene algunos recuerdos de esa ciudad o acaso se remontan a Los Ángeles? Antes de nada debo hacer una observación: hay cosas del pasado, de mi infancia, que realmente no sé si las tengo en la memoria porque las he visto en una fotografía, porque mis padres me las contaron o porque las recuerdo. Creo que eso le pasa a todo el mundo. A veces ocurre que de repente algo te viene a la memoria y uno no está seguro de si es verdad o de si es una fotografía. Por ejemplo, tengo recuerdos de paseos con mi madre en el *Central Park*.

Cuando vivían en casa del escultor Calder. De los Calder no recuerdo nada. Sé que hizo joyas de alambre que le dio a mi madre, y después una hebilla de cinturón, de cobre, que conserva mi hermano. Yo me hice una copia en México, pero de plata.

Cuando su padre puede reanudar el trabajo en 1946 con *Gran casino*, usted tenía seis años. Hasta entonces su familia había atravesado momentos difíciles, de gran penuria... Había comida. Por lo demás, en México todo el mundo tiene una sirvienta; y cuando digo todo el mundo quiero decir todo el mundo. Las únicas que no tienen sirvienta son las sirvientas. En mi casa siempre la hubo. Así que nunca pensé que había problemas.

¿Tenía relación con los hijos de los exiliados? ¿O era sólo su padre quién los frecuentaba? Muchos de mis amigos eran hijos de refugiados, pero no asociados con mi padre. Había un parque frecuentado por españoles,

gregate, and most of them were refugees or children of refugees. They were all children of Spaniards, some had been born in France and later came to Mexico, but I didn't know them through my father. Mantecón, Del Toro, Roces, etc. came to these meetings.

Did you watch movies at home? No. Although for a time we did have a 16mm projector. My father didn't watch television. Here's an anecdote to prove it: one day they were showing a film he'd made, and my mother called, "Luis, come, they're showing one of your movies." He immediately growled, "I didn't shoot that scene." "It's a commercial!" my mother replied. "Well, fine," he said, and left. He was so unused to TV, he didn't even recognize a publicity spot.

Did you go to the studio while he was shooting? Not always, no. But I do have a clear memory of *Los olvidados*, maybe because it was summer, which was the only time I could go… If I didn't have anything to do, then I went to the filming.

You were eleven years old. Yes, ten or eleven. And because there were a lot of young people, I made friends. I'd go to play with the crew, with the actors…I explored the studios. I wasn't there to learn to work a camera, I went to play.

Did you go to the openings? Yes, I saw the premiere of one film, I think it was *Nazarin.* But other than that, I saw probably two or three in the studio, while they were still in the process of editing.

Which means that you got to know your father's body of work later, after completing your university studies. Yes, before university I'd seen three of his films: *Los olvidados, Adventures of Robinson Crusoe,* and *Nazarin.*

He didn't take you to the movies? He went to the movies very infrequently. I think it was my brother who told

la mayoría de ellos refugiados o hijos de refugiados. Eran hijos de españoles, o nacidos en Francia que después fueron a México, pero no los conocí a través de mi padre. En esas reuniones estaban Mantecón, Del Toro, Roces...

¿Veían películas en casa? No. Bueno, en una época sí había un proyector de 16 mm. Mi padre no veía la televisión. Una anécdota al respecto: un día pasan una película suya y mi madre lo llama: "Luis ven, están poniendo una película tuya". De pronto él dice un tanto contrariado: "Esta escena no la filmé yo". "¡Que es un comercial!", respondió mi madre. "¡Ah, bien!"; y se fue. Estaba tan poco acostumbrado a la televisión que no se dio cuenta de que era un anuncio publicitario.

¿Le acompañaba al estudio durante los rodajes? No siempre, pero, por ejemplo, me acuerdo bien de *Los olvidados* porque a lo mejor era verano, que era cuando yo podía ir... Si no tenía nada que hacer, pues iba a la filmación.

Tenía usted once años. Sí, diez u once años. Y como había muchos jóvenes, pues hice amigos. Entonces iba a jugar con el equipo, con los actores... y exploraba los estudios. No iba a ver cómo se monta una cámara, iba a jugar.

¿Y a los estrenos? Sí, vi el estreno de una película, creo que fue *Nazarín.* Pero aparte de eso, a lo mejor vi dos o tres en el estudio cuando todavía se estaban montando.

Quiere decir que conoce la filmografía de su padre posteriormente, después de terminar los estudios universitarios. Sí, antes de la universidad había visto tres películas: *Los olvidados*, *Robinson Crusoe* y *Nazarín.*

¿No les llevaba al cine? Iba poquísimo al cine. Creo que fue mi hermano quien me contó que en el año setenta y tantos, en París, mi padre se juntó con un grupo de jóvenes franceses cineastas: "A ver don Luis, ¿cuál es una película que le gusta?". Y él respondía: "Pues me gustó mucho una película americana de aventuras en la que al final el tren

me that, in the 1970s, our father had met with a group of young French filmmakers: "So don Luis," they asked him, "what is your favorite film?" And he answered, "I really liked an American adventure film where at the end, the train derails, loses control, and destroys the whole station." Which is to say, he liked special effects, Hollywood. They thought he was going to say, "Well, I prefer Bergman," or "there's a Japanese auteur…." They were all very taken aback, "So that's your favorite film?" I'm certain he'd come in for the last ten minutes, seen the train wreck, and left, very impressed.

You and your brother have had a close relationship with your mother, according to the book by Jeanne Rucar de Buñuel, _Memoirs of a Woman Without a Piano_. That book is very good because it criticizes my father. And she was right to criticize him. My brother revised the manuscript before it was published. So, if something wasn't right, he could have asked to have it cut. I read it when it came out, and found nothing off the mark. Except saying that we weren't allowed to enter his office is an exaggeration, because the door was never locked. He always had everything in perfect order, so I became an expert at going in. Because if, for example, you went into his office and opened a drawer, right away he'd say, "Someone was in my room."

Did you leave home early? I left home when it was time to go to university. My father didn't like to let us go out at night. One day, I was sixteen, I said, "Papa, I have a date with my girlfriend, we're going to a party." I could feel he was opposed, but he relented, on condition that I be home by 9 p.m., even though, as everyone knows, in Mexico as in Spain, things start late."

I remember a similar incident: my brother must have been about 43, and I, 37. Luis Alcoriza was giving a party. He lived eight minutes away from my parents house. As we were leaving, my father said, "Okay, you can go even though the city is very dangerous, but you must be back by ten." I was tired of arguing, but my brother answered, "I'll be home at eleven." My father shot back, "You'll be home at

se descarrila, pierde el control y al entrar en una estación lo destruye todo". Es decir, los efectos de Hollywood. Se creían que iba a decir: "Pues me gusta Bergman", o "hay un autor japonés…". Todos se quedaron muy sorprendidos: "¿Y ésa es su película favorita?". Estoy seguro de que entró diez minutos al final, vio eso y se quedó impresionado.

Ustedes, los hijos, han tenido una relación estrecha con su madre, según se desprende del libro de Jeanne Rucar de Buñuel, _Memorias de una mujer sin piano_. Ese libro está muy bien porque critica a mi padre. Y tiene razón en criticarlo. Mi hermano revisó el escrito antes de que se publicara. Entonces si algo no hubiese estado bien, él podía haber dicho que se eliminara. Y yo lo leí cuando salió y tampoco encontré nada extraño. Bueno, eso de que no pudiésemos entrar a su oficina es exagerado, porque no la tenía cerrada. Tenía todo muy bien ordenado, así que yo me volví un experto. Porque si, por ejemplo, entrabas en su oficina y le abrías un cajón, enseguida decía: "Alguien estuvo en mi cuarto".

¿Se marchó usted pronto de casa? Lo que hice fue salir de casa en cuanto tuve que ir a la Universidad. A mi padre le costaba autorizarnos las salidas nocturnas. Un día, a mis diecisiete años, le dije: "Papá, tengo una cita con una muchacha, vamos a una fiesta". Comprobé su desagrado, pero accedió a cambio de que volviera a las nueve de la noche, aunque, como se sabe, en México es como en España, las cosas comienzan tarde.

Recuerdo otra ocasión parecida: mi hermano tendría 43 años y yo 37, o algo así. Luis Alcoriza había preparado una fiesta. Vivía a ocho minutos de la casa de mis padres. Cuando supo que íbamos a salir, dijo: "Bueno, podeis ir aunque la ciudad es muy peligrosa, pero debeis volver a las diez de la noche". Yo ya estaba cansado de discutir, pero mi hermano le contestó: "Yo regreso a las once". Y mi padre: "Regresas a las diez". Finalmente mi hermano tuvo que dormir en casa de Alcoriza porque mi padre le había amenazado con cerrarle la puerta. En cuanto a mí, hice lo de siempre, sabía que él se acostaba pronto y regresé a las dos de la mañana. También sabía que contaba con la complicidad de mi madre: "Le dire-

ten." Finally, my brother had to sleep over at the Alcoriza's because my father had threatened to lock the doors. As for me, I did what I always did: knowing he went to bed early, I came in at two in the morning. I also knew I could count on my mother's complicity: "I'll tell him you got home at 11:30." My father was always worried about his children, even about my brother, who is a bull. If anyone is afraid of us in Mexico, it's because of my height and his heft.

Would your father have liked to live in Spain? If it hadn't been for my mother, he probably would have gone back to Spain. She had got used to Mexico, she felt Mexican, even with her horrible accent.

Your father often made statements that people took seriously and, in fact, it's difficult to know if what he's saying is meant to be provocative, or comes totally from his imagination... Right. If Luis likes Madrid, he's not going to say, "Yes, it's delightful, I like it very much." No. He'll say, "Madrid...you won't catch me alive in Madrid, but maybe, just maybe, in the suburbs," anyway, something like that.

In *El (This Strange Passion)*, there's a scene in a belltower. Two or three years later Hitchcock repeats it in *Vertigo*. And it's well known that Hitchcock had great admiration for your father. Right, I was at that famous dinner in Hollywood where Hitchcock was seated next to my father, and all they talked about was wine. It seems Hitchcock had an extensive wine cellar.

Yet your father didn't like Hitchcock. He saw very few of his films. I don't like him very much either, except for *Rear Window*. As I was saying, they spent an hour and a half at that dinner talking wine. I was seated next to Billy Wilder and, coincidentally, had just seen *Some Like It Hot*, with Marilyn Monroe, which here is called *Con faldas y a lo loco*. I liked that movie a great deal. Then John Ford arrived, with a male nurse, because he was really quite ill. "And what are you planning to do next," they asked him. "Next month

mos que llegaste a las once y media". Mi padre estaba preocupado de sus niñitos, de mi hermano, que es un toro... Si en México nos tienen miedo es a mí por alto y a él por ancho.

¿A su padre le apetecía vivir en España? Si no hubiera sido por mi madre a lo mejor hubiera regresado a España a vivir. Ella se había acostumbrado a México, se creía mexicana, con un acento horrible.

Su padre muchas veces hizo declaraciones que la gente ha tomado en serio y, en realidad, cuando él dice una cosa no se sabe si es provocación, si es pura imaginación... Sí. Porque si a Luis le gusta Madrid no va a decir: "Sí, me encanta, me gusta muchísimo". No. Dirá: "Madrid... nunca me encontrarán en Madrid, pero en las afueras a lo mejor", no sé.

En la película *Él* hay una escena en un campanario. Dos o tres años después la repite Hitchcock en *Vértigo*. Y por lo que se sabe, Hitchcock tenía una gran admiración por su padre. Bueno, yo estuve en la famosa cena de Hollywood y mi padre y Hitchcock estaban sentados juntos y hablaron solamente de vino. Según parece Hitchcock tenía una buena colección de vinos.

Y sin embargo, a su padre no le gustaba Hitchcock. Veía muy pocas películas suyas. A mí tampoco me gusta, excepto en *La ventana indiscreta*. Como decía antes, estuvieron hora y media hablando de vino. Yo estaba al lado de Billy Wilder y daba la casualidad de que acababa de ver *Some like it hot,* con Marilyn Monroe, que aquí se llama *Con faldas y a lo loco*. Me gustó mucho la película. Entonces llegó John Ford ayudado por un enfermero porque estaba muy mal. "¿Y cuáles son sus planes?", le preguntaron. "El mes que viene voy a hacer una película de vaqueros", respondió convincentemente. ¡No podía ni entrar en la casa y estaba planeando hacer una película!

Seguramente para su padre sería muy grato ese reconocimiento. Sí, porque en Hollywood la gente no se mezcla como en otras ciudades. Por ejemplo, Robert

I'm going to make a cowboy picture," he replied, convincingly. He could barely get around, and he was planning his next film!

For your father this recognition must have been very gratifying. Yes, especially because in Hollywood people don't mix as in other cities. For example, it's possible that, unless they've made a film together, Robert Redford and Tom Cruise won't even know each other. This dinner, it's often said, was the first time in the history of film that all these directors assembled to pay homage. Beyond being an excellent dinner accompanied by fine wines, it had been organized as a tribute to him by a few of the most important directors. That's different from, "We're going to give you a prize, please stand here…"

Redford y Tom Cruise es posible que ni se conozcan si no han trabajado en una película. Suele mantenerse que era la única vez en la historia que todos estos directores se habían reunido en un homenaje. Era una comida rociada con buen vino, organizada como muestra de respeto de algunos directores importantes. Es diferente de: "Vamos a darle un premio, póngase aquí…".

ROBERT MULLIGAN, WILLIAM WYLER, GEORGE CUKOR, ROBERT WISE, JEAN-CLAUDE CARRIÈRE, SERGE SILBERMAN, CHARLES CHAMPLIN, RAFAEL BUÑUEL; BILLY WILDER, GEORGE STEVENS, LB, ALFRED HITCHCOCK, ROUBEN MAMOULIAN, HOLLYWOOD, 1972.

LIBERTE

José Luis Barros
CIRUJANO SURGEON

When did you get to know Buñuel? Was it before he shot *Viridiana*? I was in contact with him during the last thirty years of his life. I was very close to the Pittaluga family, so as soon as Gustavo Pittaluga arrived from Spain—this would have been 1957 or 1958—I started learning about Buñuel, who he was, what he'd done. Later I went to Mexico numerous times, and became well acquainted with his circle of friends, although, as everyone knows, he avoided socializing. He was always like that. When I first met him, he wasn't all that well. We'd see each other with Gustavo, eat together on weekends, Ana María would make us special dishes. Sometimes we'd be joined by José Bergamín, Antonio Espina…the whole group.

What was he like with his intimates? How did he work? Nonstop creativity. Anyone who saw him shoot more than two or three days understood that, from one screenplay, he could make twenty films. Silberman had tremendous respect for him. From the time he met him—and I remember we talked about this a lot among ourselves—Silberman never asked him to do anything that compromised his ideology. Never. His respect was absolute. It was easy to know what Buñuel's immediate reactions were likely to be. But not his deeper feelings, only his quick response. Although it's also true that he had great difficulty when he had to determine if an actor was right or not for a particular part. He was very respectful, as any actor who ever worked with him will tell you; and they all have great memories of him. Before shooting, he knew the scripts by heart, had everything at his fingertips. And he had an almost pathological capacity for improvisation.

¿Cuándo conoció a Buñuel? ¿Antes de que rodara *Viridiana*? Tuve trato con él durante los últimos treinta años de su vida. Yo era íntimo de los Pittaluga, así que tan pronto llegó a España Gustavo Pittaluga —debía de ser en 1957 o en 1958— empecé a saber más cosas de Buñuel. Después fui en varias ocasiones a México y conocí un poco su mundo, aunque, como se sabe, era muy huidizo en todo lo social. Siempre lo fue. Cuando vino, estuvo un poco enfermo. Nos veíamos en compañía de Gustavo, solíamos comer juntos los fines de semana, los cocidos especiales que nos hacía Ana María. Alguna vez se unían a nosotros José Bergamín, Antonio Espina…, todo el grupo.

¿Cómo era con su entorno? ¿Cómo trabajaba? Era creación continua. Quien lo viera rodar más de tres o cuatro días, comprendería que podía hacer de un mismo guion veinte películas. Silberman lo respetaba mucho. Lo conoció enseguida y jamás —recuerdo que así lo comentábamos entre nosotros—, jamás le proponía algo que alterara su pensamiento ideológico. Jamás. El respeto era absoluto. Porque era fácil conocer las reacciones inmediatas de Buñuel. Su profundidad quizá no, pero sí su pronto. Aunque es cierto que tuvo grandísimos problemas con él mismo cuando se trataba de ver si un actor valía o no para un determinado papel. Era muy respetuoso, y esto podrán decirlo todos los actores que hayan trabajado en sus películas; todos hablan de él con grato recuerdo. Antes de rodar se sabía los guiones de memoria, al dedillo. Pero además, tenía una capacidad de improvisación enfermiza.

¿Qué opinión se forjó usted cuando se concedió el premio a *Viridiana*? Leyendo la prensa madrileña de

What was your reaction when he won the prize for *Viridiana*? It was especially exciting to read about it in the Madrid press. I remember the very day of the prize, the newspaper *Pueblo* published an article about the success of the Spaniard Luis Buñuel. Three or four days later, the Italian *L'Osservatore Romano* censured the film, charging the author with attacking the Catholic Church and Christian charity. That unleashed a firestorm, calls for a bonfire: "Burn it!" cried a prominent Francoist. But they responded, "Your Honor, how are we going to burn it, when already there are over forty copies of the film in Europe?" That's the story, anyway.

Buñuel's return to Spain was ill seen by the Spanish exiles in Mexico, and he was roundly criticized. I've heard that said many times. The same happened to Bergamín. It's true that some didn't like it, and that bothered them. I think both men were at least somewhat afraid: Bergamín considered it a second exile, Buñuel at first was anxious about not being allowed to film…

What place did religion have in your conversations with him? I was interested in his opinions and questions in this regard. He even wrote a screenplay called *Mater purissima*. He could discuss any religious topic, from the problems of the Jesuits to the month of May being dedicated to the Virgin…Around 1965, we were invited to have Sunday dinners with the Jesuit philosophers on Pinar Street, at the *Residencia de Estudiantes*. They were philosophy students. And in a street behind the Plaza de España, we also got together with another group of Jesuits, who were preparing for their doctorate. Some Sundays we'd eat and then—another thing about religion—they'd bring us whiskey, cognac, coffee…whatever we wanted. Then, in a very relaxed way, we talked about everything.

Buñuel liked to revisit the places he'd known as a youth in Madrid. He liked to wander around the places he'd known thirty or forty years earlier. He liked to keep track of how they'd changed, or disappeared. One of those places was on Libertad Street—a restaurant called *Rumbaballa*, where he ate during the war.

entonces ha de decirse que, cuando menos, fue una noticia apasionante. Creo recordar que el mismo día del premio, el periódico *Pueblo* publicaba el éxito del español Luis Buñuel. Tres o cuatro días más tarde, el italiano *L'Osservatore Romano* censuraba la película por el ataque de su autor a la iglesia católica y a la caridad cristiana. Esto desató la furia y se pidió la hoguera: "¡Que la quemen!", dijo alguna personalidad franquista; pero le respondieron: "Señoría, ¿cómo la vamos a quemar si debe de haber por Europa ya más de cuarenta copias?". Esto es lo que se dice.

El regreso de Buñuel a España fue mal visto por los exiliados españoles de México, recibió muchas críticas por ello. Eso he oído contar muchas veces. Del mismo modo que respecto de Bergamín. Es verdad que a algunos no les gustó. A ambos eso les preocupó. Creo que los dos sintieron cierto miedo: Bergamín lo tomó como un segundo exilio, Buñuel al principio temía la prohibición de rodar…

¿Qué lugar ocupaba la religión en sus conversaciones con él? Muchos de sus planteamientos me interesaban. Incluso escribió un guion que se llamaba *Mater purissima.* Podía abordar todos los asuntos religiosos: desde los problemas de los jesuitas al mes de mayo dedicado a la Virgen… Hacia 1965 nos invitábamos a comer los domingos con los filósofos jesuitas a la calle Pinar, donde está la Residencia de Estudiantes. Eran estudiantes de filosofía. También nos reuníamos con otro grupo de jesuitas, en una calle detrás de la plaza de España, que preparaban su doctorado. Algunos domingos comíamos y después — otra cosa interesante de la religión— nos llevaban whisky, coñac o cafés…, lo que quisiéramos. Y de una manera relajada se discutía de todo.

A Buñuel le gustaba volver a los lugares de su juventud madrileña. Le gustaba dar vueltas por los sitios en los que había estado treinta o cuarenta años antes. Sí, le gustaba mucho comprobar cómo habían cambiado o desaparecido. Uno de ellos estaba en la calle Libertad, se llamaba *Rumbamballa*, donde comía o cenaba durante la guerra.

Did he talk about his experiences in the Civil War, or about war in general from a political or social point of view? He was deeply marked by the Civil War, like Bergamín and all of them. It marked him in a positive sense, in terms of what that drama meant for everyone ideologically on the left. For the people of Spain, it was all very difficult, but also marvelous…There were terrible mistakes, but above all there reigned a leftist ideology.

In his last period Buñuel went a number of times to Paris, taking advantage of the occasion to go to Madrid. And he, who was very organized, would say, "I don't know, maybe I'll change my ticket so I can stay another week or two." I remember going with him to Breton's burial. He went almost in disguise and insisted, "Move away, if they see you so close, they'll recognize me."

Did he ever talk about his relationship with Dalí? Of course. For example, when Dalí sent him a telegram suggesting he remake *Un Chien Andalou*, he told me he replied, "What's done is done." There are a host of stories about their relationship. Here's one that happened in New York, or maybe Paris. Luis was with his little sons and Dalí came walking by. One of the boys said, "Dalí!, Dalí! And the father couldn't contain himself: "Go on, go see him. You must say hello, because you're my children."

A propósito de la guerra, ¿hablaba de sus vivencias durante la guerra o de la guerra en general desde un punto de vista político y social? La Guerra Civil le marcó mucho, como a Bergamín y a todos ellos. Le marcó en un sentido positivo, en el sentido de lo que significó ese drama para las personas que tenían una ideología de izquierdas. Algo muy duro, pero maravilloso del pueblo de España… Hubo errores tremendos, pero sobre todo existía una ideología popular.

En su última etapa Buñuel fue varias veces a París y aprovechaba la ocasión para acercarse a Madrid. Y él, que era muy ordenado, me decía: "No sé, creo que voy a cambiar el billete para quedarme una semanita o dos más". Me acuerdo de cuando le acompañé al entierro de Breton. Iba algo disfrazado y me dijo: "Aléjate, que si te ven conmigo van a reconocerme".

¿Le habló en alguna ocasión de su relación con Dalí? Por supuesto. Por ejemplo, a raíz del telegrama que le envió Dalí insinuándole volver a hacer *Un perro andaluz*. Me dijo que le contestó: "Agua pasada no mueve molino". Esa relación está llena de anécdotas. Una de ellas refiere lo que ocurrió en Nueva York, o quizás en París. Luis estaba con sus hijos pequeños y pasó Dalí; entonces uno de los hijos dijo: "¡Dalí, Dalí!". Y el padre no pudo contenerse: "Sí, id a verlo. Id a saludarlo que sois mis hijos".

LB, JOSÉ LUIS BARROS. SANTIAGO DE COMPOSTELA, 1968.

CAP DE CREUS, 1929.

Fernando del Diego
BARMAN BARMAN

When did you get to know Buñuel? I saw Luis Buñuel quite a few times around 1965, when I was working at the *Chicote*, When he came to Spain, he stayed at the Plaza Hotel, and at mid-day he'd come to *Chicote* for dry martinis. He was a strange man. He'd come in with his entourage, movie people. But he was a man who, if he didn't like the dry martini we served him, would leave without so much as an *adiós*. So we'd say to ourselves, "Somehow we blew it." He'd come back two or three days later, or whenever he was next in Madrid. He almost always came after noon, around one or one-thirty. Other times when he left, he'd say goodbye with a bow…It's as though I'm seeing him now, with his leather backpack. And then we'd say, "Today, we got it right…"

Don Luis had his theories on the dry martini. He was a real connoisseur. His attitude toward us depended entirely on the ice we put in his favorite drink. The mixture had to be at zero degrees (centigrade), not too much shaking, or it became watery. He had an exquisite palate, detected any difference immediately. He liked it with an olive. He used to say that the dry martinis at the Plaza were the best, even though the *Chicote* was the Sistine Chapel of the dry martini.

Did he explain how he made them himself? We knew. He liked that we used Noilly-Prat, which is very French. And he liked a dry gin. He preferred a Spanish gin, a Catalan gin not very well known outside the world of hotels and bartending. It's what he always asked for. We made sure that the ice was at zero centigrade; then we washed the cubes so they'd be smooth and compact; then

¿Cuándo conoció a Luis Buñuel? Vi varias veces a Luis Buñuel en la época en que estuve trabajando en Chicote, allá por el año 1965. Cuando venía a España se hospedaba en el hotel Plaza y al mediodía solía ir a tomar los *dry martinis* a Chicote. Era un hombre muy peculiar. Iba siempre rodeado de todo lo que era su mundo, el mundo del cine. Y era un hombre que cuando no le gustaba el *dry martini* que le poníamos, se iba y no decía ni adiós. Entonces comentábamos: "Hoy hemos hecho algo malo". Volvía a los dos o tres días, o aprovechando una de sus visitas a Madrid. Casi siempre pasado el mediodía, a la una o una y media de la tarde. Otras veces se marchaba y nos despedía con una reverencia... Parece que lo estoy viendo ahora mismo, con su mochila de cuero. Y decíamos: "Hoy hemos acertado…".

Don Luis tenía sus teorías sobre el *dry martini*. Era un hombre muy entendido. Su actitud hacia nosotros dependía del hielo que poníamos en su bebida preferida. Quizás no estaba a cero grados, o le habíamos dado más golpes de lo debido batiéndolo y se había aguado un poco. Como tenía el paladar tan exquisito, captaba la diferencia rápidamente. Le gustaba tomarlo con una aceituna. Solía decir que los *dry martinis* que se tomaba en el hotel Plaza eran los mejores, aunque Chicote era la Capilla Sixtina del *dry martini*.

¿Les explicó cómo los hacía él? Lo sabíamos. Le gustaba que le echáramos *Noilly-Prat*, que es muy francés. Y le gustaba una ginebra seca. Solía tomar ginebra española, una ginebra catalana no muy conocida fuera del mundo de la coctelería o de la hostelería. Siempre la pedía.

we dried them, carefully, and rinsed them in French vermouth. So the ice would be impregnated with the bouquet. Once that was done, we'd pour the gin, whatever brand the client had asked for, and then just the right amount of shaking. You can't really say how many times you need to shake a dry martini, it's an intuitive thing the bartender has to know. And of course there have been variations and today there are a great number of dry martinis. Buñuel took his with an olive. But I think it's better with lemon zest, which gives it more flavor. The olive doesn't really add much, although at the end it tastes delicious, needless to say. That was how he liked it. He must have had his reasons.

And then he stopped coming, or was it that you changed bars? No, I stayed at the *Chicote*, I worked there for 32 years. And during that time, I saw him a number of times. Like I saw Ava Gardner and many other celebrities. Buñuel was a very agreeable man. I consider the dry martini one of the finest and most delicious aperitifs in the world. It also stimulates the gastric juices, arouses a good appetite. I think he was such an intelligent man that he just knew what he should drink.

Procurábamos que el hielo estuviera a cero grados, lo lavábamos para evitar alguna esquirla o alguna blandura; después se escurría bien y se lavaba con vermut francés, de manera que el aroma quedara impregnado en el hielo. Hecho esto se escanciaba la ginebra, la que había pedido el cliente, y dábamos los toques justos. Pero esos toques, en realidad no se puede decir si son siete, tres, cuatro... Es una cosa intuitiva que tiene que saber el *barman*. Luego ha habido variantes y ahora hay una gran cantidad de *dry martinis*. A Buñuel le gustaba con una aceituna. Pero creo que queda mucho más rico poniéndole una corteza de limón porque lo enriquece: abre los poros, suelta todos sus aromas. La aceituna no aporta gran cosa, aunque al final está muy rica, evidentemente. Pero bueno, era su forma y su gusto. Cuando él lo hacía así, tendría sus razones.

Y luego ya no vino, ¿o fue usted quien se cambió de bar? No, yo seguí en *Chicote*; estuve trabajando allí 32 años. Y dentro de esa época lo vi varias veces. Como vi a Ava Gardner y he visto a infinidad de personajes. Buñuel era un hombre agradable. Yo creo que el *dry martini* es uno de los aperitivos más finos y ricos que hay. Además, estimula los jugos gástricos y de alguna manera te abre el apetito. Yo creo que él era un hombre tan inteligente que sabía lo que tenía que tomar.

Francisco Rabal

Buñuel became interested in you as an actor in 1955, when he saw you in *Historias de la radio*, the film by José Luis Sáenz de Heredia. In fact, he wasn't very interested in me as an actor. There was a producer who had seen me in a production in France or Spain, and then spoken to Buñuel, who said, "Impossible. Impossible. I don't think he'd be able to get inside the character." He'd been trying for quite a while to make a film, but couldn't find an actor with a certain Arab quality, necessary for the role of Nazarin. So Julio Alejandro de Castro, his screenwriter in Mexico and a friend of mine—I'd acted in his first play—talked to him about me. The fact is, he didn't believe it, so in Mexico he went looking for a film I'd been in and found that one by Sáenz de Heredia.

He didn't even wait until I'd spoken or moved. He immediately said, "Go sign him." I turned out to be what he'd been looking for, the actor whose body type and age—that of Christ—corresponded to his needs. Barbachano Ponce, the producer, came to Spain with the contract. He suggested that I bring Buñuel a revolver and a bottle of wine from Valdepeñas. Which, of course, I did—a few bottles, old vintages. As soon as we met, he addressed me in the warm, familiar *tú,* but I couldn't respond in kind, explaining that it was out of respect. And he answered, "So then, I'm your uncle and you're my nephew!" I offered him the wine, he put his arms around the bottles, then called over his friend Mantecón. "This I'm going to drink myself, I'll drink it all by myself...." On my second trip, he asked me to bring him the three-cornered hat worn by the Guardia Civil, indeed the model worn by a general or someone high up.

Cuando Luis Buñuel ve en México *Historias de la radio,* la película de José Luis Sáenz de Heredia, de 1955, en la que usted interviene, comienza a interesarse por su trabajo como actor. En verdad, no le interesaba mucho mi calidad como actor. Hubo un productor que me vio en Francia, o en España, pero a Buñuel le hablaban de mí y decía: "No puede ser, no puede ser; no creo que se encuentre en el personaje". Por entonces llevaba algún tiempo tratando de hacer una película y no encontraba un actor que tuviera un cierto aire árabe, necesario para interpretar a Nazarín. De ahí, que Julio Alejandro de Castro, su guionista en México —que era amigo mío y con quien hice su primera obra de teatro—, le hablara de mí. El caso es que no se lo creía, así que buscó una película mía en México y encontró la de Sáenz de Heredia.

No esperó a que yo hablase o me moviera. De inmediato dijo: "Id en seguida a contratarlo". Era lo que buscaba, el actor que por físico y por edad —la de Cristo— respondía a sus pretensiones. El productor Barbachano Ponce vino a España a contratarme y me sugirió que regalara a Buñuel un revólver y vino de Valdepeñas. Le llevé unas frascas, de las viejas. Me propuso el tuteo tan pronto como nos conocimos, pero no accedí aduciendo el respeto que por él sentía. Y respondió: "Entonces, yo soy tu tío y tú mi sobrino". Cogimos la jarra, la abrazó y llamó corriendo a su amigo Mantecón para que viniese. "Esto me lo bebo yo, me lo bebo yo...". En un segundo viaje me encargó que le llevase un tricornio de la guardia civil, de general o de algo importante.

¿Cómo era su carácter? El de un hombre de una gran ternura, buenísimo con toda la gente. Con los actores, por

How would you describe his character? That of a man of great tenderness, who was incredibly good to everyone. With actors, for example, he'd get furious if they made a mistake, but then right away, he'd say to his son, "Here, why don't you handle this." In *Viridiana*, one of the roles was played by a man who in real life was a beggar, and he was supposed to hit me with a bottle. The man was a poor fool and a faggot as well. He wanted to be an actor, so he'd go to a photomat, make faces at the camera, then show the pictures to everyone, saying, "Look what a good actor I am…" And Buñuel himself cast him. The man was delighted, but told me, "Don Francisco, as soon as this film is finished, I'll be back in the street, begging for charity…" One day he came to work in a totally stained and smelly bathrobe. He'd been drinking to get up his nerve, because he was afraid of hurting me with the glass bottle. So Buñuel stopped the shoot and said, "Get this man a bath. And buy him some clothes."

Federico García Lorca and Salvador Dalí were very important to Buñuel. While we were filming *Nazarin*—in a village near Cuernavaca, Mexico—he'd talk to me at night about Lorca or Dalí, with whom he was very upset.

Yet the portrait Dalí painted of him was still hanging in his house. Buñuel was incapable of hatred. He told me that once, when he was in New York with his family, and without any money, he read in the papers that Dalí was staying at the Plaza, or some other fancy hotel. "I went over there to kill him, kill him, beat him up, I felt capable of anything." Those were Buñuel's exact words. Dalí greeted him with a big smile: "Luis, I've made you famous all over the world." "The son of a bitch," recalled Buñuel, "we ended up getting drunk together on martinis."

Did he talk to you about what he'd done in Mexico, how hard it had been, how he'd managed to get through it all? He told me many things about his life. He talked a lot about the *Residencia de Estudiantes*, about Lorca, Dalí, Pepín Bello…He talked to me about his family, especially about his world view, religion, his atheism. We talked and laughed a great deal. He had a great sense of

ejemplo, le daba mucha rabia que se equivocaran, pero en seguida le decía a su hijo: "Venga, ocúpate tú de ése". En *Viridiana* había un verdadero mendigo que hacía un papel, que debía golpearme con una botella. Este hombre era medio tonto y maricón. Quería ser actor, así que se hacía fotos de fotomatón haciendo muecas y se las enseñaba a todo el mundo: "Mire usted, yo soy un buen actor…". Y lo eligió Buñuel. El hombre se mostraba feliz y decía: "Mire usted, don Francisco, cuando termine esta película tengo que volver a correr, me tengo que poner otra vez a pedir limosna…". Un día llegó al trabajo en albornoz completamente manchado y apestando. Bebió para darse valor, porque tenía miedo de herirme con la botella de cristal. Entonces Buñuel detuvo el rodaje y dijo: "Llévenme a este hombre a una sala de baños. Que le compren ropa".

Federico García Lorca y Salvador Dalí fueron dos personas importantes en la vida de Buñuel. Durante el rodaje de *Nazarín*, por las noches, en un pueblo de México, al lado de Cuernavaca, me contaba cosas de Lorca o de Dalí, con quien estaba bastante disgustado.

El retrato que le hizo Dalí lo tuvo siempre colgado en su casa. Buñuel era incapaz de odiar. Me contó que estando en Nueva York con su familia, sin dinero, leyó en la prensa que Dalí se hospedaba en el hotel Plaza, o quizás en otro hotel importante. "Fui a matarlo, fui a matarlo, a pegarle, a lo que fuera", fueron las palabras de Buñuel. Dalí lo recibió con una gran sonrisa: "Luis, te he hecho célebre en el mundo entero". Recordando aquel encuentro, Buñuel me dijo: "Fíjate tú, el hijo de la gran puta. Bueno, terminamos emborrachándonos con *martinis*".

¿Le refería lo que había hecho en México, sus dificultades, cómo lo había pasado? Me contaba muchas cosas de su vida. Me hablaba mucho de la Residencia de Estudiantes, de Lorca, de Dalí, de Pepín Bello… Me hablaba de su familia, sobre su concepto del mundo, sobre la religión, de su ateísmo. Hablábamos y nos reíamos mucho. Tenía un gran sentido del humor, los dos éramos muy proclives al lagrimeo. Reíamos, llorábamos de risa. Para mí fue como un tío-padre. Nuestra amistad estaba por encima del cine.

humor, we were both prone to tears. So we'd laugh. We'd laugh until we cried. To me he was like a great-uncle. Our friendship went far beyond the movies.

Was there much discussion with him before shooting? He assembled the main actors in *Nazarin*, that is, the two women and I. He explained the whole plot in great detail. He found Nazarin to be admirable as a priest, and given his principles, his studies, and the way he lived, believed that his sincerity and goodness were beyond doubt. But at the end of the movie, there's a moment where Nazarin starts to cry. And he's crying because he's an impostor, an imitator of Jesus. Buñuel had slightly adapted Galdós's novel, setting it in Mexico, for example, and introducing a few personal elements. He explained that it was fine for these women, the two prostitutes, to fall in love with my character. Although Nazarin wasn't drawn to them, his love was universal, not for any particular person.

There is a scene in which they ask him which one of the women he prefers. The one where I'm caressing a seashell. That was my idea. It came to me in the Churubusco studios. They'd brought in some reeds and grasses, which still had some shells mixed in. "What should I do?" I was thinking. Then one of the women says she's in love with me, and asks which of them I prefer. I took the shell and started to caress it. "Very good, Paco. Very good! They'll say that was my idea!" And in fact, that's what they thought.

Later, Buñuel called me for *Simon of the Desert*. There were many films I couldn't be in, which was a great shame. He'd always say, "I won't die before I make another movie with you." All told, we made only three films together. He didn't want me in *Belle de Jour* because it was a very small role. But I told him, "For you, I'd take a part where I hardly speak at all…"

Buñuel said that he had no interest in aesthetics. But, in truth, his aesthetic is everywhere apparent. How did he work? He didn't spend a long time filming. We'd work seven or eight hours, and not a minute more. In

¿Hablaba con el aragonés antes de rodar? Nos reunió a los protagonistas de *Nazarín*, a las dos mujeres y a mí. Me explicó el argumento con pormenores. Le parecía admirable Nazarín como sacerdote, porque era un hombre que, dados sus principios, sus estudios y su forma de ser, no podía dudar nunca de una vida de calidad. Pero al final de la película hay un momento en el que Nazarín comienza a llorar. Y llora porque era un falso Cristo, un imitador de Jesucristo. Arregló un poco la novela de Galdós; la situó en México e introdujo algunas cosas personales. Y me explicó muy bien que esas mujeres, las dos prostitutas, se enamoraban de mi personaje. Sin embargo, éste no las amaba, tenía un amor universal, no quería a una persona determinada.

Hay una escena en la que le preguntan a cuál de ellas prefiere. Y yo acariciaba un caracol. Eso se me ocurrió a mí. Fue en los estudios Churubusco. Trajeron hierba y entre ella había caracoles. "¿Qué hago?", pensé. Entonces una mujer me decía que estaba enamorada de mí y me preguntaba a quién prefería. Cogí el caracol y empecé a acariciarlo. "Muy bien Paco. ¡Muy bien! Van a decir que es idea mía". Y de hecho, creyeron que era idea suya.

Más tarde Buñuel me llamó para *Simón del desierto*. Qué pena que en muchas películas no pudiera trabajar con él. Siempre me decía: "No me muero sin hacer una película contigo". Hizo tres y nada. No quiso que interviniera en *Belle de jour* porque era un papel muy pequeño. Y en aquella ocasión le respondí: "Pero hombre, con usted actúo incluso sólo con una frase…".

Buñuel llegó a declarar que en sus trabajos no buscaba la estética. Pero, en realidad, en ellos se percibe que está muy presente. ¿Cómo trabajaba? Filmaba poco tiempo. Trabajábamos siete u ocho horas y no nos pasábamos ni un minuto. Por las mañanas paseaba. En París, por el cementerio de Montparnasse. Y aquí, en Madrid, por la Casa de Campo. Comenzábamos a trabajar a las nueve, pero él madrugaba mucho. Se levantaba a las seis de la mañana y se iba a dar ese paseo al tiempo que pensaba lo que iba a filmar durante el día. No

the mornings, he always took a walk. In Paris, he'd stroll through the Montparnasse Cemetery. Here in Madrid, it was the Casa de Campo. We'd start working at nine, but he'd been up for hours. He'd get up at six and go for his walk, in order to think about what he'd be filming during the day. Even so, he improvised a great deal. I really don't know if he thought up the improvisation beforehand, and fooled us into believing he was improvising on the spot. For example, in the famous dinner in *Viridiana*, the business with the skirts, the still camera, the image of the table with the beggars, none of that was in the script. He thought of it in the studio, or maybe a little before, during his morning walk. But I know from firsthand experience that he did improvise, because in both *Nazarin* and *Belle de Jour*, there were scenes, words, and phrases that are mine. The flamenco in *Belle de Jour*, the business with the shell in *Nazarin*, and even when the character blows cigarette smoke at Viridiana, all these were my ideas. Things I'd suggested and that he'd accepted, "Very good, Paco, very good." Sometimes even a change in the dialogue. Not that he always accepted my suggestions or impulses.

During the filming of *Belle de Jour*, a friend of mine came from Spain, bringing a bottle of Anís del Mono as a gift for Buñuel. "We'll drink it later, after the shooting," he said. We were filming that scene in the bar and I had to order a drink. Suddenly, he said, "Ask for a Mono." So I say, "An Anís del Mono." "No, a Mono," he corrected. So many times there was a combination of improvisation and repeated effort on the part of the actor. That's why I think that all directors have to allow actors a certain freedom, otherwise they become robots.

In *My Last Sigh*, Buñuel wrote, "I have no special technique for working with actors. It all depends on their own quality, on what they offer, and on the efforts I have to make in order to direct them when they're badly cast. In any case, the direction of actors always depends on the director's personal vision, on what he is feeling, but can't always explain." I was able to enter into his world, and that's why I came up with the business of the shell. Maybe it

obstante, también improvisaba mucho. No sé si la improvisación la había pensado y nos engañaba a todos diciendo que él improvisaba. Por ejemplo, en la célebre cena de *Viridiana*, aquello de las faldas, la foto fija, la imagen de la mesa con los mendigos, no estaba en el guion. Lo pensó en ese momento o acaso antes, en el paseo de la mañana. Sé por experiencia propia que él improvisaba: porque tanto en *Nazarín* como en *Belle de jour* hubo escenas, palabras y frases que eran mías. Lo de cantar flamenco en *Belle de jour*, lo del caracol de *Nazarín*, o incluso cuando el personaje le echaba el humo del puro a Viridiana, fueron ideas mías. Cosas mías que le proponía: "Muy bien Paco, muy bien". A veces hasta había que cambiar un diálogo. Ahora bien, no siempre aceptaba mis sugerencias u ocurrencias.

Cuando estábamos rodando *Belle de jour*, vino un amigo mío de España y trajo una botella de *Anís del Mono* para regalársela a Buñuel. "Luego nos la beberemos, después de rodar", dijo. Estábamos rodando esa escena del bar y yo tenía que pedir una cosa al camarero. De repente me dice: "Pide un mono". Digo: "Un Anís del Mono"; "No, un mono", corrigió. Así que muchas veces daba lugar a la improvisación y a la colaboración del actor. Por eso creo que todos los directores tienen que trabajar dejándole libertad al actor para que no sea un robot.

En *Mi último suspiro* Buñuel escribe esto: "No tengo ninguna técnica especial para trabajar con los actores. Todo depende de su calidad, de lo que me ofrecen y de los esfuerzos que debo desplegar para dirigirlos cuando están mal elegidos. De todos modos, una dirección de actores obedece siempre a una visión personal del director, que éste siente, pero que no siempre puede explicar". Yo tuve la capacidad de entrar mucho en su mundo y por eso se me ocurrió lo del caracol. Quizá era por la forma que él tenía de hablar a los actores. A mí eso con otro director no se me ocurre. Pero él te metía tan dentro de su mundo que se te ocurrían cosas que pensaba él. Era como una especie de íntima transmisión.

Era difícil que alguien estuviese mal en sus películas. En las mexicanas estuvo obligado a trabajar con actores

was the way he had of talking to actors. I never would have come up with that if I'd been working with another director. But he brought you so far into his world that you thought of the very things that were occurring to him. It was a kind of intimate transmission, like telepathy.

It was difficult for an actor to be bad in one of his movies. In the Mexican movies, he had to work with pretty bad actors. He used often to tell me about it. In *Nazarin,* for example, an old woman gives my character a pineapple, which he at first rejects. But then I realized that a Nazarín who preached charity couldn't refuse. So I accept the fruit and say, "Muchas gracias, señora." She was an old, second-rate actress who, whenever she spoke, nodded her head. "Don't wag! Don't wag!" Buñuel shouted. He told me that all American actors, from the greatest to the most mediocre, were always nodding their heads. That must be why he was phobic about close-ups. He always wanted the actor to be doing something with his hands, so the acting would be more spontaneous—touch your ear, caress something…put on eyeglasses, like Rosita Llance in *Viridiana*…

Was it you who made it possible for him to shoot *Viridiana*? More than a few people have taken the credit for that. Pedro Portabella, for instance. I remember when we were shooting *Viridiana*, we had a conversation with the producers, Gonzalo Elvira and Cesáreo González. Buñuel told me, "I want to shoot *Ángel Guerra* in Spain with you." This was another novel by Galdós. I don't know why that film never got made. The fact is that when Buñuel decided to shoot *Viridiana* in Spain, he wanted to work with UNINCI, a company of ours with a lot of people from the Communist Party: Bardem, Domingo Domínguín…That's when Alatriste and Silvia Pinal came along and said, "Paco, why don't you introduce us to Buñuel?" I'd met them in Mexico during the filming of *Nazarin,* at a private party. They were in Madrid and stayed to have dinner with me. I remember that Anthony Quinn was there, too. Then they said, "We want to make a film with Buñuel about the subways in Mexico." A few days later, I told Buñuel, "Silvia Pinal and Alatriste want to meet you." "No, Paco, that's not for me," he answered.

bastante malos. Me lo comentaba a menudo. En *Nazarín*, por ejemplo, una anciana me da una piña que el personaje que interpreto rechaza en un primer momento. Sin embargo, luego me doy cuenta de que el Nazarín que predicaba la caridad no podía decirle que no. Entonces, acepto la fruta y digo: "Muchas gracias señora". Aquella era una vieja actriz de segunda categoría que hablaba agachando continuamente la cabeza. "¡No me cabecee! ¡No me cabecee!", le gritaba Buñuel. Me decía que todos los actores americanos, del más grande al más pequeño, cabeceaban. Seguramente por eso tenía la manía de no hacer planos americanos. Siempre quería que el actor hiciera algo con las manos, para conseguir mayor espontaneidad: que se tocara la oreja, que acariciara algo…, que se pusiera unas gafas, como es el caso de Rosita Llance en *Viridiana*…

¿Fue usted quien hizo lo necesario para rodar *Viridiana*? Algunos han declarado que fueron ellos. Pedro Portabella, por ejemplo. Recuerdo que mientras estábamos rodando *Viridiana* tuvimos una conversación con los productores Gonzalo Elvira y Cesáreo González. Buñuel me dijo: "Quiero rodar contigo en España *Ángel Guerra*, otra novela de Galdós". Pero desconozco por qué no se hizo esa película. El caso es que cuando Buñuel decidió venir a España para rodar *Viridiana*, quiso que fuese con UNINCI, aquella sociedad nuestra en la que había mucha gente del Partido Comunista: Bardem, Domingo Domínguín… Fue entonces cuando Alatriste y Silvia Pinal me dijeron: "Paco, ¿por qué no nos presentas a Buñuel?". Yo los había conocido en México, durante el rodaje de *Nazarín*, en una fiesta particular. Estaban en Madrid y quedé con ellos para comer. Me acuerdo que también estaba Anthony Quinn. Entonces me comentaron: "Queremos hacer con él una película que tenemos pensada sobre los subterráneos de México". Días después hablé con Buñuel: "Silvia Pinal y Alatriste quieren conocerlo". "Paco, no me apetece", me contestó. Silvia hacía películas un poco frívolas, de desnudos o algo así. Él la estimaba como actriz, pero no quería conocerla, como tampoco quería conocer a Alatriste pensando que le propondría algún proyecto. Insistí tanto que no pudo menos que aceptar: "Me ha convencido mi sobrino".

Silvia made movies that were on the frivolous side, in the nude or scantily dressed. He respected her as an actress, but didn't want to meet her, just like he didn't want to meet Alatriste, thinking he'd be pushing some project or other. I insisted so much that he had to accept. "My nephew has convinced me," he relented.

Was he initially unfriendly toward those who asked to meet him, or work with him? He didn't like to meet new people. That's how he was, but when I would introduce a friend of mine, he would be very cordial. First he'd insult me, "You bastard," but then he'd be charming. It was because of his deafness that he didn't like to see or meet people. It bothered him. At first we'd all get together in a café behind La Torre de Madrid, chat and reminisce about old times. He'd found the place himself and loved it, with its old-fashioned marble tables. But as his hearing got increasingly bad, he'd eat one day with me, another with Fernando Rey, the next with Dr. Barros.

But getting back to the meeting with Silvia Pinal and Gustavo Alatriste, I remember bringing Buñuel to the Hotel Fénix, where they were staying. They chatted and then agreed to get together in Mexico, in order to consider a new script, which he ultimately rejected, and that's when he suggested *Viridiana*. Actually Viridiana is very similar to the protagonist of *Ángel Guerra*, a very Catholic young woman, who tortures herself, wears a crown of thorns…I think he was inspired by that religiosity, which he then transformed in working with Julio Alejandro de Castro.

At about the same time, I introduced him to the directors of UNINCI, although he already knew Muñoz Suay, and Bardem, for example….Before that, when we were in Mexico shooting *Sonatas*, Buñuel often invited us all to dinner. That's when he proposed that *Viridiana* be a co-production. But since UNINCI didn't have the money, Alatriste ultimately provided the financing. Fernando Rey and I were paid by Alatriste, although UNINCI was listed as co-producer.

¿Era inicialmente arisco con las personas que se le acercaban con el propósito de conocerlo o de trabajar con él? No le gustaba conocer gente nueva. Él era así, pero cuando yo le presentaba a algún amigo mío, lo trataba muy bien. Me insultaba: "Cabrón", pero luego era encantador. Él no quería ni ver ni conocer a nadie por su sordera. No le gustaba. Al principio nos reuníamos en un café detrás de *La Torre de Madrid* y allí hacíamos las tertulias para recordar los viejos tiempos. El lugar lo escogió él mismo y le encantaba, con sus mesas de mármol como antiguamente. Pero, como cada vez oía menos, comía un día conmigo, otro con Fernando Rey, el siguiente con el doctor Barros.

Volviendo al encuentro con Silvia Pinal y Gustavo Alatriste, recuerdo que llevé a Buñuel al hotel Fénix, en el que aquéllos estaban alojados. Hablaron y quedaron en verse en México para estudiar un nuevo guion que, cuando lo conoció con detalle, rechazó y sugirió a cambio *Viridiana*. Realmente *Viridiana* es un personaje muy parecido al protagonista de *Ángel Guerra*, una muchacha muy católica, que se tortura, que se pone la corona de espinas… Creo que se inspiró en esa religiosidad, que transformó con la colaboración de Julio Alejandro de Castro.

En aquella época también le presenté a los responsables de UNINCI, aunque ya conocía, por ejemplo, a Muñoz Suay, a Bardem… Antes de eso, cuando estuvimos en México rodando *Sonatas*, Buñuel venía muchos días al rodaje y nos invitaba a comer. Fue por entonces cuando propuso que *Viridiana* fuese una coproducción, pero como en UNINCI no teníamos dinero, sería Alatriste quien finalmente la financiaría. A Fernando Rey y a mí nos pagó Alatriste, aunque UNINCI figuraba como coproductora.

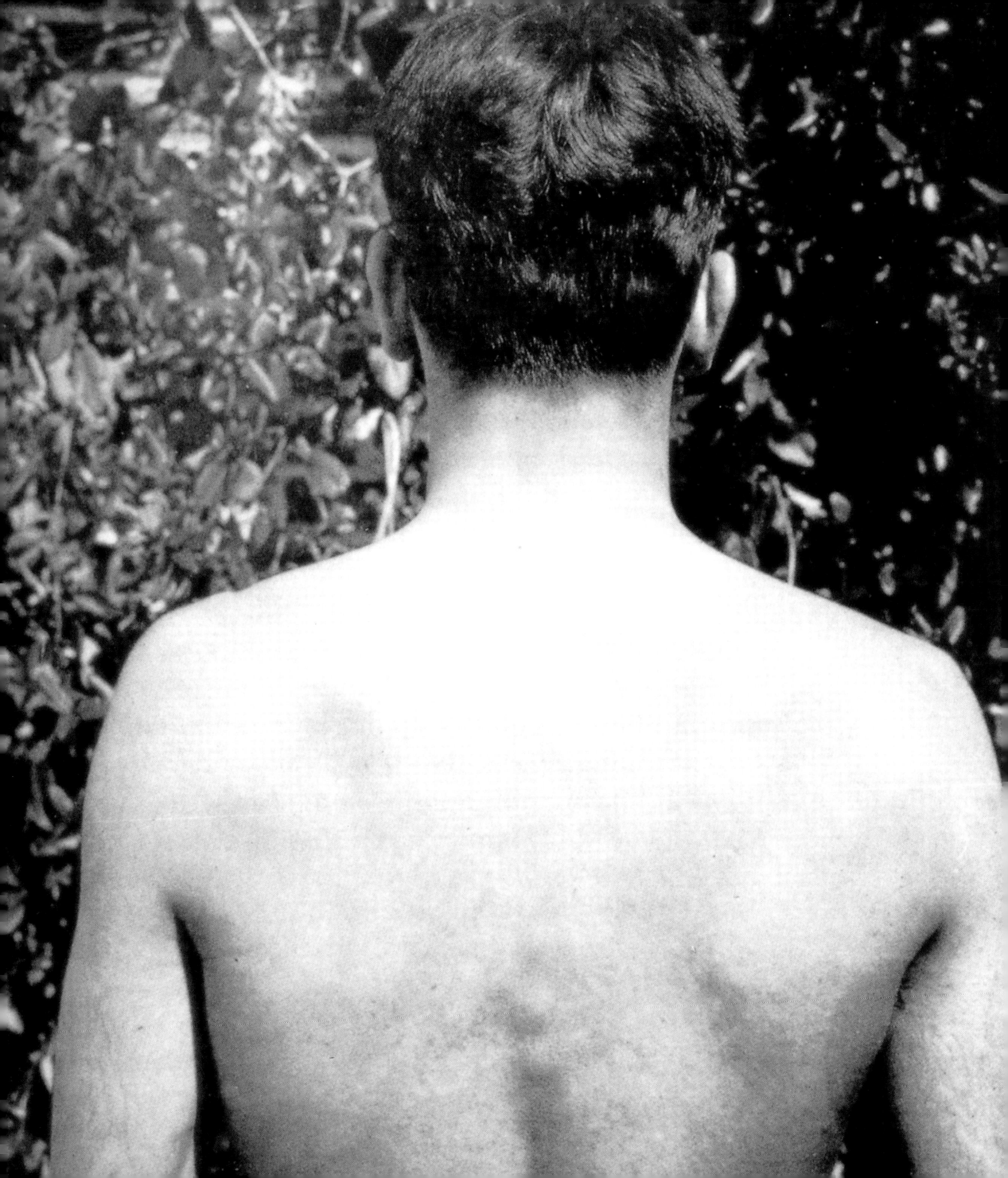

Michel Piccoli
ACTOR ACTOR

I hate for friends to die

I am very sorry not to be with you, sitting together with Serge Silberman and Juan Luis Buñuel. I am very sorry to have been asked, too soon, or perhaps not soon enough, to honor the memory of Luis Buñuel. I hate for friends to die. Buñuel's dying is very strange. In a sense, it's natural. On the other hand, he will never die. So we are condemned to celebrate him until the end of time. But what is the end of time? Is the death of Buñuel the end of time? The end of an epoch? No, he will "forever" be a clap of thunder and a bolt of lightening. Because his life, his incomparable sense of humor, his incomparable light, his incomparable films, will never cease to enlighten us—his collaborators, his producers, his friends, and his children, as well as his awed viewers and those who didn't dare to be amazed by him. In spite of all this, I am not obliged to pay him my respects. Why? Because he knew. After this well-considered lack of respect, I'll be silent. This is the end of my discourse.

One day, one of the friends we had in common, the poet André de Richaud, whom we both admired, died. It was thanks to him that I got to know Buñuel, that great, magnificent *métèque* (I betray myself in once again praising Luis Buñuel). This friend dies. I ask Buñuel if he would talk about our friend on the radio. And he replies, "I never talk about friends who have died. I give them stars, like restaurants: five stars for Sadoul, three stars for de Richaud." Buñuel's words still make me happy. Of course, I say this without paying any respect. How many stars for don Luis? A whole firmament.

Odio la muerte de los amigos

Siento mucho no estar con ustedes, junto a Serge Silberman y a Juan Luis Buñuel. Lamento que se me pida, con demasiada frecuencia o quizás no lo bastante a menudo, que honre la memoria de Luis Buñuel. Odio la muerte de los amigos. La de Buñuel es extraña. Por su parte, es normal. No morirá nunca. Estamos pues condenados a celebrarla hasta el final de los tiempos. Pero, ¿qué es el final de los tiempos? ¿Es la muerte de Buñuel el final de los tiempos? ¿De una época? No, él será para "siempre" un trueno y un relámpago. Por su vida, por su incomparable humor, por su incomparable luz, por sus películas incomparables, nos iluminará a todos nosotros, sus colaboradores, sus productores, sus amigos y sus hijos y sus espectadores maravillados y los temerosos que no se han atrevido nunca a serlo. A pesar de todo esto, no le debo respeto alguno. ¿Por qué? Porque él lo sabía. Después de esta falta de respeto razonable, me callo. He aquí el final de mi discurso.

Un día uno de nuestros amigos comunes, el poeta André de Richaud, al que admirábamos, murió. Gracias a él conocí a Buñuel, el gran y magnífico *métèque* (me traiciono al hacer de nuevo un elogio de Luis Buñuel). Este amigo muere. Le pido a Buñuel que hable de nuestro amigo muerto por la radio. Y él me responde: "Yo nunca hablo de los amigos muertos. Les doy estrellas como a los restaurantes: cinco estrellas a Sadoul, tres estrellas a De Richaud"." Yo vivo alegre con las palabras de Buñuel. Y las respeto. Por supuesto sin respeto. ¿Cuántas estrellas para don Luis? Podríamos decir el nombre de un juego de sociedad. La sociedad de don Luis es un firmamento.

BELLE DE JOUR, 1969.

Bernard Musson
ACTOR ACTOR

What do you remember about the first time you worked with Luis Buñuel? I found myself before a man I greatly admired. The first time he hired me it was for *Diary of a Chambermaid*. Don Luis was nice enough never to ask me to play the same character twice in a row. I was the sacristan in *Diary of a Chambermaid*, then played an innkeeper in *The Milky Way*. That movie was filmed in an *auberge* that had been closed by the police when it was discovered that it was actually a *maîson de rendez-vous,* or a discreet lovers' hideaway.

In *Belle de Jour*, you played the *majordomo*, and you were also in *The Discreet Charm of the Bourgeoisie* and *The Phantom of Liberty*... I was an interfering, procuring *majordomo* in *Belle de Jour*, and in *The Phantom of Liberty* I played one of the monks. I remember, that was when I'd just stopped smoking, and at a given moment, Buñuel said, "Mr. Musson, here you light a cigarette." "Do you really want me to?" I asked, and he replied, "Well, yes, because you're already selling indulgences, trafficking in prayers, and so on." I explained I was afraid of going back to smoking. He immediately understood my discomfort and added, "Okay, don't you smoke, the others will instead." In *That Obscure Object of Desire*, I played a wicked inspector who is abusive to Carole Bouquet and her mother...Carole Bouquet was just starting her film career. She'd made a television series, but I think that was her first movie.

How did Buñuel actually film? What kind of professional relationship did he have with the technicians? Nearly every scene was done in one take, which

¿Qué recuerda de su primer trabajo con Luis Buñuel? Luis Buñuel era un hombre a quien admiraba mucho. Contó conmigo por primera vez en *Diario de una camarera*. Don Luis tuvo la amabilidad de no proponerme nunca dos veces seguidas el mismo personaje. Fui sacristán en *Diario de una camarera*, responsable de un albergue en *La vía láctea*. Esta película se rodó precisamente en un albergue cerrado por la policía porque se había descubierto que era un lugar bastante discreto como para servir de casa de citas.

En *Belle de jour*, usted hizo de mayordomo e intervino además en *El discreto encanto de la burguesía* y en *El fantasma de la libertad*... Era un mayordomo celestinesco y en *El fantasma de la libertad* uno de los monjes. Recuerdo que por entonces yo había dejado de fumar y, en un momento dado, Buñuel me dijo: "Señor Musson, encienda usted un cigarrillo". Yo le respondí: "¿Es para usted muy importante que lo haga?". Él replicó: "Pues sí, porque ya que vende indulgencias, deforma las plegarias, etc." Le expuse mis temores de volver a fumar. Comprendió de inmediato mi incomodidad y añadió: "Si es así, no fume, fumarán los otros". En *Ese oscuro objeto del deseo* interpreté el papel de un malvado inspector que echaba a Carole Bouquet y a su madre a la... Carole Bouquet comenzaba su carrera cinematográfica. Había hecho una serie de televisión, pero creo que ésa fue su primera película.

¿Cómo filmaba Buñuel? ¿Cómo era su relación profesional con los técnicos? Casi siempre filmaba un solo plano de cada escena, cosa que preocupaba a Sil-

always worried Silberman, the producer. I also saw him do several takes of the same shot, but in very quick succession and, when he was satisfied, he'd go right on to the next shot, which was undoubtedly a little imprudent, but he was sure of himself. When I'd talk to the technicians, ask their opinion of his working methods, they'd say, "The great thing with him is that technically everything is so well thought-out, so confident, that the editing takes barely two days. We put the shots in the proper order, and that's it, there's nothing more to do."

That reminds me of something that happened toward the end of filming *Belle de Jour*. I'd just shot the end of my part, when I throw Catherine Deneuve out into the rain…So that afternoon I was done, it was time to go home. I went up to Buñuel to thank him, and he said—it was like a ritual, he said this to everyone, that's why I'm repeating it— "Congratulations, Mr. Musson, you were very good, and you'll be in my next film. Unfortunately," he'd immediately add, "there will be no more films." In that same movie, *Belle de Jour*, there's a funny episode that Buñuel himself wanted to include. I learned later that at various moments during the film, there is the sound of cats meowing. Now the cat was an erotic symbol in Ancient Egypt, which he, being extremely cultured, knew. I think he was truly an atheist, but he knew Scripture and could quote extensively. In Kessel's novel, on which the film is based, there is no meowing and there are no cats (nor do we see any cats in *Belle de Jour*). At one point, he had me say this phrase, which wasn't in the script: "Mister Duke, must I let the cats go?" And he had Marshall reply, "Enough already with your cats."

What is your opinion of Buñuel as a director?

When I'm working as an actor, I know very well that I must follow a director's orders; and so I try to be as docile as possible. With someone like don Luis, it was very relaxing to say to myself, "All I have to do is obey, all I have to do is trust him." He worked in an extremely courteous, respectful way…If you made a suggestion, he'd be open, let you try it. Luis Buñuel was a very skillful and efficient director. And he always worked with the same director of photography, the same cameraman, the same sound person…he had a

berman, el productor. También vi algunos planos para los que realizaba varias tomas, pero muy a menudo, cuando al final de la primera parecía satisfecho, se pasaba al plano siguiente, lo cual era indudablemente un tanto imprudente, pero estaba seguro de sí mismo. Cuando yo hablaba con los técnicos, les preguntaba su opinión sobre los métodos de trabajo del cineasta y éstos me decían: "Lo verdaderamente formidable en él es que su técnica está tan preparada y es tan segura que el montaje dura apenas dos días. Unimos los planos y ya está, no hay nada más que hacer".

Al respecto, recuerdo un hecho anecdótico que tuvo lugar al final del rodaje de *Belle de jour,* cuando ya había finalizado de interpretar mi papel, cuando acababa de echar a Catherine Deneuve a mojarse bajo la lluvia… Aquel día, por la tarde, me disponía a volver a casa. Me dirigí a Buñuel para darle las gracias y él apostilló: "Será como un rito —decía lo mismo a todo el mundo, por eso lo repito—, pero Sr. Musson, ha estado muy bien, lo felicito, estará en mi próxima película". Y añadió a continuación: "Desgraciadamente, ésta será la última". En este mismo film, *Belle de jour*, hay un episodio gracioso que quiso incluir el propio Buñuel. Supe tiempo después que durante la película, en varios momentos se oían maullidos. Este animal era un símbolo erótico en el Antiguo Egipto y él lo sabía porque tenía una cultura extraordinaria. Creo que era sinceramente ateo, pero conocía hasta tal punto las *Sagradas Escrituras* que las citaba admirablemente. Aunque en la novela de Kessel, que inspiró la película, no aparecen ni maullidos ni gatos (y tampoco en *Belle de jour*), me hizo decir esta frase, que no estaba en absoluto prevista: "Señor duque, ¿tengo que soltar los gatos?"; e hizo responder a Marshall : "Váyase a paseo con sus gatos".

¿Cuál es su opinión sobre Buñuel como director?

Cuando trabajo como actor sé pertinentemente que estoy bajo las órdenes de un director; por tanto, intento ser lo más dócil posible. Con alguien como don Luis, era muy agradable decirse: "Tan sólo tengo que ser obediente, tan sólo he de fiarme de él". Se comportaba con gran cortesía, con una gran amabilidad… Si se le proponía alguna idea siempre estaba abierto a ella. Luis Buñuel dirigía de una

group of actors to whom he was faithful. They were also faithful to him, of course, and that went for the technicians, as well. He worked always with the same ones…you never doubted him. You were his malleable clay, and he'd make of you whatever he wanted. You could let yourself go, with all confidence, and it was a very agreeable sensation because, in effect, he was always right.

And what about the specific directions he gave?

They always seemed right, so I didn't really question them. My job was to provide the character's physical qualities, to lend my abilities as an actor. He'd talk about the character, but not at great length because, as I said before, he respected the schedule and kept things moving on the set. He'd do one or two takes, at most three, that was enough, and then go on to the next shot. You were in the hands of a marvelous technician, someone who really knew how to work with actors.

forma muy eficaz. Y además de todo eso, siempre tenía al mismo director de fotografía, al mismo cámara, al mismo ingeniero de sonido…, y tenía siempre un equipo de actores al que era fiel. Éstos, por su parte, también le eran fieles. Lo mismo cabe decir de sus técnicos. Trabajaba siempre con los mismos… No había dudas con él. Tan sólo teníamos que proporcionarle una pasta lo suficientemente maleable para que él pudiese trabajarla a su guisa y hacer de nosotros lo que quisiera. Nos podíamos dejar llevar con toda confianza y era muy agradable porque, efectivamente, siempre tenía razón.

¿Y en cuanto a las indicaciones se refiere? Me parecían las necesarias, así que no me planteaba ninguna duda en la medida en que yo aportaba el físico del personaje, mis capacidades como actor… Hablaba del personaje, pero no se extendía en demasía porque, una vez más, respetaba los plazos y no quedaban flecos sueltos en el escenario. Cuando había hecho una toma, dos, o como mucho tres, era ya suficiente y se pasaba al plano siguiente. Estábamos en manos de un maravilloso técnico y de un buenísimo director de actores.

Madrid 1932

Juan Antonio Bardem
DIRECTOR Y PRODUCTOR DIRECTOR AND PRODUCER

When did you first meet Luis Buñuel? I was introduced to Buñuel in 1954, at the Cannes Festival, where my film *Cómicos* was being shown. He was a member of the jury. For Luis, it must have been a real trial, because I know this was not the sort of thing he liked. It was a long time before I saw any of his work, although I knew he had done *Land without Bread*, which had caused a scandal. In Francoist Spain, Buñuel was the devil incarnate, replete with horns and tail. I knew his name, and that he was the only Spanish filmmaker with an international reputation.

But later you saw quite a lot of each other. On January 1, 1959, I was traveling with Ricardo Muñoz Suay from Madrid to Mexico City on an Iberia flight that had a stopover in Havana. The point of the trip? My script for *Sonatas* had just been accepted and was now under contract. As we were approaching Cuba, they announced that we were being re-routed to New York, because "the bearded ones" of the Revolution had just entered Havana. Two or three days after our arrival in Mexico, there was a cocktail party at the home of the producer Manuel Barbachano Ponce. And Luis Buñuel was there. For the first time we had the opportunity to talk together about all sorts of things. He was very friendly and forthcoming.

On February 22, he invited us to his house, with the idea of making a paella. He lived at 27 Cerrada de Félix Cuevas, after all these years I've kept the address. He invited all of us, that is to say, the Spaniards from UNINCI (Fernando Rey, Paco Rabal, Ricardo Muñoz Suay, and I). We knew that Luis was always very punctual, and he'd invited us for two o'clock sharp. That same morning, before I was to leave the hotel, the telephone rang. Who should it

¿A cuándo se remonta su primer encuentro con Luis Buñuel? Conocí a Buñuel cuando me lo presentaron en el Festival de Cannes, en 1954, donde participé con mi película *Cómicos*. Él era miembro del jurado. Luis se la tuvo que tragar, porque estoy seguro de que no le gustó nada. Tardé mucho tiempo en ver sus trabajos, aunque sabía que era el autor de *Las Hurdes*, con la que se había provocado un escándalo. Por entonces, en la España franquista, Buñuel era el demonio con cuernos y rabo. Lo conocía de nombre y sabía que era el único cineasta español de renombre internacional.

Ulteriormente se frecuentaron con cierta asiduidad. El 1 de enero de 1959 viajaba con Ricardo Muñoz Suay de Madrid a México D.F. en un vuelo de Iberia que hacía escala en La Habana. ¿A qué íbamos allí? Resulta que ya estaba firmado y aceptado mi guion de *Sonatas*. Cuando estábamos llegando a Cuba, nos anunciaron que nos desviaban a Nueva York porque los barbudos de la Revolución estaban entrando en La Habana. A los dos o tres días de nuestra llegada a México hubo una especie de cóctel en casa del productor Manuel Barbachano Ponce. Y allí apareció Luis Buñuel. Por vez primera tuvimos la oportunidad de hablar juntos de muchas cosas. Él estuvo muy amable y muy simpático.

El 22 de febrero nos invitó a su casa, pensaba hacernos una paella. Vivía en Cerrada de Félix Cuevas, número 27, aún conservo las señas. Invitó a todos los que estábamos allí, a los españoles de UNINCI (Fernando Rey, Paco Rabal, Ricardo Muñoz Suay y yo). Sabíamos que Luis era un hombre muy puntual y nos citamos a las dos en punto. Esa misma mañana, antes de dejar el hotel, sonó el

be, but David Alfaro Siqueiros, saying, "I'm dying to see you! I'd like to show you some paintings..." So you can imagine Ricardo and I spending the morning with Alfaro going to all the places where he'd done murals, listening to all his explanations, all the while looking at our watches, nervous that it was getting late. To make a long story short, we arrive late to Buñuel's, at about two-twenty. No one has ever torn into me the way Buñuel did that day, not even my father: "The only reason I didn't throw away the paella is because Paco and Fernando wouldn't let me!" After that dressing-down, we gave him the little present we'd got for him. Juan Luis was allowed to eat with us. Rafael had eaten earlier and Jeanne, his wife, never appeared... Buñuel was the most macho guy in the world; if ever there was a born *machista*, it was Luis Buñuel.

So we ended up eating his paella. And the whole time we were in Mexico, we tried to convince him of two things: first, that in spite of Franco, he needed to come to Spain to make films; and second, that he had to work with us, because we could be trusted. A few months later, a script signed by him and Julio Alejandro arrived at UNINCI. It was called *Viridiana*. Although I hadn't been very Buñuelista I read it, since it had come from him...

Buñuel himself sent the script for *Viridiana*? Yes, he wanted to take all precautions. We brought the script to the censorship board and they stamped it with all the requisite seals. In any case, when he came to Madrid, he wanted to speak with the General Director of Film Muñoz Fontán, who comported himself very well, and did exactly what he was supposed to do. Even so, he raised certain objections to the end of the movie.

But he was permitted to shoot the film. It seems Muñoz Fontán said, "Look, the problem is that at the end the actor and his cousin are alone..." to which Buñuel replied, "If you want the servant to be there, we'll have all three of them there." To the General Director of Film, this seemed an excellent solution, having no idea what he was getting into. Buñuel (who was officially prohibited from working in Spain) had arrived, already having signed a con-

teléfono. ¿Quién era? Pues, David Alfaro Siqueiros, que me dijo: "¡Qué ganas tenía de verte! Quisiera enseñarte las pinturas...". Es fácil imaginar la mañana que pasamos Ricardo y yo yendo con Alfaro por todos los lugares donde había hecho murales, escuchando todas sus explicaciones y mirando el reloj continuamente porque veíamos que aquello se alargaba. Total, que llegamos tarde a la cita con Buñuel, sobre las dos y veinte. Nadie me ha regañado tanto como Buñuel aquel día, ni siquiera mi padre: "No he tirado la paella porque Paco y Fernando me lo han impedido". Entonces le dimos un regalito que le habíamos comprado. Aquel día permitió que Juan Luis comiese con nosotros. Rafael ya había comido antes y Jeanne, su mujer, no apareció... Buñuel era el tío más machista del mundo; si ha habido un hombre machista, ése ha sido Luis Buñuel.

En fin, el caso es que comimos aquella paella. Y en todo aquel tiempo que estuvimos en México tratamos de convencerlo de dos cosas: primero, de que tenía que venir a España a hacer películas, aunque estuviese Franco; y segundo, de que las tenía que hacer porque nosotros éramos de confianza. Al cabo de unos meses recibimos en UNINCI un guion firmado por él y Julio Alejandro, cuyo título era *Viridiana*. Lo leí. Aunque no he sido nunca muy buñuelista, pero como era de Buñuel...

¿Fue el mismo Buñuel quien envió el guion de *Viridiana*? Quería tener todas las garantías. Nosotros llevamos el guion a la censura y allí le pusieron todos los sellos. De todos modos, cuando él vino a Madrid quiso hablar con el director general de Cine, Muñoz Fontán, que se portó muy bien porque hizo lo que tenía que hacer. No obstante, puso ciertos reparos al final.

Pero pudo rodarse la película. Parece ser que Muñoz Fontán le dijo: "Hombre, es que eso de que al final se queden solos el actor y su prima...", a lo que respondió Buñuel: "Pues si quiere usted que se quede la criada, se pueden quedar los tres". Al Director de Cinematografía esto le pareció mejor idea, sin saber dónde se metía. Cuando él vino ya tenía el contrato firmado con Alatriste. Entonces estaba prohibido en España, pero lo que hacía UNINCI con Gustavo

tract with Alatriste. Gustavo Alatriste had agreed to pay his and Silvia Pinal's salaries. UNINCI's deal with Alatriste involved what today we call a "tip" or a "courtesy." That is to say, once we had set a budget for what the film would cost, he was to pay that amount, plus fifteen per cent, which represented our margin.

Do you have a clear recollection of the production and censorship problems surrounding *Viridiana*? One of the mistakes we made in making *Viridiana* is that we were feeling very patriotic and wanted it to be produced completely in Spain. It would have been easy to do a co-production with France, I don't know why we thought the opposite. When the film was done, we had two screenings. The first for the Censorship Junta, with the idea of getting permission to send the material to Paris to do the sound work in the Billancourt studios—which at the time was very common since, technically, they were much more advanced in terms of sound mixing. (I'd done this several times myself). The second screening was for UNIESPAÑA, the Junta of Spanish Producers.

So how did we get around the problems with censorship? We cut two shots from the film: that of the crucifix being wielded like a knife; and the one where Lola Gaos takes the photograph. I also lied when they asked me what music we intended to use with the orgy. Without skipping a beat, I said, "The truth is that Luis hates music in films, so at most we might have a few drummers from Calanda." Although I knew that we were going to have Handel's *Messiah*. Finally we were able to bring it to Paris and a copy arrived at Cannes just as the Festival was coming to an end. But all of this was absolutely legal.

What about the screening for the Producers Junta? The film was shown to the Producers Junta while they were deliberating which films to include among the Spanish entries for Cannes. To our amazement, they decided that *Viridiana* lacked the necessary technical and artistic qualities to represent Spain. So we called Favre Le Bret, who said, "The film is officially invited by the Festival." The Spanish producers did not approve of the film, and the

Alatriste —que pagaba los contratos de Silvia y de Buñuel— era lo que en términos actuales se llama un *service*. O sea, usted me da todo el dinero, cuando nos pongamos de acuerdo en lo que cuesta la película, usted paga eso más un quince por ciento de beneficio industrial que nos llevamos nosotros.

¿Recuerda la historia de la producción de *Viridiana* y los problemas con la censura que acaba de evocar? Uno de nuestros errores al hacer *Viridiana* fue que nos sentimos muy patriotas y quisimos que fuera una película completamente producida en España. Conseguir una coproducción con Francia hubiese sido muy sencillo, pero no sé por qué pensamos lo contrario. Cuando estuvo terminada, hicimos dos proyecciones: la primera, para la Junta de Censura con el fin de obtener el permiso y poder enviar el material a París y sonorizarlo en los estudios de *Billancourt*, tecnológicamente más adelantados en las mezclas, algo que entonces era muy común —al menos yo lo hacía con muchas de mis películas—; la otra proyección estaba destinada a la Junta de los Productores Españoles, UNIESPAÑA.

Ahora bien, ¿cómo pude sortear los problemas con la censura? Pues cortamos dos planos de la película: el del crucifijo a modo de cuchillo y el plano en que Lola Gaos hace la fotografía. También mentí cuando me preguntaron qué música íbamos a poner en la orgía. Respondí sin dudar: "La verdad es que Luis odia la música en las películas, así que quizá serán los tambores de Calanda". Aunque yo ya sabía que íbamos a poner *El Mesías* de Haendel. En fin, pudimos llevarla a París y una copia llegó a Cannes cuando el Festival estaba terminando. Pero todo esto era absolutamente legal.

¿Y la proyección en la Junta de Productores? La Junta de Productores se reunía porque presentábamos la película para optar a una de las representaciones oficiales españolas en el Festival de Cannes. Ante nuestro asombro, estimó que la película *Viridiana* no reunía las suficientes calidades técnicas y artísticas para representar a España. De manera que llamamos a Favre Le Bret, que nos dijo: "La

film did not represent Spain. Years later I tried to recuperate the minutes of that meeting [of the Producers Junta] but, of course, they had disappeared. They also accused us of contraband, of smuggling currency. Later it got more complicated. The Spanish Administration was intelligent enough not to prohibit the film; what they did was to annul retroactively our production permissions, on the grounds that we had not disclosed the sources of our financing. So the film simply didn't exist, it had no papers, no documentation. We brought suit, which is every citizen's recourse against the abuses of government and, naturally, as we all know, the courts being independent of politics…

What happened then? The Supreme Court supported the Administration, on the grounds that its paperwork was correct. That was in 1961. It took twenty-one years for the Supreme Court to hear our appeal. Curiously enough, it was on April 9, 1977—the day of *Viridiana's* premiere in Spain as a Mexican production—that the Communist Party was legalized. We began our suit: How was it possible to label as Mexican a film that we ourselves had made? The only Mexican in the movie was Silvia Pinal. We were clever enough not to ask for any damages, we were arguing on principle. And little by little, our protest began to seem more legitimate, and the Supreme Court eventually ruled that not only the poster, but the film itself, had to show the original credit—"A Spanish Production by UNINCI, S.A."

película viene invitada oficialmente al concurso por el Festival". No fue porque representara a España con el beneplácito de los productores españoles. Años después yo quise recuperar el acta de esa reunión, pero obviamente había desaparecido. Incluso nos acusaron de tráfico de divisas, de contrabando. Luego fue más complicado. La Administración española fue inteligente porque no prohibió nunca la película; anuló con efectos retroactivos el permiso para producirla arguyendo que habíamos mentido en la financiación. Así la película no existía, era una indocumentada. Nosotros hicimos un contencioso, que es el recurso del ciudadano frente a los desmanes de la Administración y, naturalmente, como sabemos que la justicia es independiente de la política...

¿Qué ocurrió posteriormente? El Tribunal Supremo dio la razón a la Administración aduciendo que el acto administrativo era correcto. En definitiva, desde 1961 hasta que el Tribunal Supremo por fin atiende nuestra reclamación pasan veintiún años. Curiosamente, el 9 de abril de 1977, día del estreno de *Viridiana* en España como película mexicana, se legalizó el Partido Comunista. Y comenzamos el contencioso: ¿Cómo podía darse esa nacionalidad a una película producida por nosotros? La única mexicana que había en ella era Silvia Pinal. Fuimos hábiles porque no reclamábamos nada, tan sólo el fuero. Y poco a poco cobró más sentido nuestra protesta, hasta que la Audiencia Nacional resolvió que en los créditos de la película, y no en el cartel anunciador, tenía que aparecer el rótulo original: "Una producción española de UNINCI S.A.".

BENJAMÍN JARNÉS, HUMBERTO PÉREZ DE LA OSSA, LB: RAFAEL BARRADAS, FEDERICO GARCÍA LORCA. MADRID, 1927.

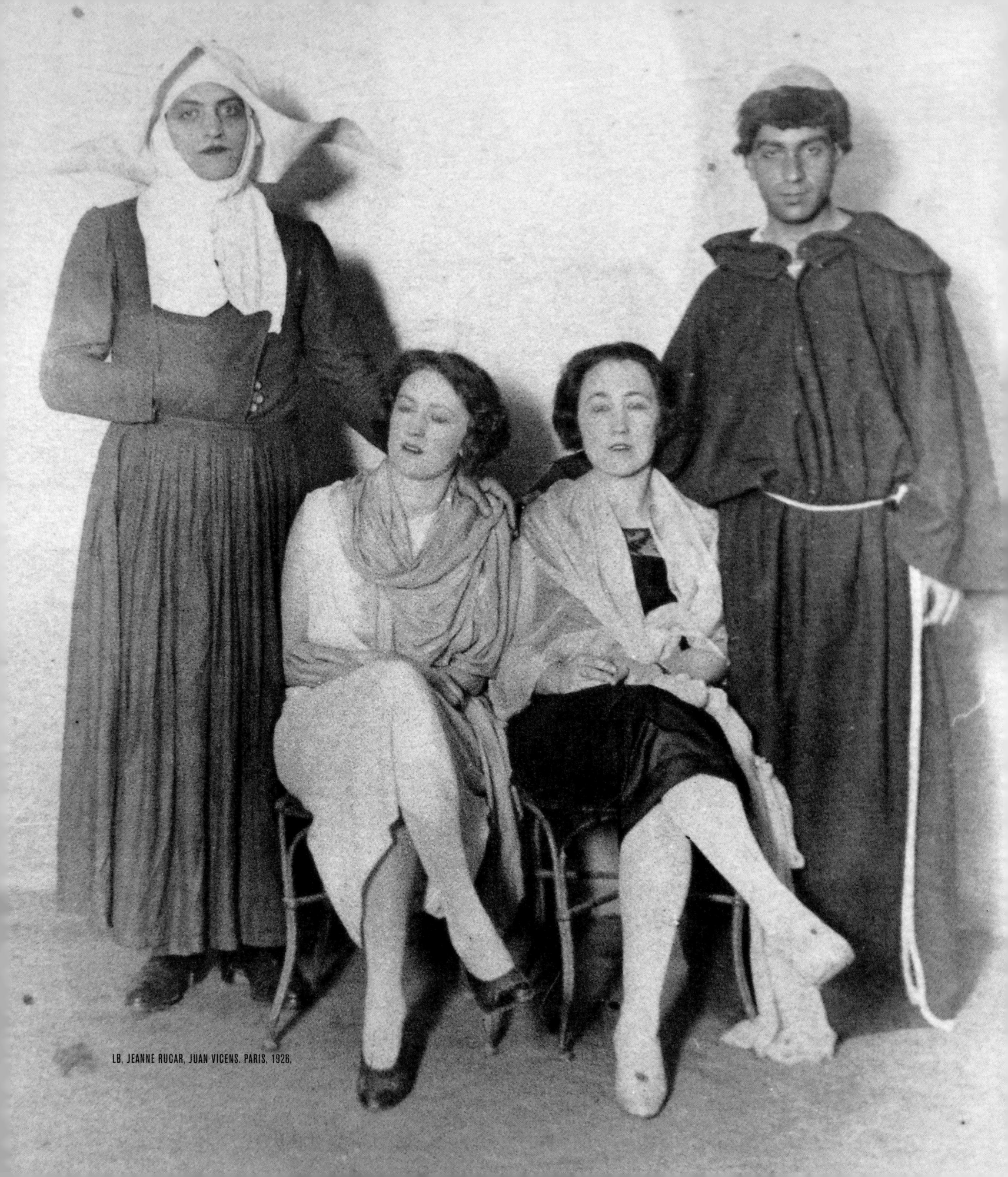

LB, JEANNE RUCAR, JUAN VICENS. PARIS, 1926.

Luis García Berlanga
DIRECTOR DIRECTOR

How was Buñuel's artistic personality perceived at the *Escuela de Cine*? I don't think that Buñuel was ever a major figure for the *Escuela de Cine*. At the time, I suppose, the film school's aesthetic line ran parallel to that of the Communist Party. The strongest influence on Bardem and myself, in terms of making *Esa pareja feliz*, was Jacques Becker's *Antoine et Antoinette*. Our film was born at the confluence of the *sainete* [comedy] of Carlos Arniches and that film of Becker's. The *Escuela de Cine* certainly knew of Buñuel, but he hadn't yet been made sacred by anyone. That didn't happen until later, when he came to Spain. That's when the famous photograph was taken of him in Cuenca with Juan Antonio Bardem, Carlos Saura, and myself. In fact, I would say that Saura should be considered not only his disciple, but also the person who forged the connection between the two Buñuels–the Mexican one, and the one who was a new arrival to Spain.

The high point of that period at the *Escuela* was the organization of the Week of Italian Cinema and especially, our getting to know Zavattini, [who wrote the screenplay for De Sica's *Shoeshine*]. Bardem, I, and a few friends would often have dinner with Zavattini, whose words about film were like manna. We were eager to follow his advice and go out into the street, bear witness to that reality. With respect to Rossellini, we thought *Open City* was one of the essential films.

The rest of our youthful existence revolved around other concerns and activities, like going to bookstores and stockpiling in our rooms the books we'd managed to steal without too much difficulty, as we'd also done during the Civil War, when people were worrying about other things. I was especially attracted to books on architecture, since

¿Qué opinión merecía la personalidad artística de Luis Buñuel en la Escuela de Cine? Creo que Buñuel nunca fue una gran figura para la Escuela de Cine. Entonces, en la Escuela la línea estética iba paralela, supongo, a la del Partido Comunista. Para Bardem y para mí la influencia máxima que tuvimos en *Esa pareja feliz* se debía a *Antoine et Antoinette,* de Jacques Becker. Esta película nació de la confluencia entre el sainete de Carlos Arniches y esa obra de Becker. Es cierto que en la Escuela de Cine se conocía a Buñuel, pero no estaba sacralizado todavía por nadie. Para esto hubo que esperar algún tiempo, cuando vino a España. De entonces data la famosa fotografía en Cuenca, en la que aparecemos Juan Antonio Bardem, Carlos Saura y yo. De hecho, creo que puede considerarse a Saura no sólo como su discípulo, sino como la persona que lleva a cabo la conexión entre el Buñuel mexicano y el entonces recién llegado a España.

El gran momento en la Escuela de aquella época fue la organización de la Semana del Cine Italiano en España, y fundamentalmente, tiempo antes, el conocimiento personal de Zavattini, con quien Bardem y algún compañero de la Escuela cenábamos con bastante frecuencia. De Zavattini estábamos dispuestos a recibir su maná de cultura cinematográfica, ese discurso que propugnaba salir a la calle y dar testimonio de la realidad. Respecto de Rossellini, pensábamos que su *Roma, città aperta* era una de las películas insoslayables.

El resto de nuestra existencia juvenil giraba en torno a otras preocupaciones, como la de visitar librerías y apilar en casa los volúmenes que en ellas robábamos sin excesiva dificultad, como también hacíamos durante la Guerra Civil, cuando la gente estaba preocupada por otras cosas.

becoming an architect was my hope at the time, and for titles related to Surrealism.

In this regard, it might be interesting to recall the debates we used to have about Buñuel's and Dalí's contributions to Surrealism, whether we should consider them as having been Frenchified, as coming now from an alien culture. We recognized that they were born of the Surrealist movement, but we found them incapable of surrealism's essential spontaneity, rupture, perversion, and, above all, transgression. Over time, of course, I have modified that early opinion: I consider García Lorca, Dalí, and Buñuel to have been the precursors of Surrealism in Spain, since their works already contained surrealist elements.

Eroticism figures prominently in your films. Is this perhaps a way in which you identify with Buñuel? I don't think so, although I acknowledge there are two themes in Buñuel which, to me, are highly eroticizing: fetishism and sado-masochism. In *El (This Strange Passion),* I was particularly interested in the scenes where the body is being sewn. The fetishism and sado-masochism weren't original to Buñuel; they were in Mercedes Pinto's novel on which the film is based. That said, simply choosing a particular theme is tantamount to a first (or original) approach.

Do you see other elements in Buñuel that show a similar fetishism? Absolutely. The little boots, for example. I also have a fetish for feet and for women's shoes, but not for the little boots. For me, boots preclude the feminine, the feminine part of seduction. Boots always suggest the woman's domination over the man.

What about the eroticism of nudity? In Spain, what we call *destape*—letting it all hang out—is not at all erotic. A nude woman in a film, or in reality, doesn't do anything for me. I'm even thinking of writing a story about a man who, coming upon a naked woman, can't get aroused or fully make love until, finally, she gets dressed.

What kind of personal relationship did you have with Buñuel? What do you remember of your

En mi caso sentía especial atracción por los libros de arquitectura, pues ser arquitecto era entonces mi ilusión, y aquellos ligados al Surrealismo.

En este sentido, quizás interese evocar nuestros debates en torno a lo que Buñuel y Dalí habían aportado al Surrealismo, sobre si debíamos considerarlos como afrancesados, como personas de cultura ajena. Reconocíamos que habían nacido del movimiento surrealista, pero incapaces de aportar la instantaneidad, la fractura necesaria, la perversión surrealista y, sobre todo, la transgresión. Con el paso del tiempo he ido modificando, naturalmente, aquella primera opinión: considero que García Lorca, Dalí y Buñuel fueron los predecesores del Surrealismo en España, por lo menos por cuanto en sus obras ya existía algo surrealista.

Si el erotismo ocupa un lugar preferente en su producción cinematográfica, tal vez sea éste un aspecto de identidad con Buñuel. No lo creo, aunque reconozco que en Buñuel hay dos temas que me pueden erotizar en gran medida: el fetichismo y el sadomasoquismo. En *Él* me interesan las escenas del intento de coser partes del cuerpo. El fetichismo, el sadomasoquismo, no eran originales de Buñuel, estaban en la novela de Mercedes Pinto. Si bien es verdad que la mera elección de un tema significa una aproximación al mismo.

Hay otros motivos en Buñuel de similar significación, de evidente fetichismo. Por supuesto. Los botines, por ejemplo. Yo tengo fetichismo también del pie y del zapato femeninos, no así de las botas. Las botas me eliminan la parte femenina, la parte femenina de seducción. El botín sugiere siempre una dominación del hombre por la mujer.

¿Y respecto al erotismo de un desnudo? Lo que se llamó destape en España no es nada erótico. La mujer desnuda, en una película, o en la realidad, no me dice nada. Aún pienso escribir un cuento sobre un hombre que encuentra a una mujer desnuda y no logra gozar de ella ni, por supuesto, alcanzar la plenitud, hasta que por fin la ha vestido.

meetings with him in Mexico and, later, when he returned to Spain to make a film? I became interested in early Buñuel, not for the work itself, but because of the significance of the filmmaker's presence in Spanish film before the Civil War.

I remember that Bardem and I discovered *Land without Bread* by accident in the basement of the Instituto-Escuela, an outstandingly progressive institution. We found the reels among other films, some of which were deliberately mislabeled: *The Battleship Potemkin* was labeled *Lives of the Honeybees*, or something like that. Later I saw *El (This Strange Passion)* and *The Criminal Life of Archibaldo de la Cruz,* which I still think are Buñuel's best films, along with *Tristana*. And since I'm speaking here of personal tastes, I'll say that *Viridiana* never interested me, although of course it is one of his most famous films.

Something else about Buñuel's Mexican period. When I visited him there, he would invite us to dinner. The films from that time are I think outstanding, except for *Los olvidados*, which I find pretentious. *El (This Strange Passion)* and, especially, *The Criminal Life of Archibaldo de la Cruz*, are two works where we see a flowering that approaches real spontaneity, a deep desire to be subversive, transgressive—indeed we see qualities that are all but absent from the rest of his films.

My personal relations with Buñuel grew increasingly distant. I'll tell you an anecdote: when he went to see my film *Tamaño natural* [Life Size], he left before it was over. Seems he couldn't take any more, in spite of the fact that he'd worked with Michel Piccoli. He found it to be obscene, unbearable. That ended my relationship with him. We never wrote or saw each other again.

¿Cómo fue su relación personal con el cineasta?, ¿qué recuerda de sus encuentros con él en México y cuando volvió a España para rodar? En cuanto al primer Buñuel, comencé a interesarme por él no tanto por su obra como por el hecho de lo que suponía su presencia en el cine español antes de la guerra.

Recuerdo que Bardem y yo descubrimos por azar *Las Hurdes* en los fondos del Instituto-Escuela, institución especialmente progresista. Estaba entre otras cintas, algunas con los títulos cambiados: *El acorazado Potemkim*, por ejemplo, con el de *Vida de las abejas*, o algo así. Posteriormente vi *Él* y *Ensayo de un crimen*, que para mí siguen siendo las dos mejores películas de Buñuel, junto con *Tristana*. Y, puesto que hablo de gustos personales, diré que *Viridiana* nunca me interesó, aunque sea una de sus obras más famosas.

Otra cosa sobre la etapa mexicana de Buñuel. Cuando lo visitaba en México nos invitaba a cenar. Destacaría todas las películas de ese momento, excepto *Los olvidados*, porque la considero pretenciosa. En cambio, *Él* y, sobre todo, *Ensayo de un crimen* son dos trabajos de esos en los que hay una floración casi espontánea, realizados con un ansia de subversión, de transgresión, de todo eso que no se aprecia en las demás películas suyas.

Mis relaciones con Buñuel fueron progresivamente más distantes. Como anécdota diré que cuando fue a ver mi película *Tamaño natural* se salió antes del final. Parece ser que no aguantaba más, pese a que en ella trabajaba Michel Piccoli. Protestó diciendo que era una guarrada, que era inaguantable. Ahí termina mi relación con él. Ni nos escribimos ni nos vimos más.

José Luis Borau
DIRECTOR Y PRODUCTOR DIRECTOR AND PRODUCER

Were you familiar with the films of Luis Buñuel when you started your own career? To tell you the truth, when I decided to make films I had only a superficial knowledge of Buñuel. I knew that he was in exile, that he had won the prize for Best Director in Cannes, I'd seen *Los olvidados*, but nothing else. I hadn't seen his movies because, for our generation, he was an unknown. His most important films hadn't made it to Spain, for obvious reasons. Later, when I began reading books about cinema, *Les Cahiers du Cinéma*, and all sorts of other publications, I gradually got a sense of who was Buñuel.

And your first meeting with him...? I met him for the first time in November 1960. One fall day he came to Madrid because he was going to direct *Viridiana*. Sáenz Heredia, the director of the *Escuela de Cine*, suggested I get to know him. We met in a restaurant where they used to eat before the Civil War, and which Buñuel was very keen on visiting. So Sáenz de Heredia organized a dinner, during which the director of *Viridiana* was very cordial, very talkative. He told us a lot of anecdotes. Some of which I still remember.

About his life in Mexico? Speaking of Mexico, he told a very curious story. He said that prior to the Civil War he had absolutely no interest in Latin America, that it seemed to him a very alien world. He didn't feel at all the same way about Europe—he was especially drawn to France— or the United States, which he had visited several times. In fact, he almost shot a film there. So when the possibility came up of making *Gran Casino*, he immediately went to Mexico, although he added, "I stayed in Mexico by chance. I'd

¿**Qué conocimiento tenía de Luis Buñuel cuando usted comienza la carrera cinematográfica?** En realidad, cuando me decidí a hacer cine el conocimiento que tenía de Buñuel era muy somero. Sabía de su condición de exiliado, que había ganado el premio al mejor director en Cannes, conocía *Los olvidados*, y poco más. No había visto sus películas porque era un desconocido para mi generación. Sus trabajos más importantes no habían llegado a España por razones obvias. Luego fui leyendo libros, los *Cahiers du Cinéma* y, bueno, toda una serie de publicaciones. Fui descubriendo progresivamente quién era Buñuel.

Su primer encuentro... La primera vez que me encontré con él en persona fue en el mes de noviembre de 1960. Un día de otoño vino a Madrid porque iba a dirigir *Viridiana*. Sáenz de Heredia, director de la Escuela de Cine, nos propuso conocerlo. Nos reunió en un restaurante donde ellos solían comer antes de la guerra y que Buñuel deseaba visitar de nuevo. De manera que Sáenz de Heredia organizó una cena durante la cual el director de *Viridiana* estuvo muy simpático, muy hablador. Nos contó muchas anécdotas. De algunas de ellas me sigo acordando.

De sus días mexicanos. Hablando de México contó algo muy curioso. Dijo que antes de la Guerra Civil no se había interesado en absoluto por Hispanoamérica, que le parecía un mundo muy ajeno y que no sentía lo mismo de Europa —sobre todo de Francia— y también de Estados Unidos, que visitó varias veces y en donde había estado a punto de trabajar. Así que cuando le surgió la posibilidad de hacer *Gran Casino* no dudó en marcharse a México, aun-

arrived at night, or anyway at twilight, from Los Angeles, I went to the hotel, had dinner, and went to bed until the following morning. When I got up and opened the newspaper, I immediately said to myself, "I've got to get out of this country." He explained that his decision was due to a story he'd read, which had appeared under the headline, "Man Dies for Asking Too Many Questions." So he tells us the story, sparing no detail. It turns out that a man had been assassinated by the doorman of an apartment building, and the article gave the exact address on a particular street…The only reason for the killing was that the gentleman in question had asked the doorman for a certain González; the doorman sent him to another apartment house on the same street but, no sooner did the gentleman inquire at this other address, than the second doorman sent him back to the first address. So again he asked for the same González, and once again the doorman sent him back to the address he'd given him before. And so it went, for several trips between one address and the other. Until one of the doormen got so anxious and upset…that he pulled out a pistol and killed him. "So you'll understand," said Buñuel, "that when I read that, I said to myself, `It's time to leave.'"

He told a lot of other anecdotes. The whole time he was very warm and outgoing. I don't know if it's because he liked laughing with us, or because we were about to graduate from film school, or simply because, in spite of their enormous political differences, he and Sáenz Heredia got along very well. In fact, Buñuel had saved his life, or helped to save it, in Madrid, during the Civil War.

You also knew José Rubia Barcia, who had worked with Buñuel. In 1976, I left for Los Angeles, and one of the first people I met there was José Rubia Barcia. He was very good friends with Buñuel, and had worked with him at Warner Brothers. Together they'd written a film treatment called The Midnight Bride, which they wanted to sell to Universal. It was an absolutely traditional horror story. According to Rubia Barcia, and even Buñuel, they wrote it cynically, in order to see if Universal, a studio that specialized in this kind of film, could actually make a movie from the story.

que apostilló: "Me quedé en México de casualidad. Porque llegué una noche, o un atardecer, desde Los Ángeles, me fui al hotel, cené y me metí en la cama hasta la mañana siguiente. Cuando me levanté abrí el periódico, lo leí y me dije: me voy de este país". Nos explicó que su decisión se debía al hecho de haber leído en la sección de sucesos una noticia que se titulaba "Muere por preguntón". Nos la relató con sumo detalle. Resulta que un señor había sido asesinado por el portero de una finca, en un número concreto de una calle determinada… La razón no era otra que el referido señor se había dirigido al portero preguntando por un tal González; ese portero le remitió a otro número de la calle y tan pronto como preguntó allí por el mismo González, volvieron a enviarle al portal donde había comenzado su búsqueda. Así, de un número de la finca a otro, anduvo varias veces. Hasta que después de mucho insistir, el portero se contrarió aduciendo que él sabía muy bien quiénes vivían en la finca que guardaba…, se indignó hasta tal punto que sacó una pistola y lo mató. Entonces, añadió Luis Buñuel: "Comprenderán ustedes que en cuanto leí aquello dije: Me voy de este país".

Y contó otras muchas anécdotas. Se mostró todo el tiempo muy simpático y excitado. No sé si es que le gustaba reunirse con nosotros, que éramos entonces la última promoción de los estudiantes de cine, o simplemente con Sáenz de Heredia, con quien se llevaba muy bien a pesar de sus tremendas diferencias políticas. De hecho, Buñuel le había salvado la vida, o había contribuido a salvársela, en el Madrid de la guerra.

Usted también conoció a José Rubia Barcia con quien había colaborado Buñuel. Me marché a Los Ángeles en el año 1976 y una de las primeras personas que conocí allí fue José Rubia Barcia. Era muy amigo de Buñuel y había trabajado con él en los estudios de la Warner. Habían escrito juntos un argumento con la intención de vendérselo a La Universal. Entonces le presentaron el argumento de La novia de los ojos ensangrentados. Se trataba de un argumento de película de terror, hecho absolutamente al modo más tradicional. Según decían Rubia Barcia y el propio Buñuel, lo habían escrito cínicamente para ver si La

Forty years on, what does Buñuel mean to your generation? What sort of relationship have you had with his work? I have to insist that, for my generation, there is practically no connection. For us, Buñuel was someone we heard about, as cultural news, if you will. But we hadn't seen his films. The one who was most influenced by him, because he had seen a number of his movies and followed him closely, was Carlos Saura. The rest of us knew that he existed, that he was important. A few saw two or three of his films, but no more. For our generation, Buñuel just wasn't an influence, at least not in our films. Again, the exception is Saura. And even there, I couldn't say to what degree.

Universal, que era una compañía que se había especializado en ese tipo de cine, podía hacer con eso una película.

Cuarenta años después ¿qué significó para los directores de su generación? ¿Qué relación tuvieron con su obra? Para los de mi generación prácticamente nada porque, insisto, de Buñuel teníamos una noticia cultural. Pero no habíamos visto sus películas. El más influido por él, porque había visto varios de sus trabajos y lo seguía más de cerca, era Carlos Saura. Los demás sabíamos de su existencia, que era importante. Tal vez alguno conocía alguna película, pero nada más. En mi generación Buñuel, por los menos en lo que a influjo en nuestras películas se refiere, no contaba nada. Excepto quizá, repito, en Saura. Y tampoco sé hasta qué punto.

BELLE DE JOUR, 1966

LB, JEANNE MOREAU, *DIARIO DE UNA CAMARERA* / *DIARY OF A CHAMBERMAID*, 1964.

Jean-Claude Carrière
GUIONISTA Y NOVELISTA SCREENWRITER AND NOVELIST

You met Luis Buñuel during the 1963 Cannes Film Festival... Buñuel had asked Serge Silberman for a French collaborator who was young and who knew life in the provinces. At the time, I fulfilled both conditions. But I didn't have much experience. I'd worked with Pierre Etaix on *The Suitor* and on some shorts, then I'd done a film with Gérald Caldéron, *Bestiaire d'amour*, about the sex lives of animals, and had also worked with Jacques Tati. I met with Buñuel over lunch. A few weeks later, Silberman told me that Luis wanted to work with me, and that he was waiting for me in Madrid.

Why did he choose you? I knew the project had to do with *Diary of a Chambermaid,* so I'd read the book several times, and even had an idea for how to adapt it. When we met, he asked if I liked wine, which I understood immediately to be an important question. He wanted to know if we belonged to the same world. I told him that I not only enjoyed wine, but that I came from a family of vintners. His face lit up. Many years later, referring back to that meeting, he confessed, "I knew right away that if the work wasn't going well, we'd at least have something to talk about."

It was the beginning of a great partnership. We wrote nine screenplays together, and six were made into movies. The others—La Moine *[The Monk], Là-Bas [Down there]* and *Agón*, which we always called *A Sumptuous Ceremony in F Major*— were never shot.

Did you work on *Tristana*? On that film I did practically nothing, except supervise the French version, out of friendship for Buñuel. A totally different case was *Simon of the*

Conoció usted a Luis Buñuel durante el Festival de Cannes en 1963... Buñuel había pedido a Serge Silberman un colaborador francés que fuera joven y conociese bien la vida de provincias. En aquel entonces yo reunía ambas condiciones. Pero no tenía demasiada experiencia. Había trabajado con Pierre Etaix en *Le soupirant* y en cortometrajes, y después en una película con Gérald Caldéron, *Bestiaire d'amour*, sobre la vida sexual de los animales, y también con Jacques Tati. Pude conocer a Buñuel durante un almuerzo. Algunas semanas después, Silberman me dijo que Luis quería trabajar conmigo y que me esperaba en Madrid.

¿Por qué lo eligió a usted? Yo sabía que tenía que ver con *Diario de una camarera*, y por ello había leído la obra varias veces, e incluso ya tenía alguna idea de su adaptación. Cuando nos conocimos me preguntó si me gustaba el vino, lo que interpreté como una pregunta para saber si pertenecíamos al mismo mundo. Le contesté que no solamente bebía vino sino que procedía de una familia de viticultores. Su rostro se iluminó. Mucho tiempo después, refiriéndose a aquel encuentro, me confesó: "Supe en seguida que tendríamos al menos un tema de conversación si el trabajo no iba bien".

Fue el comienzo de una gran colaboración. Escribimos nueve guiones juntos; seis de ellos se convirtieron en películas. En cambio, los restantes —*Le Moine*, *Là bas* y *Agón,* que siempre llamamos *Une cérémonie somptueuse en fa majeur*— nunca se rodaron.

¿Trabajó usted en *Tristana*? En esa película prácticamente no hice nada, excepto en su versión francesa, que

Desert, a subject that fascinated me, doubtless because it was very close to *The Milky Way*, which we did afterward. That script was much longer, even though, as we all know, the film is unfinished. For me, *The Milky Way* is the most surprising film Buñuel ever made.

What was it like to actually work with the filmmaker from Calanda? We had eighteen or nineteen years of close collaboration. We spent many long hours in total isolation. He'd tell me all sort of anecdotes about his life, which I'd write down in a notebook. When, out of exhaustion, he refused to shoot *A Sumptuous Ceremony*—he was, after all, eighty years old—I suggested we do a book from all the notes I'd taken over the years. In order to convince him to go ahead, I promised that I would actually do the drafting. Years before, we'd written a chapter on his childhood, which Buñuel later published, in Spanish translation, in an Aragonese publication. This time, I took the pen with the intention of using his own language, the words he most liked to use when he was speaking French. It was to be a kind of memoir, but different from the usual ones, a book full of humor, a portrait, and this appealed to him. So we got down to it, working every day for three or four weeks, as though we were doing a screenplay: I'd see him every morning and I'd write every afternoon. Some things were easy to get down on the page, but it certainly wasn't always that way. When he saw the result, he said it seemed as though he himself had written it. In truth, I had respected, scrupulously, everything he had recounted.

Although in these meetings you talked about a whole range of things, Buñuel always avoided talking about the Civil War, isn't that so? Luis hadn't personally experienced the Civil War. He'd left for Paris, and returned to his country only twice, both times on specific missions. He would talk about his friends of that time, about Lorca, for example, and sometimes about the situation at the beginning of the conflict, which he did experience. But he never participated directly in that war.

What was your day-to-day process when you were working on a script? We always worked in stages, on

supervisé por la amistad que me unía a Buñuel. Caso muy distinto fue *Simón del desierto*, cuyo asunto me apasionaba, sin duda porque estaba muy próximo de *La vía láctea,* que hicimos después. El guion era más extenso, aunque ya se sabe que es una película inacabada. Para mí, es el trabajo más sorprendente de todos los realizados por Buñuel.

¿Cómo se desarrolló su colaboración con el cineasta de Calanda? Fueron dieciocho o diecinueve años de estrecha colaboración. Pasábamos largas horas totalmente recluidos. De ahí que me contara una serie de anécdotas y hechos de su vida, que yo anotaba en un cuaderno. Cuando renunció a rodar *Une cérémonie somptueuse* por motivos de cansancio –tenía ochenta años– le propuse hacer un libro a partir de mis notas. Con el fin de convercerlo, le dije que me encargaría yo de redactarlo. Años antes habíamos escrito juntos un capítulo sobre su infancia, que Buñuel publicó posteriormente en una publicación aragonesa, traducido al español. Tomaría la pluma intentando utilizar su propio lenguaje, las palabras que más le gustaban en francés. Sería una especie de memorias, un volumen diferente de los demás, un libro de humor, un retrato, y eso le agradó. Nos pusimos a trabajar diariamente durante tres o cuatro semanas, como si se tratara de un guion sobre su propia vida: lo veía todas las mañanas y escribía todas las tardes. Pero, si algunas cosas fueron fáciles de llevar al papel, no ocurría siempre lo mismo con otras. Cuando vio el resultado me confesó que parecía que lo había escrito él. En realidad, yo había respetado escrupulosamente lo que me había relatado.

Entre los innumerables asuntos que trataron durante esos encuentros, Buñuel siempre eludió hablar de la Guerra Civil española, ¿no es cierto? Luis no conoció bien la Guerra Civil. Se marchó a París, y volvió dos veces a su país con alguna misión concreta. El resto se reducía a algunas referencias sobre sus amigos de aquella época, sobre Lorca, por ejemplo, y, si acaso, sobre la situación que conoció al principio de la contienda. Pero jamás tuvo una participación directa en la guerra.

successive versions of the script. We'd make a draft, let a few weeks go by, to foster the need, or pressure, to return to work, then get together again… Above all, this meant sharing a moment of our lives, without friends, without women, just the two of us, together, all day long. In the evening he'd retire early, and I'd be alone to write whatever we had improvised together during the day. In the morning, after breakfast, we'd go for a walk and then work from ten until about one in the afternoon. Before lunch, there'd be a twenty-minute break. When we were working in Spain, for example, in San José de Paulau, the break was longer because there was a swimming pool. Buñuel often went for a dip, and then we'd eat between one and two. Then it was time for siesta, with quiet time until 4 p.m., when we'd start working for another three hours, until seven. Each day we were obliged to tell each other a little story we had just made up, jotted down on the margins of our pages. It was like being in training, a way to keep our imaginations constantly stimulated, always working. Then, he'd go rest, and I'd keep working for a while. We did it this way every day, holiday or no, during five or six weeks. It was obsessive work, and our idea was to incorporate what was happening in the world at that moment. We read the newspapers, told each other our dreams…Luis's films often have an editorial quality; in his last films, for example, terrorism figures prominently. In *A Sumptuous Ceremony,* terrorism is the very core of the plot.

But, how did he actually *function*? Did he have his ideas already worked out, did he mark certain lines in significant ways? It varied from case to case. *That Obscure Object of Desire* developed from a project that he'd had in mind for a long time: *La femme et le pantin [The Woman and the Puppet]*. He knew that book very well. *Belle de Jour* was offered to him. At the time, I was working on *The Thief* with Louis Malle, who told me that Buñuel might well refuse to make the film because he considered the novel on which it was based minor and simplistic. So it occurred to us to add the fantasies, which didn't figure in the book, and this gave the story a lot more strength. Buñuel added a whole oneiric part, which blurred the lines

¿Cómo componían cotidianamente un guion? Funcionábamos por etapas en una serie de versiones sucesivas, redactadas con algunas semanas de intervalo para propiciar la necesidad de trabajar, de reencontrarse…, pero sobre todo suponía compartir un momento de la vida sin amigos, sin mujeres, solos los dos, juntos durante todo el día. Por la tarde se retiraba pronto y yo me quedaba solo para escribir aquello que habíamos improvisado durante el día. Por la mañana, después del desayuno paseábamos un poco y luego trabajábamos desde las diez hasta la una aproximadamente. Antes de la comida había veinte minutos de pausa. En España, en San José de Paulau, por ejemplo, la pausa era más larga porque estaba la piscina. Se bañaba a menudo, y almorzábamos a la una o a las dos. Después venía la siesta, la reflexión hasta las cuatro, y trabajábamos otra vez tres horas, hasta las siete. Todos los días teníamos la obligación de contarnos uno al otro una historia breve que nos acabáramos de inventar, al margen del guion: era sólo para despertar nuestra imaginación, como si fuera un entrenamiento para trabajar constantemente. Después se retiraba a descansar y yo trabajaba durante un rato. Y esto, fuera día laboral o festivo, durante cinco o seis semanas. Era un trabajo obsesivo, con la intención de compartir la experiencia del mundo en ese momento. Leíamos el periódico todos los días y así se filtraban al guion episodios de lo que pasaba en el mundo. Todas las mañanas nos contábamos nuestros sueños... En las películas de Luis encontramos frecuentemente un aspecto editorial; así, en sus últimas películas el terrorismo ocupa un lugar importante y concretamente en *Une cérémonie somptueuse* es el corazón mismo del argumento.

Pero, en realidad, ¿cómo llevaba a término sus realizaciones? ¿Tenía previamente ideas muy precisas, lecturas que le habían marcado de manera significativa? Según los casos. *Ese oscuro objeto del deseo* era un proyecto que conservaba desde hacía mucho tiempo: *La femme et le pantin*. Conocía muy bien la obra. En el caso de *Belle de jour* fue una proposición que le hicieron. Por entonces, yo estaba trabajando en *Le voleur* con Louis Malle, que me advirtió de la posibilidad de que Buñuel no realizara la película porque era adaptación de una novela

between what is real and what is marginal. On another occasion, he told me that he wanted to make a film about heretics. One day we were at the Cannes Festival, and we saw a film by Godard. Buñuel usually went to see movies with subtitles, because otherwise he had trouble understanding. Buñuel was a little irritated by the film but, at the same time, he was intrigued. On the way back to the hotel, he said, "If that's what cinema has come to, then I think we can make our film about heresy." Over lunch the next day, we talked about the possibilities for breaking the traditional unities of time and place, as though the film was a journey. And so Luis got the idea of a pilgrim, first one then two, who were setting out from Paris. Over the course of six months, I did a huge amount of research and documentation. I read so much that I ended up publishing something in the magazine put out by the Dominicans, an article about ways to classify heresies according to the six mysteries. By the end I had an immense amount of material, and could just graft it onto any part of our pilgrims' journey. Little by little, things shaped up so that the six great mysteries of our holy religion formed the base of *The Milky Way*.

How did you as a screenwriter influence Buñuel's last films? Honestly, that's a difficult question to answer. When we worked together, an idea would be born…this idea would interlace with another which, if necessary, also got transformed. This reminds me of something that happened with *The Phantom of Liberty*, his freest film in terms of construction, although it was a ghostly kind of freedom…The scene with the girl who gets lost, and then found, was originally an idea that Buñuel had had since his youth, and been unable to include in any of his films. Taking off from there, we wove one story into another. He had also held onto another idea from his childhood, that of human beings behaving like insects, for example, a Black Widow spider…Using those ideas as our point of departure, we wrote a few scenes for *The Phantom of Liberty*, but never managed to fit them in. This happened with other scenes, as well. On the other hand, the theatre scene in *The Discreet Charm of the Bourgeoisie* was mine…The people arrive and later find themselves being ushered into a room

insignificante y facilona. Ahora bien, se nos ocurrió añadir ensoñaciones, inexistentes en el libro, lo cual daba gran fuerza. Buñuel incluyó una parte onírica hasta lograr que lo marginal no se distinguiera de lo real. En otra ocasión me dijo que le gustaría hacer una película sobre las herejías. Un día estábamos en el Festival de Venecia y vimos una película de Godard. Iba al cine a ver películas subtituladas; si no, no las entendía bien. Buñuel estaba un poco irritado por aquella película y al mismo tiempo interesado. De vuelta al hotel me dijo: "¿Sabe?, si eso es el cine de hoy, creo que vamos a poder hacer nuestra película sobre la herejía". Al día siguiente hablamos durante el almuerzo de la posibilidad de no respetar el espacio y el tiempo tradicionales, como si se tratara de un vagabundeo. Y a partir de ahí Luis tuvo la idea de un peregrino, primero uno y después dos, que salían de París. Durante seis meses hice un importante trabajo de documentación leyendo muchísimo, hasta tal punto que llegué a publicar algo en la revista de los dominicos, sobre la clasificación posible de las herejías según los seis misterios. Al final yo tenía un material inmenso que podía injertarse en cualquier pasaje de los dos peregrinos. Poco a poco, las cosas se ajustaron de tal forma que los seis grandes misterios de nuestra santa religión constituyen la base de *La vía láctea*.

¿Hasta qué punto fue determinante su colaboración como guionista de las últimas películas de Buñuel? Sinceramente, es una pregunta difícil de contestar. Durante nuestra colaboración nacía una idea, que luego se enlazaba con otra, que se transformaba si era necesario. Recuerdo algo al respecto, a propósito de *El fantasma de la libertad*, la película más libre en cuanto a construcción, aunque fuera una libertad fantasmal… Me refiero a la escena de la niña perdida y reencontrada, que originariamente era una idea que Buñuel tenía desde su juventud y que nunca había podido incluir en una película. Partiendo de ahí se fue encadenando una historia con otra. También conservaba desde sus años juveniles la idea de los seres humanos comportándose como insectos, por ejemplo una araña asesina… De ahí que escribiéramos algunas escenas para *El fantasma de la libertad*, pero nunca conseguimos

and seated at a long table. They think they're in a dining room but they're on the stage of a theatre. The first time I recounted this to him, he found it too fantastic. It was only when the idea of the dream came into the script that he accepted it with enthusiasm, began to elaborate, adding the business that he's playing Don Juan, etc…

These anecdotes reveal an extraordinary creative complicity between the two of you. Our work on the first film also deserves a brief commentary. After three weeks of work, Silberman came from Paris and invited me to dinner. It was extremely unusual that Buñuel didn't come with us, I remember he'd even made up some pretext, that he had something else to do… Over dessert, Silberman told me that Luis was pleased with my work, that he appreciated how serious and conscientious I was. Then Silberman added, "But, now and then, you must learn to contradict him." I realized then that Buñuel had asked Silberman to make the trip solely to give me that message. I admit that I had some trouble contradicting him, but by the end of that first script, I think I did learn. We each had the right to veto something we objected to. By the second screenplay, he had written into his contracts that he had to work with me. There were times when we disagreed and blocked each other. For example, the theatre scene: before we hit upon the dream, he rejected it, though to me it seemed very Buñuelian, perfect for the film. Everything else was a whirlwind of improvisation. For five or six hours a day, we'd be thinking out loud, and often fighting. Before doing the actual writing, I'd be taking some quick notes when something came out in our dialogue I didn't want to lose. He taught me to go to the very limit of the imagination…that is to say, to bash through any prejudgments, preconceived ideas, reserve, all of that…It's also true that in every case Silberman was with us all the way. In *That Obscure Object of Desire*, for example, he gave the same role to two actresses…

You were an eyewitness to the problems with Maria Schneider's performance in *That Obscure Object of Desire*… Honestly, there was no problem. We

insertarlas, como ocurrió con otras escenas. En cambio, en *El discreto encanto de la burguesía*, la escena del teatro era mía… Las personas llegan y después se encuentran delante de una sala. Creen estar en un comedor y están en un escenario de teatro. La primera vez que se lo conté, lo encontró demasiado fantástico. Sólo cuando la idea del sueño entró en el guion aceptó con entusiasmo y empezó a trabajar en ello, a añadir el hecho de que interpreta a Don Juan, etc…

Son anécdotas que desvelan la complicidad creativa que Buñuel estaba dispuesto a reflejar en sus películas. La colaboración en la primera película también merece un breve comentario. Después de tres semanas de trabajo, Silberman vino de París y me invitó a cenar. Era rarísimo que Buñuel no se uniera a nosotros, e incluso recuerdo que pretextó algo, que tenía otra cosa que hacer… A los postres Silberman me comentó que Luis estaba contento con mi trabajo, que le agradaba mi seriedad y, seguidamente, Silberman apostilló: "Pero hay que saber contradecirle de vez en cuando". En ese momento entendí que Buñuel había pedido a Silberman que hiciera el viaje únicamente para decirme eso. Reconozco que me resultó un poco difícil aprender a contradecirle, creo que lo conseguí hacia el final del primer guion. Teníamos un derecho de veto mutuo. A partir del segundo guion, especificó en sus contratos que exigía trabajar conmigo. A veces no estábamos de acuerdo y en ocasiones nos bloqueábamos por un desacuerdo. Por ejemplo, la escena del teatro: antes de que encontráramos lo del sueño, él la rechazaba, y a mí me parecía muy buñueliana, muy buena para la película. Por lo demás, todo era un torbellino de improvisación. Durante cinco o seis horas al día dialogábamos, nos peleábamos. Antes de escribir, yo tomaba algunas notas rápidas cuando algo me parecía bien en el diálogo para no olvidarlo. Él me enseñó a ir hasta el límite de la imaginación, es decir, a vencer todo lo que pueda uno tener de prejuicios, de ideas preconcebidas, de pudor, de todo eso… Es cierto que, en todos los casos, Silberman estaba de acuerdo. En *Ese oscuro objeto del deseo*, por ejemplo, atribuyó un mismo papel a dos actrices…

were very aware that the character of the woman almost doesn't exist from a traditional psychological point of view, that there was no coherence from one scene to the other. So it occurred to us to have two or three actresses... because this woman always had two aspects to her character. On the one hand, she was distant, cold, contemptuous; another part of her was more down to earth, open, and warm. Buñuel said to me, "We have to forget all of that, it was the caprice of a rainy day." I'll always remember that expression. The next day we finished the screenplay with just one actress, Maria Schneider. Later, we had to face the impossibility of filming with her, so Buñuel and Silberman decided to incorporate two actresses. I knew Ángela Molina a little, and introduced her to Luis, who was very impressed. He said she had the same gaze as Picasso. Then we went back to working on the script having two actresses. I honestly don't know if we found the distinction, the separation that we were initially looking for. Probably not.

Precisamente usted fue testigo de primera fila en aquel problema que planteó la interpretación de la actriz Maria Schneider en *Ese oscuro objeto del deseo*... Verdaderamente no fue un problema, sino que fuimos muy conscientes de que el personaje de la mujer es realmente inexistente desde el punto de vista de la psicología tradicional, que no tenía ninguna coherencia entre una escena y otra. Se nos ocurrió tener dos o tres actrices... porque siempre había dos aspectos en esa mujer: por un lado, un aspecto, distante, frío, despreciativo y, por otro, un aspecto popular, abierto y cálido. Buñuel me dijo: "Hay que olvidar todo eso, no era más que el capricho de un día lluvioso". Siempre me acordaré de aquella expresión. Al día siguiente terminamos el guion con una sola actriz, Maria Schneider. Después, ante la imposibilidad de rodar con ella, él y Silberman decidieron incorporar otras dos actrices. Yo conocía un poco a Ángela Molina y se la presenté a Luis, que se quedó impresionado por ella; decía que tenía la mirada de Picasso. Después volvimos a trabajar el guion en función de las dos actrices. Ahora bien, debo confesar que no sé si volvimos a encontrar la distinción, la separación que habíamos perseguido inicialmente. Probablemente no.

LA VÍA LÁCTEA / THE MILKY WAY, 1969.

Pierre Lary

DIRECTOR DIRECTOR

When Buñuel came from Mexico to film in France, you were close personally as well as professionally, isn't that so? When he worked in France a few years before, Buñuel had had Marcel Camus and Jacques Deray as his assistants. In the meanwhile, they had both become directors. So he was looking for someone else.

In those years, the first assistant's job demanded much more time and carried more responsibility than it does today. The job of casting director didn't exist then, so it was the first assistant who talked to agents, cleared the way for auditions, and suggested actors. With the help of a manager, and sometimes a second assistant and set designer, the first assistant also scouted for locations and props. It was a team effort.

Who were Buñuel's favorite actors? He liked working with the same actors from film to film. For example, there was Paul Frankeur, Georges Marchal, Michel Piccoli, Fernando Rey…There was also Julien Bertheau, who was in *Cela s'appelle l'aurore*, *The Discreet Charm of the Bourgeoisie*, and *The Milky Way*.

So there would be some actors he knew and had worked with before, and others to whom I introduced him. For example, François Maistre who plays the perverse gynecologist in *Belle de Jour*—Buñuel was delighted with him and cast him again in *The Milky Way* and *The Phantom of Liberty*.

You've spoken about locations and casting, but you also had the job of first assistant… I had the job of assistant, that's to say I was responsible for keeping everything organized. I ended up with a very specific role, as well,

Cuando Buñuel vino de México para rodar en Francia, ¿lo llegó usted a frecuentar profesionalmente y como amigo? Cuando vino tenía como asistentes a Marcel Camus y a Jacques Deray, que ya se habían convertido en directores. De ahí que buscara a alguien para realizar ese trabajo.

En aquella época el primer asistente disponía de más tiempo, pero también debía asumir más responsabilidades. La función de director de *casting* no existía y, por lo tanto, al primer asistente le correspondía discutir los papeles con los agentes y proponer tanto los actores como los decorados. Solía buscar los decorados con la ayuda de un regidor y, en algunas ocasiones, de un segundo asistente, un decorador. Era un trabajo de equipo.

¿Quiénes eran los actores preferidos del cineasta aragonés? Le gustaba trabajar con los mismos actores, a quienes apreciaba mucho. Por ejemplo, Paul Franker, Georges Marchal, Michel Piccoli, Fernando Rey… También había trabajado con Julien Bertheau en *Así es la aurora*, *El discreto encanto de la burguesía* y *La vía láctea*. A unos los conocía él, a otros se los había presentado yo. Como, por ejemplo, François Maistre, el ginecólogo perverso de *Belle de jour* y a quien volvió a contratar en *La vía láctea* y en *El fantasma de la libertad*.

Nos ha hablado de los emplazamientos, de los *castings*; usted también ejercía la función de primer asistente… Tenía el trabajo de asistente, el de organización. Efectivamente, terminé teniendo en la escena un papel un poco específico porque hacía falta enseñar a la gente unas pautas con relación a Buñuel, que tenía problemas de oído.

that of disciplining the team so as not to exacerbate the problems associated with Buñuel's hearing difficulties. He could not stand for several people to talk all at once, or to approach him at the same time. Discipline on the set meant not bothering him with questions of secondary importance. There are always people who tend to get in the director's way. Finally, the system I established on the set was that no one could go directly to don Luis; everyone first had come to me, and then I passed along whatever it was they needed to say. I acted as a kind of filter, and that alone gave me a lot of work.

The same thing happened with the actors in his last films. With *The Phantom of Liberty* and *That Obscure Object of Desire*, he started working with a video monitor to make things easier. That's when he began to rely more and more on the monitor, instead of watching the action live, and that established a certain distance between himself and the actors. We were a very close team around him, his essential collaborators, like Suzanne Laurent Berger, his magnificent script assistant.

Around four or five in the afternoon, he'd make a very complicated plan, where two or three people at a time would go to his dressing room to have some wine and cheese. One person would bring the cheese, another the wine, and there we'd sit, drinking, eating, and listening to him tell stories. It was wonderful.

What were his favorite stories? Were there anecdotes he tended to come back to? It's difficult to say. He had stories from every period of his life, it also depended on the film we were working on. During *Diary of a Chambermaid,* he was often reminded of *L'Age d'or* and his arguments with Philippe Chiappe. He'd hired me for *Tristana,* which was fantastic because it was a totally Spanish film! The cast and crew went home in the evening, and he stayed in one hotel, I in another, although sometimes we had dinner together, or went out for a stroll. In Toledo and Madrid, as well. At that time, he told me a lot of stories about his youth…

In what ways did Buñuel work differently from René Clément or Abel Gance, with whom you also worked? The fundamental difference for me is that I loved

Lo que él no soportaba era que varias personas hablasen a la vez o que se acercaran a él. En realidad, la disciplina en el plató era la de no molestarle con cosas secundarias, porque hay gente que siempre tiene tendencia a molestar al director. Así pues, la disciplina que impuse fue la de que vinieran a hablar conmigo primero y luego yo iba a hablar de ello con Buñuel, o bien le decía a la persona en cuestión que fuera directamente a preguntárselo a don Luis. Tenía el papel de filtrar y ya era bastante trabajo.

Pasaba lo mismo con los actores en las últimas películas. A partir de *El fantasma de la libertad* y de *Ese oscuro objeto del deseo* le habían puesto un monitor de vídeo para facilitarle la tarea. Fue entonces cuando se inclinó cada vez más a mirar por el monitor en vez de mirar en directo y se distanció de los actores. Éramos un equipo a su alrededor en el que había personas clave como la magnífica secretaria de rodaje Suzanne Berger.

Hacia las cuatro o cinco de la tarde, establecía un plan muy complicado e íbamos dos o tres a su camerino para beber vino y comer queso. Uno llevaba el queso, otro llevaba el vino y nos sentábamos, bebíamos, comíamos y él contaba historias. Era una delicia.

¿Cuáles eran las historias que contaba habitualmente? Me es difícil decirlo. Había de todas las épocas, dependía también de las películas. *Diario de una camarera* le recordaba la época de *La edad de oro* y de sus altercados con Philippe Chiappe. Me llamó para *Tristana*, lo que para mí fue magnífico, ya que era una película auténticamente española. Los equipos volvían a sus casas por la noche y él estaba en un hotel, yo en otro, pero a veces cenábamos juntos o íbamos a dar una vuelta. En Toledo y en Madrid también. En esa época me contó muchas historias sobre su juventud…

¿En qué sentido hacía Buñuel un trabajo diferente al de Réné Clément o al de Gance, con quienes ha trabajado usted? La diferencia fundamental era que yo quería a Buñuel como a un padre, lo que no me ocurría con los otros. La segunda diferencia fundamental es que —caso único— he hecho siete películas con él en catorce años.

Buñuel like a father, which didn't happen to me with the others. The second fundamental difference—and this is unique—is that over a period of fourteen years, I made seven films with him.

After 1970, I no longer worked as an assistant, except for him. He never ever disappointed me, as a person or in terms of his work. I never once saw him act in a mediocre way. He had sterling qualities, but he also had defects. Yet he was a man of exceptional nobility, he had nothing to be ashamed of, and he never shamed anyone else. He had a very peculiar way of directing: he'd shoot a fragment and then stop. Then he'd go back to where he'd left off, position the camera, and have the actors move in extremely precise patterns. He never gave them psychological notes, he gave them a rhythm that obliged them to move and position themselves in a very exact manner. That was it. It was marvelous, amazing, to see the actors give in to the rhythm he wanted. It was like a ballet between the actors and the camera…

He even made little adjustments, then improvised on these adjustments. Yes. He practically did the editing during the shoot. The work developed very gradually, and sometimes his first set-up wasn't very good. I never saw him satisfied with anything. Although to us these changes often seemed to have minimal effects. He always had an idea for shifting the angle, changing a detail, or for an improvisation, which suddenly brought everything together, gave him everything he'd been looking for.

It's often said that he arrived on the set with everything worked out beforehand. I'm not sure I agree. He'd write a long, detailed script with Jean-Claude, put it to one side, go back to it, and do a lot of cutting, transforming it into something that was very agile. Then when it came time for the shoot, when he really began to imagine how he was going to film, he'd realize that he needed more material. So he'd often add a lot of things.

He got up very early in his little room at the Hotel L'Aiglon, and made his plans for the day's shoot, with the various shots and angles. When he arrived at the studio,

Después de 1970 ya no hice películas como asistente, excepto con él. Nunca me decepcionó él ni lo que él hacía. A él nunca lo vi expresar o mostrar un sentimiento mediocre. Tenía cualidades, pero también tenía defectos. De todas formas, era un hombre de una nobleza excepcional, no existía en él nada de lo que pudiera avergonzarse o de lo que pudiéramos avergonzarnos. Su forma de dirigir era muy peculiar: rodaba un fragmento y se paraba. Luego reanudaba donde se había parado, colocaba la cámara, hacía evolucionar a los actores siguiendo esquemas muy precisos. Nunca les daba indicaciones psicológicas, les daba un ritmo obligándoles a desplazarse y a moverse de forma muy precisa. Era así. Era algo asombroso, porque la gente se sometía al ritmo que él deseaba. Como si fuera un ballet entre los actores y la cámara…

Hasta crear por ejemplo ajustes, improvisar en ajustes. Sí. Para Buñuel el montaje se hacía prácticamente durante el rodaje. Era algo que se elaboraba poco a poco y algunas veces su primer objetivo no era muy bueno. Nunca lo vi satisfecho de algo. Con independencia de cuál fuera nuestro parecer, él siempre tenía ideas para hacer evolucionar el plano, cambiar un detalle, improvisar algo que, hacía que, de repente, lograra su verdadera dimensión.

Suele decirse que se presentaba a rodar con el guion ya preparado. No estoy tan de acuerdo. Escribía un guion con Jean-Claude muy extenso, lo dejaba, lo retomaba y cortaba muchas cosas hasta que se convertía en algo muy ágil, y luego, en el momento del rodaje, cuando empezaba a imaginar cómo iba a hacer, se daba cuenta de que necesitaba elementos suplementarios para ocupar el espacio. Añadía a menudo muchas cosas.

Madrugaba mucho en su pequeña habitación del hotel L'Aiglon y preparaba el rodaje de la jornada con los diferentes planos que iba a hacer. Cuando llegaba al estudio nos daba sus anotaciones y yo era el encargado, cuando se trataba de grandes cambios, de llamar a Carrière; pero cuando se trataba de una o dos réplicas, tenía que verificar la ortografía y mecanografiarlas para los actores, para la secretaria de rodaje… Así ocurría casi todos los días.

he'd give us his notes and when there were big changes, it was my responsibility to call Carrière. If there were only one or two lines that had changes or spelling errors, or mechanical things for the actors, or for the script assistant, I took care of it… This happened almost every day.

How many days did it take to complete a film shoot? The films I made with him took eight or nine weeks. In his French phase, we'd shoot for forty to forty-five days.

There was a time, starting in 1963, when Buñuel found certain stability, with more work to his liking and relative economic security. That happened with *Diary of a Chambermaid* and *Belle de Jour*. While we were making *The Milky Way* things weren't so great, because Silberman had separated from his partner, Zafra, and ended up broke. It was a very difficult period for him, he was trying to start over without much money, and so the budget was tight. Afterwards, we didn't have so many problems with money. That didn't change the fact that he needed to shoot little film and required relatively little time for shooting.

On average, how many times would you shoot a relatively straightforward scene? He'd usually do between three and seven takes. We'd do two drafts of a scene per day, but with a limited number of shots. I already explained that the takes were pretty long, and so was the time dedicated to rehearsal and setting up the lights. In the late films, when he was using a monitor, he was very attuned to problems of framing, but not from an aesthetic point of view. He would have nothing to do with anything aesthetic, picturesque, or anecdotal. He didn't want technique to call attention to itself, even though he knew the technical side extremely well.

He had technical mastery. He knew all about technique, especially his own. I don't know of anyone who could have composed shots like his, with internal montages, with one shot focused within another and another and so on, each shot leading directly to the next.

¿Cuántos días se prolongaba un rodaje? Las películas que hice con él eran de ocho o nueve semanas. En su etapa francesa rodábamos de cuarenta a cuarenta y cinco días.

Fue una época, a partir de 1963, en la que Buñuel encontró cierta tranquilidad, en la que se encontraba más a gusto con su trabajo, con relativo desahogo económico. Ése fue el caso de *Diario de una camarera* y de *Belle de jour*. Durante *La vía láctea* no estuvimos tan a gusto porque Silberman se había separado de su socio Zafra y había salido de ello desplumado. Era para él una época difícil y volvía a empezar, no tenía mucho dinero y el presupuesto era escaso. Después no tuvimos tantos problemas de dinero. Esto no impedía que él necesitara pocas películas y relativamente poco tiempo para rodar.

Y ¿cuál era la duración media de una escena sin excesivas complicaciones? Solía rodarla entre tres y siete veces. Hacíamos dos minutos al día pero con un número de planos bastante restringidos. Ya dije que eran planos bastante largos,en los que dedicábamos mucho tiempo a preparar el plano, la iluminación y el ensayo. En las últimas películas, cuando disponía del monitor, estaba muy atento a los problemas de encuadre, pero no desde un punto de vista estético. Rechazaba todo componente estético, lo pintoresco, lo anecdótico. Rechazaba la técnica en lo que ésta tiene de excepcional, aun conociéndola.

La dominaba muy bien. Dominaba la técnica y sobre todo su técnica porque no sé quién ha podido realizar planos como los suyos, con montajes internos, con los enfoques de plano en el interior del ese mismo plano hasta llegar al siguiente, encadenando directamente.

Usted conoció el trato de Buñuel con sus actrices predilectas, por ejemplo, con Jeanne Moreau y Catherine Deneuve. Estaba fascinado con los andares de Jeanne Moreau… Cuando levanta su falda y avanza por la habitación del viejo Rabour… es uno de los grandes momentos de Buñuel. En cuanto a Catherine Deneuve, si

You knew firsthand Buñuel's affinities for his favorite actresses, for example, Jeanne Moreau and Catherine Deneuve. He was fascinated by Jeanne Moreau's way of walking…When she lifts her skirt to enter old Rabour's room…it's one of Buñuel's great moments. In terms of Catherine Deneuve, during *Belle de Jour* she was quite disagreeable with everyone; in *Tristana* she was very committed and involved. While she was working on *Tristana*, she was living with Truffaut, who had a lot of influence on her. During *Belle de Jour*, she was living with a British photographer whom she held in obvious contempt. In *Tristana*, she was absolutely magnificent.

You continued as first assistant on *Tristana* during the filming abroad. What do you think of the statement that Buñuel saw in Fernando Rey his own double? *Tristana* was a film he made to exorcize the fear he had of living like that, of getting old and weak. The key scene in *Tristana*, for him, in terms of his relationships to the characters, was when the protagonist has hot chocolate with the priest… Buñuel was sixty-nine at the time, he saw himself getting old, and went back, with great nostalgia, to visit the places he'd known in his youth. It stirred up a lot for him, created a kind of grief, a fear of the future, of death or, even more than death, of getting old. It was painful for him to make this film.

He was very respectful of technicians's rights and working hours…I've heard that once there was a strike and that he said to Silberman, "Excuse me, but if the technicians are on strike, I support them. I don't work." Yes, that's a very interesting story. It happened at the Billancourt studios, where we were finishing *Tristana*. At the time, there was a very strong union protest. Their chief demand was a five-day workweek. The producers were more or less agreeable, except for a core of hardliners. Silberman, in fact, had a pretty tough position, and he refused to back down. When we arrived at the studio on Saturday, we were greeted by a union demonstration. At the time, I was a union member and organized a symbolic (and unsuccessful) one-hour strike during our shooting

en *Belle de jour* no fue de trato agradable para nadie, en *Tristana*, estuvo completamente entregada. Cuando trabajó en esta película vivía con Truffaut, que ejercía una gran influencia sobre ella, mientras que en *Belle de jour* vivía con un fotógrafo inglés que no le importaba nada. En *Tristana*, estaba absolutamente magnífica.

Usted, que fue su primer asistente en *Tristana* aun rodándola en el extranjero, ¿qué piensa de la afirmación según la cual veía Buñuel en Fernando Rey a su doble? *Tristana* era una película para exorcizar, era el miedo que sentía de vivir así, de envejecer y de ablandarse. La escena clave de *Tristana*, para él, en sus relaciones con los personajes, era aquella en la que el protagonista toma el chocolate con el cura… Buñuel tenía sesenta y nueve años por aquel entonces, se veía envejecer y volvía con nostalgia a los lugares preferidos de juventud. Esto le emocionaba mucho, creaba una especie de dolor, de miedo al futuro, a la muerte, y al envejecimiento más que a la muerte. Fue una película un poco dolorosa para él.

Respetaba mucho los horarios y los derechos de los técnicos… Se cuenta que hubo una huelga y que dijo a Silberman: "Perdone, pero si los técnicos hacen huelga, los apoyo. No trabajo". Es una historia muy interesante. La película que he mencionado la terminamos en los estudios de *Billancourt*. En aquel momento, había una reivindicación sindical muy fuerte. Consistía en exigir cinco días de trabajo a la semana. Los productores cedían más o menos, pero había un núcleo duro. Era Silberman quien tenía entonces una posición bastante fuerte; se negaba a aceptar esta reivindicación. Trabajábamos el sábado y hubo una manifestación sindical delante de los estudios para protestar. En esa época, yo estaba sindicado y organicé una huelga simbólica de una hora durante el rodaje, que fue un fracaso. Dos meses después empezábamos la preparación de *El discreto encanto de la burguesía*. Cuando llegó Buñuel le conté esta historia. Fue a ver a Silberman y le dijo que estaba enterado de la reivindicación y que si se trabajaba en sábado, él no hacía la película. El convenio de cinco días por semana se firmó gracias a Buñuel. Él no hacía nunca horas extras.

time. Two months later, we began preparing for *The Discreet Charm of the Bourgeoisie*. When Buñuel arrived, I told him this story. He went to see Silberman and told him that he'd been informed of the technicians's demand and that, if the studio insisted on working Saturdays, then he would refuse to make the film. The convention of a five-day work-week is owing to Buñuel. And he never worked extra hours.

For the filming of *Belle de Jour*, we'd gone to a ski resort, in the mountains outside of Nice. He sensed that the crew wanted to go skiing, and stopped the shoot in mid-afternoon, so we get out on the slopes before dark.

For me it was a great honor to be so close to Buñuel, who was such an extraordinary professional and human being.

En *Belle de jour* habíamos ido a rodar a una estación de invierno, más allá de Niza. Como se había dado cuenta de que teníamos ganas de esquiar, detuvo el rodaje a media tarde con la idea de complacernos para que fuéramos a esquiar un poco antes de que se hiciera de noche.

En fin, me honra haber sido íntimo amigo de Buñuel, de una persona con cualidades profesionales y humanas como las suyas.

LA VÍA LÁCTEA / THE MILKY WAY, 1969.

Hélène Plemiannikov
MONTADORA EDITOR

You edited Buñuel's last three films. What would you say were the most outstanding artistic and human qualities of this Spanish filmmaker? It was Serge Silberman who asked if I would work on *The Discreet Charm of the Bourgeoisie*. I had a good deal of contact with Buñuel, we often had lunch together. He was a person who liked for his life to be calm, tranquil. I had a little refrigerator in the editing room, and he would bring glasses and the fixings for his dry martini. He would arrive before lunch and we'd have an apéritif. His daily life was an integral part of his work, and complemented his technique. He would explain how exactly to make his favorite drink: the gin, the drop of vermouth…He enjoyed unwinding in his trailer or dressing room with the three or four of his favorite technicians; we'd all relax, he would talk very little about work. I also went to visit him at his house in Mexico. And I saw him again in Los Angeles, when he received the Oscar for his body of work.

There are a few anecdotes about his life that I think reveal a great deal about him as a human being. I remember he always told me, "When I read the newspapers, I'm amazed at the number of ideas they attribute to me. It's possible that I made a particular film for such-and-such a reason…but I didn't know it until today!" In Paris, he always stayed at the Hotel L'Aiglon. Our meetings always took place at an appointed hour, we'd have dinner at an exact time, with precise restaurant reservations made in advance. Afterward, he'd go back to his hotel and go calmly to bed. He led a very organized life.

Buñuel was very interested in the editing process. He has said that he edited *Land without Bread* on the kitchen table and that the film was ready in

Usted trabajó como montadora en las tres últimas películas de Luis Buñuel. ¿Qué aspectos artísticos y humanos destacaría del cineasta español? Cuando hizo *El discreto encanto de la burguesía*, Serge Silberman me preguntó si quería montar esa película. Tuvimos bastantes contactos, a menudo almorzaba con él. Era alguien a quien le gustaba mucho la tranquilidad. En la sala de montaje yo tenía una neverita, y él traía su *dry martini* y sus vasos. Venía antes de la comida y tomábamos el aperitivo. Este modo de vida humano forma parte del trabajo y es complementario de la técnica. Me explicaba cómo había que preparar su bebida preferida: la ginebra, la gota de *martini*… Se sentía muy feliz reuniéndose en su caravana o en su camerino con los tres o cuatro técnicos, a los que tenía mucho cariño; allí se relajaba y en esos momentos hablaba poco de su trabajo. También fui a verlo a su casa de México. Y lo volví a ver cuando recibió el *Oscar* por su obra, en Los Ángeles.

Creo que algunas anécdotas de su vida revelan la dimensión humana de su personalidad. Recuerdo que siempre me decía: "Cuando leo los periódicos, me asombra la cantidad de ideas que me atribuyen. Puede ser que hiciera esa película por esos motivos…, pero ¡hasta ahora no lo sabía!". En París, se alojaba en el hotel *L'Aiglon*. Fijábamos las citas a una hora precisa, cenábamos a una hora determinada, el restaurante estaba reservado de tal a tal hora y después volvía al hotel a acostarse tranquilamente. Llevaba una vida muy organizada.

Buñuel se interesaba mucho por el montaje. Cuenta que hizo el montaje de *Las Hurdes* en una mesa de cocina y que la película estuvo lista en

three days. I learned more from him than from any other director. He knew what he wanted, and filmed accordingly. I learned a lot, because when someone knows what he is looking for, he puts all of the emotions he wants into the image so that it's all there on the surface. That makes the editing easy. I learned that editing is not necessarily the juxtaposition of different shots, that it can also happen within the shots themselves. The scenes with meals required more complicated work: for example, in *The Discreet Charm of the Bourgeoisie*, there is one scene that is composed of many shots, but he'd thought everything out so completely beforehand, that it all fell into place very smoothly. Very few people manage to edit a film without somehow stitching, or pasting, the scenes together.

Could you explain that to us? Editing without stitching or pasting? It's like a continuous take, it all happens within the shot. So there's no dead time, no moment of boredom. The camera is kept running from the beginning of the scene through the end, and doesn't stop. It's very unusual to get good continual takes, a scene that lasts two minutes will often require twenty different shots, which then need to be edited, spliced, assembled…From those continual takes, I learned about rhythm, camera angles and movement, all of which helped enormously in the editing.

So these continual takes are actually done on the set. Yes, although they were thought out beforehand, everything comes together during the actual shooting. He did a tremendous amount of rehearsing with the actors, and always made adjustments in the scene, only afterward did he start filming. In *The Phantom of Liberty*, however, for that scene with the toilets, there were a number of shots…Buñuel directed his actors perfectly, a quality that an editor really appreciates. I also worked on the general rhythm of the film, how it moved from beginning to end. Sometimes, he'd ask himself, "Should we cut? Make some changes?" For example, in *The Phantom of Liberty*, the character is dreaming and, suddenly, an ostrich walks by, something he'd improvised, jotted down in the margin of his script. When he was filming *That Obscure Object of Desire*,

tres días. Fue el director con el que más aprendí. Sabía lo que quería y rodaba en consecuencia. Aprendí mucho porque cuando alguien sabe lo que quiere plasma todos los sentimientos que desea en la imagen y consigue que afloren a la superficie. Entonces el montaje resulta fácil. Aprendí lo que es el montaje, que no es necesariamente yuxtaponer planos, sino que también puede estar dentro de ellos. En las escenas de comidas el trabajo era más complejo; por ejemplo, en *El discreto encanto de la burguesía* hay una compuesta por muchos planos, pero hasta tal punto había rodado según su concepto y había pensado la escena que todo fue saliendo con suma facilidad. Pocas personas logran realizar un montaje sin pegar las escenas, por decirlo de algún modo.

¿Puede usted explicárnoslo? ¿El montaje sin pegar? Es un plano-secuencia, el interior del plano. Se consigue sin que haya tiempo muerto, sin aburrimiento. De una sola vez la cámara filma la escena de principio a fin. Es muy raro tener planos-secuencia muy buenos, a menudo en una escena de dos minutos encontramos veinte planos que hay que montar, empalmar, buscar… A partir de estos planos aprendí los ritmos, las concepciones de los ángulos, de movimientos para el montaje.

Los planos-secuencia se hacían en el plató. Sí, aunque estaba pensado de antemano, era en el rodaje donde todo encajaba. Él ensayaba muchísimo las escenas, las ajustaba y después filmaba el plano. En cambio, para la cena con los inodoros en *El fantasma de la libertad*, había muchísimos planos… Pero además Buñuel dirigía perfectamente a los actores, cualidad que el montador apreciaba mucho. Yo también me ocupaba de los problemas del ritmo general de la película, de principio a fin. De vez en cuando, él se preguntaba: "¿Acortamos, cambiamos?". Por ejemplo, en *El fantasma de la libertad*, el personaje está soñando y de repente pasa un avestruz, cuya aparición él había improvisado, al margen del guion. Cuando en *Ese oscuro objeto del deseo* ya se había empezado a rodar, se detuvo todo para incorporar al guion dos personas, dos actrices que, en realidad, son sólo una: el bien y el mal, bueno, es algo más complejo…

he stopped everything, literally stopped the shoot, in order to have two actresses play one character: the good and the bad, well, it was a little more complicated than that…

Did your work entail doing several tasks at once? Absolutely. For example, I did a lot of work on the sound dubbing, on post-synchronization, because Buñuel didn't like doing those jobs himself. On his last film, he couldn't force himself to stay through the entire sound edit, he simply couldn't stand it, his hearing was bad, he was having a lot of problems. He'd say, "Hélène, you take care of it, you know what I want." It was also my job to be there for post-synchronization and the sound mix. This taught me a lot about how to direct actors for dubbing, about what could be elicited from them.

Did he describe in great detail the characters the actors would be playing? How did he actually work with his editor? No, his explanations to the actors were simple, quite brief. I think he knew exactly how to tell them what he wanted, and they did their best to be faithful to their characters. I don't think that one should ever begin an edit without first having really spoken with the director, and without knowing in advance what he wants. It's a question of respect. He talks about his script, his film, and the editor gets a better understanding of what she should do. If you want to understand a director, it's essential to see his or her other films. Buñuel always knew what to say, and how to say it. And toward the end he used a monitor, which gave him more control over the framing. His continual takes were quite long, and this, in conjunction with the monitor, enabled him to adjust the material without having to be on his feet the whole time.

What about his hearing problems… He had a hearing aid, but he still didn't hear the same as everyone else. One day, he said, "Hélène, you're not giving me what I asked for," referring to the sound of some bells that had a very particular acoustic quality. I said that I thought I was giving him what he had requested. So I listened through his earphones in order to know what exactly he was hearing

¿El montaje suponía realizar varias actividades al mismo tiempo? Es cierto. Por ejemplo, yo me ocupé mucho del doblaje, de la postsincronización, porque a Buñuel esto no le gustaba. En la última película, él no podía estar en el doblaje todo el tiempo, no lo soportaba, oía mal, tenía muchos problemas. Solía decirme: "Hélène, usted me conoce, ya sabe lo que quiero". También era mi papel intervenir en la postsincronización o en los doblajes. Allí aprendí mucho sobre la dirección de actores de doblaje, lo que se puede sacar de ellos.

¿Explicaba prolijamente los personajes que debían encarnar los actores? ¿Cuál era su relación profesional con el montador? Explicaba los personajes a los actores brevemente. Creo que sabía decirles inmediatamente lo que quería, y éstos se esforzaban mucho por ser fieles a sus personajes. Creo que nunca debe iniciarse un montaje sin antes hablar suficientemente con el director y sin conocer lo que ha hecho con anterioridad. Es una cuestión de respeto. Él presenta su guion, su película, y uno acaba entendiendo un poco mejor lo que debe hacer. Viendo otras películas suyas puede comprenderse el carácter de un director. Buñuel sabía emplear el tono adecuado. Y al final tenía un testigo: el control y, con él, el encuadre. Como hacía planos-secuencia bastante largos, podía ajustarlos mediante este material sin permanecer de pie demasiado tiempo.

Y sus problemas de sordera… Tenía un aparato, pero no oía lo mismo que otra persona cualquiera. Un día, en una película, me dijo: "Hélène, no me da usted lo que le pido", refiriéndose al sonido de unas campanas de una determinada calidad acústica. Le contesté que creía haberle dado lo que quería. Entonces escuché a través de sus audífonos lo que él oía y, efectivamente, no era lo que me había pedido. Comprendí que debía explicarle la diferencia entre su percepción y la mía. Según los casos el sonido era más agudo o más grave. Al final, tenía lo que quería, pero no lo oía. En el montaje nunca lo vi perder los nervios.

¿Cuánto duraba aproximadamente el montaje de una película? En las tres últimas películas tuve que trabajar

and, effectively, it wasn't what he had asked me for. I understood then that I had to explain the difference between his perception and my own. Sometimes what he heard was sharper, or pitched lower. By the end, he had what he wanted, but he couldn't hear it. But never once during the editing did I ever see him get irritable or lose his composure.

How long did it usually take to edit a film? For the last three films, I had to spend four or five months on each one. I spent little time with the director. I'd have to work on the visual in several stages, in periods of two or three weeks, and then consult with him on the most appropriate sound and music. For *That Obscure Object of Desire*, we dubbed everything. We spent an extremely intense three weeks in the sound studio to get that done. The two women were dubbed with the same voice; Fernando Rey was also dubbed in. Then came all the preparations for the sound mix, that is to say, the music and sound effects. *The Phantom of Liberty* contains an enormous number of sounds. It takes colossal effort to create a particular atmosphere.

Were there many changes between the script and the final result? No, very few. He did very detailed shooting scripts. In scripts today, you find a story that's only barely sketched out, and a few numbers to guide the cameras, but you rarely get a real shooting script. Before, there'd be a synopsis of the plot or the story, then they would write the script, and finally there'd be a shooting script, which spelled out the shots and angles and laid out all the scenes: "This line is the first shot of such-and-such character, see these three people answer, they all appear in one shot." Everything was there. Buñuel's shooting scripts had an astounding and impeccable precision. Maybe two or three directors are still making shooting scripts today, but it's been years since I've seen one. Still, a shooting script is very useful, especially for structure. I know that Buñuel made very few changes. Sometimes, he'd eliminate or adjust a shot at the last moment…I consider it very important to have a shooting script. Was it the New Wave that

cuatro o cinco meses en cada una. Trabajaba muy poco tiempo con él. Para la imagen había que dedicar varias etapas, por períodos de dos o tres semanas, y después se discutía sobre el sonido, sobre la música más apropiada. Para *Ese oscuro objeto del deseo* se dobló todo. Fue un trabajo muy intenso durante tres semanas en el estudio de sonido para hacer los doblajes. A las dos mujeres se las dobló con la misma voz; a Fernando Rey también se le dobló. Después venía la preparación del mezclado, es decir, la música, los efectos, los ruidos. *El fantasma de la libertad* contiene una enorme variedad de sonidos. Es toda una labor de creación de una atmósfera especial.

¿Había muchos cambios entre el guion y el resultado final? No, muy pocos. Hacía guiones muy bien desglosados. Ahora se hacen unos guiones donde se cuentan historias, se dan vagamente unos números, pero ya no se desglosa. Antes, primero había una sinopsis, se contaba una historia, después se escribía el guion y al final se hacía el desglose. Es decir, se desglosaba el guion en planos y se preveían todas las escenas: "Esta réplica será el primer plano de tal persona", "la respuesta la darán estos tres personajes, en plano de tres", todo figuraba. Buñuel hacía un desglose con una precisión asombrosa e impecable. Ahora ya no hay desglose. Bueno, es posible que todavía haya dos o tres directores que lo hagan, pero yo hace años que no lo veo. Sin embargo, es una estructura que se sigue muy bien, resulta muy útil, y sé que Buñuel hacía muy pocos cambios. A veces se suprimía o se cambiaba un plano al final… Considero que el desglose es muy importante. ¿Fue la *Nouvelle Vague* la que decidió que había que ser más libre y no tener una trama? No sé. En ese sentido, Buñuel me enseñó mucho.

Buñuel tenía grandes conocimientos técnicos, ¿no es así? No le interesaba mucho la técnica, pues para ello ya estaban los técnicos, pero él sabía pertinentemente, exactamente y técnicamente lo que quería.

Al terminar el trabajo, ¿veían su resultado juntos? ¿Discutía usted sus reacciones? Siempre. Cuando

decided that the work had to be more free, not constricted by pre-conceived plans? I don't know. That's why I learned so much from Buñuel.

Buñuel had great technical expertise, isn't that so? He wasn't very interested in the technical things. That's why he had the technicians, after all. But he knew clearly, precisely, and technically what he wanted.

When the edit was done, did you watch the result together? Always. As the first screening of the first edit comes to an end, the anguish is total, because what you have slowly constructed out of little pieces is suddenly being seen by the director, the editor, and sometimes the producer, in a continuous form. In general, the first edit leaves one feeling very disappointed. Whenever I go to the screening of the first edit, I have knots in my stomach, like an actor with a terrible fit of stage fright. With Buñuel, we'd see the first screening and talk about the result and what changes were needed. We'd sit in the screening room, going through the reels repeatedly, watching the passages that seemed to work, or else I'd take notes and we'd have another screening after making corrections. The second screening is a little less agonizing, but it's still quite difficult. That's when we'd talk about sound, music, effects, and also we'd invite one or two people to get their reactions.

You invited just anyone? No. Someone who had worked on the film. Because "just anyone" wouldn't understand a film that wasn't finished, that still had all sort of technical issues to be solved. There are jumps in the sound, the image is deteriorated, scratched, the effects aren't in yet… So it isn't very nice to look at, the dubbing is incomplete, some of the lines don't work. It's only a draft, which, in its way is perfect, but it needs to be completed.

Buñuel often compared *L'Age d'or* with *The Phantom of Liberty*. The construction of *The Phantom of Liberty* is very interesting, because it's something totally unexpected and, at the same time, everything falls into place. It is so well executed that the whole sequence opens out into

se termina la primera proyección del primer montaje, la angustia es total, porque de repente lo que uno ha construido a trocitos pueden verlo finalmente de forma continua el director y el montador, a veces el productor. Pero, en general, en la primera proyección queda uno muy decepcionado. Siempre que asisto a la proyección del primer montaje se me encoge el estómago, como a los actores que se sienten angustiados cuando salen a escena. Con Buñuel íbamos a ver el primer montaje y discutíamos el resultado y las modificaciones necesarias. En la sala de montaje retomábamos bobina tras bobina para volver a ver los pasajes que resultaban adecuadas, o bien yo tomaba notas y repetíamos la proyección después de efectuar las rectificaciones. La segunda proyección es un poco menos angustiosa, pero aun así es bastante difícil. En ese momento hablábamos de los sonidos, de la música, de los trucajes, y después invitábamos a una o dos personas para conocer su reacción.

Estas personas, ¿eran gente cualquiera?. No, era más bien alguien que había trabajado en la película. Porque un fulano cualquiera no entiende una película sin terminar, resulta muy ingrato técnicamente. Hay saltos de sonido, la imagen está deteriorada, rayada, los trucajes sin acabar… Así que es una visión un poco ingrata, los doblajes no han terminado, algunos textos son malos. Sólo es un borrador, aunque ciertamente casi perfecto, pero hay que completarlo.

Buñuel comparaba a menudo *La edad de oro* con *El fantasma de la libertad*. La construcción de *El fantasma de la libertad* es muy interesante porque es algo totalmente inesperado y al mismo tiempo todo cae por su propio peso. Está tan bien conducido que el encadenamiento desemboca en un relato nuevo con nuevos personajes, pero el hilo conductor se mantiene a pesar de todo: es una construcción muy hermosa.

Desde el punto de vista del montaje, ¿fue un poco distinto para usted? El desglose era bastante preciso, como siempre. Después se cambiaron muy pocas cosas. Para *El fantasma de la libertad* hubo más trabajo de mon-

a new story with new characters, yet the conducting wire is the same throughout. The structure is gorgeous.

So, from an editing point of view, it was different for you? The shooting script was quite precise, as always. Very few things were changed later. For *The Phantom of Liberty*, it took more work to edit within the sequences. For example, it took a long time to find the right equilibrium in the scene at the inn with the monks. With everyone crossing paths, entering, exiting, coming together again, it took us a while to get the right balance. *The Phantom of Liberty* required a little more editing work. It is, perhaps, a slightly more elaborate film, from a pure editing point of view.

For *That Obscure Object of Desire*, did he shoot the same scene with both of the actresses playing the role? No, I don't think so, there was only one actress per scene. In the editing, I could never choose which actress to use, because it had already been decided.

My professional contact with Buñuel taught me a great deal, especially about dubbing, and brought me close to a person for whom I will always have deep affection.

taje dentro de las secuencias. En la posada con los frailes, por ejemplo, tardamos mucho en encontrar el equilibrio correcto. Todo el mundo se entrecruzaba, entraba, salía, se reencontraba, tardamos bastante en obtener el equilibrio. *El fantasma de la libertad* exigió un poco más de trabajo de montaje. Es una película tal vez un poco más elaborada desde el punto de vista del montaje puro.

Para *Ese oscuro objeto del deseo*, ¿se rodó la misma escena con las dos actrices que intervienen en la película? No, creo que no, sólo una por escena. En el montaje nunca se pudo elegir porque ya estaba decidido.

En todo caso, los contactos profesionales que mantuve con Buñuel me aportaron una experiencia, sobre todo en lo que se refiere al doblaje, y la ocasión de tratar a una persona verdaderamente entrañable.

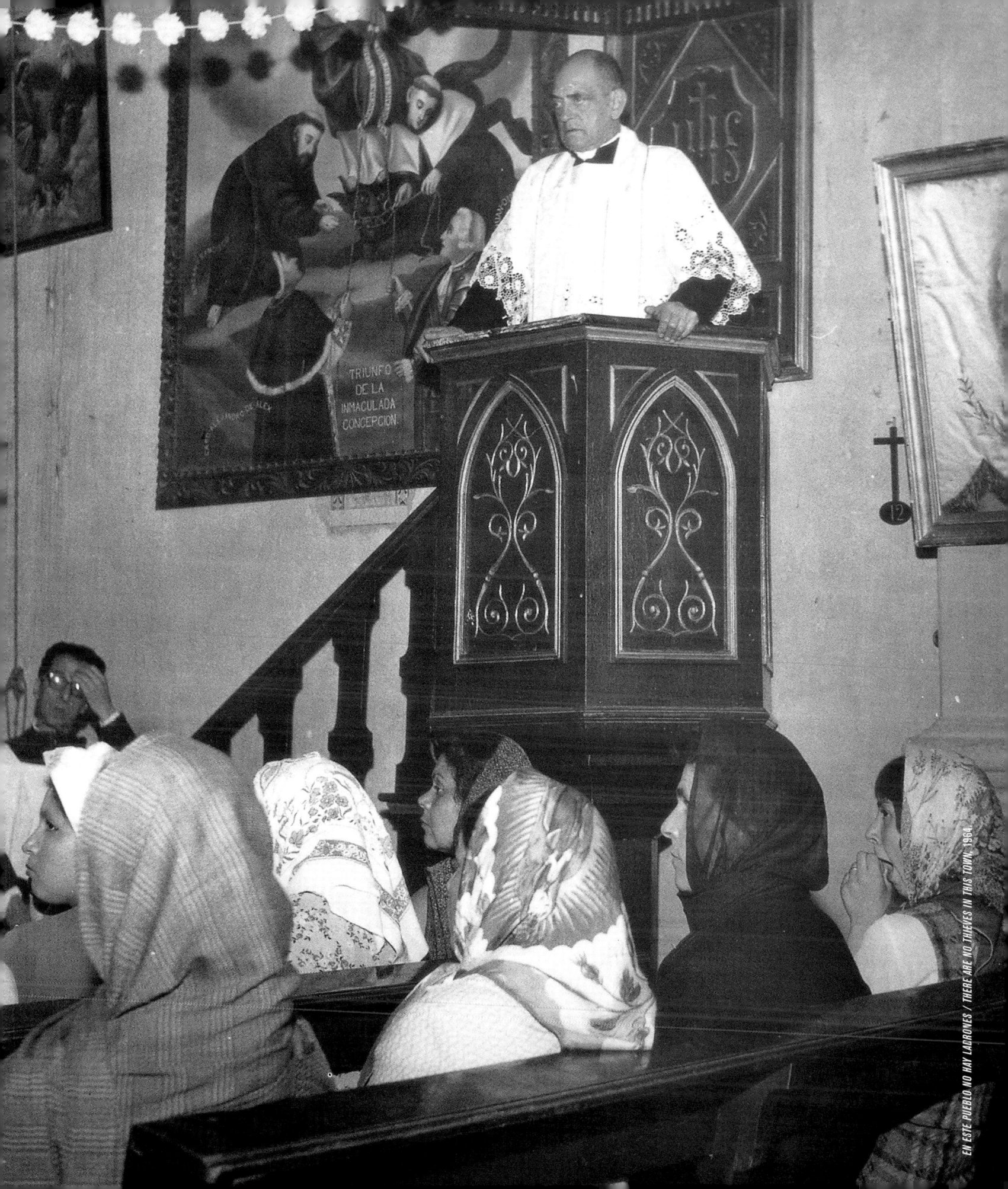

TRIUNFO
DE LA
INMACULADA
CONCEPCION

LLANTO POR UN BANDIDO / TIME FOR A BANDIT, CARLOS SAURA, 1963.

Carlos Saura
DIRECTOR DIRECTOR

What is your opinion of Luis Buñuel? When did you get to know his body of work? I have always felt great admiration for Luis Buñuel. In Madrid, at the *Escuela de Cine* around 1953, or 1954, practically no one was interested in him. He was considered a minor director, a little crazy, ludicrous. In truth, people didn't pay him much attention. Ernesto Giménez Caballero owned a copy of *Un Chien Andalou*, and screened it at the *Escuela*, as a weird example of the experimental cinema being promoted in France. We also saw *Land without Bread*, which I found to be a marvelous film, a great surprise, an enormous revelation. But most of the others, I think, had only a superficial familiarity with Buñuel. An exception was José Francisco Aranda: he was truly a specialist on the work of Buñuel when, I have to repeat, the filmmaker was a great unknown. What's more, Aranda had established a friendship with the director's family…

Did the *Escuela* also show *L'Age d'or*? What place did the Aragonese director occupy in the post-war period? The *Escuela* didn't have that film; at any rate, it wasn't taught. Aranda in a sense discovered Buñuel, but then no one else followed up. Carlos Fernández Cuenca, for example, treats him disrespectfully in his *Historia del cine*. One cannot say the same about Villegas López. The fact is that Buñuel was more a topic for anecdote, and most of the stories tried to be amusing rather than true. When he came to Spain, he was barely respected. I remember a screening at the *Escuela de Cine* of *El (This Strange Passion)*, one of his films I most enjoy. Most of the people there didn't like it, however. At the time, the focus was on contemporary realism, Italian neo-realism, the return to realism

¿**Qué opinión le merece Luis Buñuel? ¿Cuándo comenzó a familiarizarse con su cinematografía?** Siempre he sentido una gran admiración hacia Luis Buñuel. En la madrileña Escuela de Cine, allá por el año 1953, ó 1954, a casi nadie parecía interesarle. Estaba considerado como un director menor, un tanto enloquecido, un poco disparatado. En verdad, no se le hacía mucho caso. Ernesto Giménez Caballero tenía *Un perro andaluz* y la proyectaba en la Escuela como algo insólito dentro de un cine experimental que se propuso en Francia. Veíamos también *Las Hurdes,* que me pareció una película maravillosa, fue una gran sorpresa verla, un descubrimiento enorme. Pero creo que no para todos los demás, o acaso el conocimiento de Buñuel sólo se limitaba a algo bastante superficial. Otra cosa diferente es el caso de José Francisco Aranda: él era el verdadero especialista de la obra de Buñuel, cuando éste, repito, era un gran desconocido. Además, Aranda había entablado lazos de amistad con la familia del cineasta…

¿**Se veía también *La edad de oro* en la Escuela? ¿Qué lugar ocupó la filmografía del aragonés en la postguerra?** Esa película no estaba en la Escuela, o al menos no la enseñaban. Si Aranda fue quien de algún modo descubrió a Buñuel, otros no lo secundaron. Carlos Fernández Cuenca, por ejemplo, lo trata despectivamente en *Historia del cine*, aunque no puede decirse lo mismo de Villegas López. Lo cierto es que, al evocar a Buñuel, solía acudirse a un tópico anedoctario, con más ribetes de gracia que de voracidad. Cuando vino a Espana ni siquiera era una persona respetada. Recuerdo que en la Escuela de Cine se hizo una proyección de *Él*, que es una de las películas que

after the famous Conversations in Salamanca between Bardem and Berlanga. The effort was directed at making an extremely objective portrait of our contemporary Spain. And, obviously, Luis's Spain broke the mold, it was much more imaginative and creative.

When did you first meet him? In 1960, when the Cannes Festival was presenting Buñuel's *The Young One* and *Los golfos*, my first film, which I'm sure helped me make other films abroad. I'd been trying to locate him, and finally managed to engage him in conversation. We had an absolutely delightful meeting, and enough time to talk about all sorts of things. I insisted that he come to Spain because I was convinced that his presence was important for the development of our cinema. I believed that young filmmakers needed to know him. To me his films were fundamental, a trampoline between the Spanish literary tradition and Modernity. I thought he was a necessary bridge for all young Spanish artists.

He told me he wanted badly to come to Spain, but found the decision hard to make, because he was starting to be attacked by some other exiles in Mexico. He was even accused of being a traitor: in some circles, they were saying that he was a turncoat, an opportunist, that "as a [Spanish] Republican, he was a joke."

The surprise is that he returned to Spain that very year. One day he telephoned from Madrid and said that he'd like to see me. I suggested we go to Cuenca, where my brother lived. And he accepted, enthusiastically. We drove in Portabella's car, took a very long and lovely route, passing through Guadalajara. Luis asked if we could stop, and he just stood for a while looking out at the fields in Alcarria. There were tears in his eyes, he was clearly finding it hard to contain his emotion. In Cuenca, we got together with Berlanga, who was there because his brother had an inn where Luis would be staying. We took a photograph there—it must still exist somewhere—in which Berlanga and I look like young kids. From that time on, we were always in touch. We wrote to one another, went for meals when he came to Madrid, talked for hours and hours. And we almost always went to Toledo. It's a common desire

más me agradan, pero no gustó a la mayoría. Por entonces había una corriente de realismo inmediato, de neorrealismo italiano, de volver a la realidad a través de las conversaciones de Salamanca de Bardem y Berlanga. Es decir, un intento de retratar con objetividad extrema la España existente. Y, claro está, la España de Luis se salía un poco de los moldes, era mucho más imaginativa y creativa.

¿Cuándo lo conoció personalmente? En 1960, cuando en el Festival de Cannes se presentaba *La joven* y yo participaba con *Los golfos*, mi primera película, que sin duda me sirvió para empezar a realizar otras fuera de España. Traté de localizarlo y conseguí hablar con él. Fue un encuentro agradabilísimo en el que tuvimos tiempo para conversar sobre muchas cosas. Insistí en que viniera a España porque estaba convencido de que su presencia era necesaria para el cine español, para que lo conocieran los jóvenes. Me parecía que su cine era fundamental, un trampolín entre toda la tradición española literaria y la Modernidad. Pensaba que era un puente necesario para todos los jóvenes creadores españoles.

Me dijo que tenía muchas ganas de venir a España, aunque andaba un tanto preocupado ante la posible decisión, pues en México comenzaban a extenderse ciertos reproches, incluso que era un traidor; se empezaba a decir que era un renegado, un oportunista, que parecía mentira siendo un republicano.

La sorpresa fue que ese mismo año vino a España. Un día me llamó por teléfono desde Madrid y me dijo que quería verme. Le propuse ir a Cuenca, donde estaba mi hermano. Y aceptó voluntarioso. Recuerdo que fuimos en el coche de Portabella y que hicimos un viaje muy largo y muy bonito, pasando por Guadalajara. Luis pidió que nos detuviésemos y se quedó contemplando el campo de la Alcarria. Le lloraban los ojos, le costaba contener la emoción. En Cuenca nos encontramos a Berlanga, que estaba allí porque su hermano tenía una posada, donde durmió Luis. Por ahí debe de existir aún una fotografía en la que Berlanga y yo somos unos jovencitos. A partir de entonces estuvimos en contacto. Mantuvimos una fraternal correspondencia, comíamos cuando volvía a Madrid, charlába-

among exiles who come back, to want to recuperate not just a place, but a time in their lives. He told me things about Toledo, his childhood, the pranks they played on the military. And the whole time he was telling these stories, he was laughing, even guffawing.

Tell us about Toledo...and the Order of the Knights of Toledo [Buñuel's raucously parodic imitation of the fraternal organizations common in High Society] I don't know why he tried to re-create that Order. We'd go eat at a very famous restaurant near Toledo. He often recalled his childhood, and always with a great deal of feeling. He'd talk about his times with Federico García Lorca, for example. Lorca was a person who marked him deeply. Very different from what he felt at the time for Salvador Dalí—whose name he never mentioned and by whom he felt bruised and betrayed. I remember that at one of these meals, Ricardo Muñoz Suay said, jokingly, "What do you know, Luis, you used to eat here with that faggot friend of yours." Buñuel went pale and replied, "I won't allow you to talk that way about Lorca." And that's where the conversation ended.

Had you seen *Los olvidados* by the time you met Buñuel? It's curious. When I'd made *Los golfos*, many critics at Cannes were talking about *Los olvidados*, which I hadn't seen. I knew *El (This Strange Passion)*, *Subida al cielo* [Mexican Bus Ride], and a few others, which I'd managed to see in Perpignan. And, of course, *Land without Bread*, *Un Chien Andalou*... But not *Los olvidados*. I must confess that it left me cold, maybe because I already knew some of his work and expected too much. Recognition for Luis came late in Spain, I have to emphasize. Although few people actually saw it, *Viridiana* created a certain revulsion toward him. I got to see it because Buñuel had a private screening for his friends in a well-known theatre in downtown Madrid, and I was among those he had invited.

Were you present at the filming of *Viridiana*? Yes, for several days. But that isn't what I most remember about Luis. He did the preparation for all of Spain, an enormous

mos durante horas. Y casi siempre nos acercábamos a Toledo. Ese sentimiento es común entre los exiliados que vuelven, porque en el fondo tratan de recuperar un momento de su vida. Me contaba cosas de Toledo, de su infancia, de las barbaridades que hacían con los militares. Y todo lo comentaba con risas y carcajadas.

Toledo..., la Orden de los Caballeros de Toledo... No sé por qué intentaba crear de nuevo esa Orden. Íbamos a comer cerca de Toledo, a un restaurante muy famoso. A menudo recordaba emocionado los tiempos de juventud. Evocaba días junto a Federico García Lorca, por ejemplo. La verdad es que Lorca era un personaje que le había calado profundamente. Muy distinto era lo que sentía entonces por Salvador Dalí, cuyo nombre eludía porque estaba muy dolido con él, como se sabe. Recuerdo que en una de esas comidas, Ricardo Muñoz Suay bromeó diciéndole: "Mira, Luis, aquí has estado tú con el maricón ese de tu amigo". Buñuel se puso pálido y le contestó: "No te consiento que hables así de Lorca". Y ahí se acabó la conversación.

¿Había visto *Los olvidados* cuando conoció a Buñuel? Es curioso. Cuando hice *Los golfos*, muchos críticos hablaban en Cannes de *Los olvidados*, que yo todavía no había visto. Conocía *Él*, *Subida al cielo* y alguna película más, que pude ver en Perpiñán. Y, por supuesto, *Las Hurdes*, *Un perro andaluz*... Pero no *Los olvidados*. Debo confesar que no me causó ningún impacto, quizás porque sabía y esperaba demasiado de ella después de haber visto tantas cosas de Luis. No creo que sea una de sus mejores películas. El reconocimiento de Luis en España, insisto, ha sido muy tardío. De alguna manera *Viridiana*, aunque la vio poca gente, sirvió de revulsivo para ello. En mi caso, la vi porque Buñuel hizo una proyección privada en un cine conocido del centro de Madrid, para sus amigos, entre los que estuve invitado.

¿Asistió a los rodajes de *Viridiana*? Sí, estuve varios días. Pero no es lo que más recuerdo de Luis. Hizo la preparación por toda España, tuvo un trabajo enorme. Solía

amount of work. He'd take trips in his car, with his Leica, because he loved taking pictures, something hardly anyone knows. I saw that he was very worried; I think he felt he had taken on a tremendous responsibility. On the one hand, he wanted to make a film that would be appreciated, both in his country, and by exiles, or, if you like, internationally. In spite of all these concerns, during the filming, he was animated, decisive. I went three or four times to the shoot for *Viridiana*. I was on the set more during the preparation of camera shots than during the filming itself, and I could see that he was very anxious. But I also remember the editor telling me that Buñuel was incredibly fast, that a week or ten days after getting the proofs, he'd have the whole film edited, which struck me as extremely difficult. But he was a great technician. He really knew cinematic technique, he'd learned a great deal from traditional American movies, especially in terms of composition: the close-ups, cross-shots, traveling shots…In the script for *Viridiana*, for example, he noted the specifications of all the camera movements, all the positions, and these instructions were respected during the shoot.

It's been said that when he stayed at the Torre de Madrid, he often liked to go walking around the Casa de Campo, very early in the morning, in order to think about the work he had in preparation. All directors are immersed in their work. I'm certain that Luis spent the day thinking about his films. He slept very few hours, got up at five in the morning, even though he'd been up drinking till late the night before. Or no, he didn't do that during film shoots. He was always lucid and obsessed with the work, he was also very organized. I remember in Paris, we'd cut our evenings short because the next day he was working. Some might think that he was an anarchist, just one more Surrealist. But he had behaviors that were absolutely normal, far from iconoclastic. He could dine splendidly in a luxurious restaurant, or accept, without the slightest protest or grumble, the most humble fare at a place like *La Barraca* on Infantas street in Madrid. In a word, he was a person who was perfectly integrated in society. His imagination followed a different track, in that sense, he

marcharse en coche y con su *Leika*, porque le gustaba mucho la fotografía, cosa que la gente no sabe. Yo lo veía muy preocupado; creo que la responsabilidad que tenía era tremenda: por un lado, tenía que hacer en su país una película con la que deseaba quedar bien, pero también con los exiliados o, si se prefiere, internacionalmente. Durante el rodaje se fue animando, pese a sus indecisiones. Estuve tres o cuatro veces en el rodaje de *Viridiana*; más en la preparación que propiamente en los rodajes, constatando su gran preocupación. Recuerdo, por otra parte, que el montador me decía que Buñuel era rapidísimo, que tan pronto como la prueba estaba terminada, una semana o diez días después tenía la película montada, lo cual me parece algo dificilísimo. Era muy buen técnico. Conocía muy bien la técnica cinematográfica, había aprendido mucho del cine tradicional americano, de la forma de construir: los planos, los contraplanos, los *travellings*… En el guion de *Viridiana*, por ejemplo, estaban especificados todos los movimientos de la cámara, todas las posiciones, y se respetaron en el rodaje.

Parece que como vivía en la *Torre de Madrid* le gustaba mucho darse un paseo por la Casa de Campo, muy pronto por la mañana, y reflexionar sobre el trabajo que estaba realizando. Todos los directores están inmersos en su trabajo. Estoy seguro de que Luis se pasaba el día reflexionando sobre su película. Dormía pocas horas, se levantaba a las cinco de la mañana, pese a que bebía hasta avanzada la noche. Ahora bien, no creo que lo hiciera durante los rodajes. Estaba siempre lúcido y obsesionado por su trabajo, era también muy ordenado. Más aún, alguna vez en París debíamos acortar nuestra velada porque al día siguiente trabajaba. Alguien podrá pensar que era un anarquista, un surrealista más, pero tenía actitudes verdaderamente normales, en absoluto era iconoclasta, capaz de llevar pajarita en un lujoso restaurante o de aceptar sin reparos ni protestas las deficiencias culinarias de otro más humilde, como *La Barraca*, de la calle Infantas, en Madrid. En fin, era una persona perfectamente integrada en la sociedad. Su imaginación iba por otro lado, es decir, en este sentido fue un rebelde, un anarquista fantástico y un creativo. Y me interesa más ese personaje, un personaje

was a rebel, a fantastic anarchist, a creative artist. And that is what I find most interesting, a person with a kind of double life. Because that's the way a Surrealist really should be.

Two years after *Viridiana,* Luis Buñuel worked as an actor in the film *Time for a Bandit.* That must have been around 1963, I suggested he take a role in my film and he cheerfully accepted, while warning me that he would probably be terrible. In fact, he totally fulfilled his contract. He was always very affectionate with me. Without any intention of offending anyone, I think that in a certain sense he considered me his son, his cinema son, if you will. Our relationship was very close; intellectually, he was more intimate with me than with his own children.

When you began to make films, what did you learn from Buñuel, and what did you reject? When I made *The Hunt*, I showed it to Luis in a private screening. He confessed that he liked it, even said he wished that he'd made the film himself. He knew the script perfectly, because I'd lent it to him a few days before. He was really very surprised and asked me how I'd been able to make a film based on a script where the dialogue was so vulgar and the story uninteresting.

When I won a prize in Berlin, Buñuel organized a celebration at Lhardy. He paid for everything. He rounded up his friends and I remember he invited Sara Montiel, maybe because he'd met her in Mexico. My fourth film, *Peppermint Frappe*, is a blatant homage to Luis, hence the Calanda drums. As soon as I finished the script, I dedicated it to him. But the truth is, he wasn't very interested. Later, when *Cousin Angélica* was being shown at Cannes, I ran into Luis, who had arrived with Arturo Ripstein to represent Mexican cinema. Again he told me how moved he was by my work. But I'm not sure if he actually saw any more of my films.

From the beginning, I knew it was ridiculous to consider myself one of his disciples, to try to follow in his footsteps. But I acknowledge that he opened my eyes. The films being made in Spain in the 1960s held no interest for me, "not even" the films of Berlanga or Bardem. I mean,

con una especie de doble vida. Porque realmente un surrealista tendría que ser así.

Luis Buñuel trabajó como actor en la película *Llanto por un bandido*, dos años después de *Viridiana.* Eso ocurrió tal vez hacia 1963. Le propuse un papel de mi película y aceptó de buen grado, no sin advertirme de su presumible pésima actuación. Desde luego, cumplió escrupulosamente con su compromiso. Siempre fue muy afectuoso conmigo. Sin ánimo de molestar a nadie, creo que de alguna manera me consideraba su hijo, en el sentido cinematográfico de la palabra. Mantenía conmigo una relación estrecha, intelectualmente más estrecha que la que tuvo con sus propios hijos.

Cuando empieza de manera sistemática a hacer cine, ¿qué le aporta Buñuel y qué rechaza de él? Cuando hice *La caza* se la presenté a Luis en una proyección privada. Me confesó que le había gustado, incluso que le hubiera gustado haber hecho esa película, cuyo guion conocía perfectamente pues se lo había prestado días antes. Realmente se había sorprendido mucho y me preguntó cómo era capaz de hacer una película con un guion en el que los diálogos son vulgares y apenas si hay algo interesante.

Cuando gané un premio en Berlín, Buñuel organizó un festejo en Lhardy. Lo pagó todo él. Reunió a sus amigos y recuerdo que invitó a Sara Montiel, quizás porque la había conocido en México. Mi cuarta película, *Pippermint frappé*, es un descarado homenaje a Luis, de ahí los tambores de Calanda. Escribí el guion y se la dediqué. Ciertamente no le interesó demasiado. Más adelante, recuerdo que llevamos a Cannes *La prima Angélica*. Coincidió que Luis había llegado allí en compañía de Ripstein, como delegado del cine mexicano. De nuevo me confesó sentirse emocionado por mi trabajo. El resto de mis películas no sé si las habrá visto.

Desde el principio yo sabía que era ridículo considerarme discípulo de Luis y, consiguientemente, tratar de seguir sus pasos. Sin embargo, reconozco que me abrió los ojos en el sentido de que el cine que se hacía en España en los años sesenta a mí no me interesaba, "ni

they truly didn't interest me. Luis's work was a revelation: to see that in Spain, there could be a different kind of cinema, much more imaginative, much more in touch with the culture that Luis knew so well. He knew all of Spanish culture: Quevedo, Calderón, Gracián, all had a fundamental influence on his films. He took images and phrases from Gracián's *El criticón*, and translated them to the screen. He assimilated all of our classical culture and transported it to the contemporary world, the world of modernity and surrealism. Of all the forms of Surrealism, he was most nourished by the French.

Among his debts, or influences, shouldn't we also include Ramón Gómez de la Serna? *Simon of the Desert*, for example, is shot through with the cinematic equivalent of *greguerías* [pithy, paradoxical phrases and images commenting on contemporary reality, a literary device invented by Gómez de la Serna around 1912]. We definitely see the influence of Gómez de la Serna in Buñuel's work. But I think that Gracián's presence is even stronger. In Gracián there are images we could almost consider surrealistic. For example, characters playing ball and suddenly the ball turns into a head; the blind people in *The Milky Way* following another blind person who leads them to the precipice. *El criticón* is full of this kind of imagery. I've spoken many times with Luis about this. He knew the Spanish classics extremely well, and also knew a great deal about religion.

What about his sense of humor? Doesn't this filmmaker from Aragon have a very different way of seeing the world? Luis's sense of humor is at times difficult to get a handle on. Let me inject that something similar tends to happen with my work. Certain films of mine—the ones I consider to be especially full of humor—haven't proved amusing for most viewers in Spain and France. It's different in England, where they better appreciate my humor. There are some things in Luis's films that only an "absolute Spaniard," or a Spaniard from a particular generation can fully grasp. They're little things, like small jokes among friends, insignificant, but at the same time part of a

siquiera" el cine de Berlanga o el de Bardem. Quiero decir que no me interesaba tanto. Para mí el cine de Luis fue ese descubrimiento: ver que en España se podía hacer un cine diferente, mucho más imaginativo, mucho más relacionado con toda la cultura que seguramente Luis conocía muy bien. Toda la cultura española, de Quevedo, de Calderón, de Gracián, que tanta influencia ejerce en su cine fundamental. A sus películas llegan frases de *El criticón*, imágenes que traslada Luis a la pantalla. Esa cultura clásica perfectamente asimilada la transportaba al mundo contemporáneo, al mundo moderno y al Surrealismo. Un surrealismo que se había alimentado evidentemente del surrealismo francés.

Tal vez convenga extender la deuda, o ese influjo, a Ramón Gómez de la Serna. En *Simón del desierto*, por ejemplo, nos tropezamos a menudo con greguerías, con una especie de greguerías cinematográficas. Indudablemente la influencia de Gómez de la Serna es perceptible en los trabajos de Buñuel. Pero creo que la huella de Gracián es más palmaria. En Gracián hay imágenes que podríamos llamar o identificar como surrealistas. Por ejemplo, de personas que están jugando al frontón y la pelota se transforma en una cabeza; los ciegos de *La vía láctea* siguen a otro ciego que los conduce al precipicio. *El criticón* está repleto de este tipo de imágenes. Hablé muchas veces con Luis de esto. Él conocía muy bien a los clásicos españoles y, por otra parte, sabía muchísimo de religión.

¿Y el humor? Si hay una forma diferente de ver el mundo, en el aragonés tenemos un buen ejemplo a través del humor... El humor de Luis a veces se comprende con dificultad. Incluso me permitiría decir que algo similar ocurre con mi producción. Algunas películas mías, que según mi parecer tienen un gran contenido de humor, en España y en Francia sólo suscitan en poca gente lo que me propuse. No ocurre así en Inglaterra, donde parece que se comprende mejor ese humor. Hay cosas en el cine de Luis que si no se es español "absoluto", español de una generación concreta, es muy difícil percibirlas en

secret code. Behind the history of Surrealism we're attempting to trace here, lies a very particular kind of humor. One never knows if there's a moral, that is to say, an intention to moralize, or if, on the contrary, the intention is to subvert the established order.

There is another question that has remained enigmatic: politics. Did Buñuel talk about politics? That enigma has kept itself totally intact. We talked often about politics, but almost always avoided the delicate question of his responsibilities at the Spanish Embassy in Paris during the Civil War. I was very careful in this regard, but I would say that Luis told me certain things that greatly differed from what others have recounted. Was he a kind of spy? Was he merely fleeing the war? Luis himself told me that he carried out investigative missions for the Embassy, and also that the Russians were unbearable; it was impossible to work with them.

And what about his membership in the Communist Party? He belonged to the Communist Party, there's no doubt about it. I remember talking with him about this at the beginning of our friendship, although he never wanted to give confirmation. But later, when he was much older, he acknowledged being in the Party for a time. I don't know if he stopped being a Communist after the war. He had problems with André Breton and the Surrealists precisely because of his being so politicized. Breton believed that Surrealists could not engage in direct political activity. We talked a great deal about his problems with Breton, whom he admired and of whom he was very fond.

Where would you situate Buñuel in the history of world cinema? During the period in which he worked—and I'm talking only about Europe, not America—I believe there were three extraordinary filmmakers who, each in his own particular way, profoundly influenced cinematic history: Buñuel, Bergman, and Fellini. The three maintained close relations, and admired each other intensely. Luis had great respect for the other two, perhaps most of all for Bergman. I know that in Madrid, one of the few times he went out to

todos sus detalles. Son las pequeñas cosas, las pequeñas bromas entre amigos, a veces insignificantes, pero que tienen una especie de código secreto. Por debajo de esa historia del surrealismo que se cuenta, hay un sentido del humor muy especial. Que nunca sabes hasta qué punto es una moral, es decir, una intención de moralizar o si, por el contrario, se está subvirtiendo el orden.

Otro asunto un tanto enigmático que merece un comentario es la política. ¿Hablaba Buñuel de política? Esto es un enigma que se ha mantenido como tal. Hablábamos muchas veces de política, pero casi siempre evitando en nuestra conversación el terreno delicado de sus responsabilidades en la Embajada de España en París durante la Guerra Civil. Desde luego, con todas las precauciones por mi parte, diría que hubo cosas que me contaba Luis en nada coincidentes con lo que me han dicho otras personas. ¿Realizó una labor de espionaje o realmente sólo quería huir de la guerra? Por boca de Luis sé que trabajaba en misiones informativas en la Embajada y que los rusos eran insoportables, que no había manera de tratar con ellos.

¿Y respecto de su militancia en el Partido Comunista? Perteneció al Partido Comunista, sin duda alguna. Recuerdo haber hablado de ello con Luis al principio, aunque nunca quiso confirmarlo. Pero en algún momento, cuando ya era mayor, reconoció que en una época había pertenecido al Partido Comunista. Si después de la guerra dejó de serlo, eso ya no lo sé. Tuvo problemas con André Breton y el grupo surrealista precisamente por eso, por su politización. En un principio Breton pensaba que un surrealista no podía estar implicado en una política concreta. De su problema con Breton, al que admiraba y quería muchísimo, hemos hablado muchas veces.

¿Dónde conviene situar a Buñuel en la historia del cine mundial? En su época, me parecía que en Europa había —y hablo sólo de Europa, no de América— tres cineastas extraordinarios que, además, han marcado la historia del cine: Buñuel, Bergman y Fellini, cada uno en su estilo. Los tres mantenían estrechas relaciones y se admira-

the movies, he saw *Persona*. He was overwhelmed to the point of exclaiming, "That Bergman! What a phenomenon! What nerve! He does a close-up on the girl's face, and the camera doesn't move for ten minutes!"

Luis knew everything about cinematography. It's my personal opinion, but I think that his work follows two very different paths. One is narrative, where he's trying to be a narrator telling a story, like, for example, John Ford or Kurosawa. In this category, I'd put *Diary of a Chambermaid* and a few of the Mexican films. It is the "other" Luis I personally find much more brilliant: the one who wrote his own scripts, in collaboration with others. Those scripts have less dramatic structure, but are much more inventive, extravagant, even crazy. *Viridiana*, for example. To put it another way, I prefer the Buñuel who gets from here to there by taking detours and circling around…*The Exterminating Angel* comes immediately to mind. And so do *The Phantom of Liberty* and *The Milky Way.*

In the background of Buñuel's imaginings, there is the palpable presence of Francisco de Goya, who was also, as we know, from Aragon. Buñuel takes up, extends, and consolidates a tradition. In this line established by Goya, there are other "sons"—for example, Miguel Servet and Ramón y Cajal, two other creators from Aragon.

I think we can talk about a Spanish imagination, which rests always on a realist foundation. In northern Europe, imagination is understood to mean fantasy. That is the tradition of those great fantastic tales and stories. Spanish reality, or Spanish imagination, veers in a different direction, toward things that are very concrete, or that have to do with daily life—even though quotidian reality sometimes gets radically transformed. Goya is a case in point, and Luis understood this perfectly.

Luis was the greatest interpreter of the imagination, of the profound complexity of what it means to be human. That, I think, is his great invention. It's something I have tried to explore. What I'm trying to say is that reality is much more complex than is generally said or believed. Reality consists of our dreams, hallucinations, desires, memories, and in the images we create of our lives; indeed, reality is

ban mutuamente. Luis los respetaba muchísimo, quizás más a Bergman. Sé que en Madrid, en una de las escasas ocasiones en que salió al cine, vio la película *Persona*, que le deslumbró sobremanera hasta el punto de comentar: "¡Qué bárbaro, Bergman! Diez minutos con la cara de una chica y la cámara quieta".

Luis sabía mucho de cine. Aunque sea una opinión muy personal, creo que en él hay dos caminos muy diferentes. Uno narrativo, el de un narrador de un texto, por ejemplo a lo John Ford o Kurosawa. A esta modalidad pertenecen *Diario de una camarera* y alguna película mexicana. El otro es el Luis que personalmente me parece mucho más genial: el de sus propios guiones, escritos con la colaboración de otros, es decir, el de esos guiones inventados que tienen mucha menos unidad como estructura dramática y que a lo mejor son mucho más disparatados. *Viridiana* por ejemplo. Dicho de otro modo, el Buñuel que va de aquí para allá, que da vueltas y vuelve… *El ángel exterminador* por supuesto. Y también *El fantasma de la libertad* o *La vía láctea.*

Detrás del Buñuel de las imaginaciones está Francisco de Goya, también aragonés. Buñuel recoge, prosigue y consolida una tradición. Cierto es, en esa línea cabe inscribir a Goya, en cierto sentido el padre de no pocos creadores. Aragonés como Miguel Servet y Ramón y Cajal.

Creo que puede hablarse de una imaginación a la española, con una base realista siempre. En el norte de Europa la imaginación es la fantasía. Son los grandes cuentos fantásticos. La realidad española, o la imaginación española, va por otro lado. Son cosas muy concretas que tienen que ver con la vida cotidiana, aun saliéndose de ella. Goya es un ejemplo fantástico y esto Luis lo sabía perfectamente.

Luis aparece como un representante máximo de la imaginación, de la complicada personalidad del ser humano. Me parece que éste es su gran invento, algo sobre lo que yo también he trabajado. Es decir, cómo la realidad es mucho más compleja de lo que se dice o se piensa de una manera elemental. Porque ahí están los sueños, las alucinaciones, nuestros deseos, la memoria, las

everything that we believe to be possible. It all comes together in Luis's films, and that makes him a pioneer. He wasn't interested in sleight of hand, like the German Expressionists, or in the cinema of investigation, like certain French experimentalists. He was always searching for what it means to be human: profound emotion, religion, sex, the struggle against constraint…

Which Spanish filmmakers do you think have been influenced by the legacy of Buñuel? To be honest, I would have to say that I don't think any of us feel we've been influenced by Buñuel. Not in the sense of carrying on his kind of filmmaking. That said, there is no doubt but that he opened doors. But there has been no one, there is no one, who has followed in his footsteps. In this regard, some have cited Pedro Almodóvar, but I find no link whatsoever between him and Buñuel. The same can be said about a number of other directors. I think it would be impossible to extend Buñuel's cinematic line. It ended with him. Luis Buñuel was simply Luis Buñuel.

imágenes de nuestra vida, todo lo que se piensa que puede ser. Todo esto está mezclado en el cine de Luis, lo cual lo convierte en el pionero. Nunca se dedicó a hacer ejercicios malabares como el cine más expresionista alemán o el cine de investigación de ciertas películas francesas experimentales muy interesantes; él buscó siempre al hombre: los sentimientos profundos, la religión, el sexo, la denuncia de los poderes…

¿Qué cineastas españoles considera que han recibido la influyente herencia del aragonés? Si soy sincero debo decir que ninguno de nosotros se siente influido por Buñuel, en el sentido de poder prolongar su cine. Ahora bien, no hay duda de que abrió puertas. Pero no ha habido, no hay, nadie que lo siga. Se habla de Pedro Almodóvar, pero no encuentro ni un solo aspecto que tenga que ver con Buñuel. Y lo mismo puede decirse de otros tantos. Creo que sería imposible prolongar el cine de Buñuel. Con él se terminó Buñuel. Luis Buñuel era simplemente Luis Buñuel.

CARLOS SAURA: *LUIS BUÑUEL*. TOLEDO, 1962.

José Ángel Ezcurra

DIRECTOR DE LA REVISTA *TRIUNFO* EDITOR, *TRIUNFO* MAGAZINE

When Buñuel received the Golden Palm at Cannes for *Viridiana*, you were well aware that the prize was likely to cause problems. I was covering the Festival for *Triunfo*, the magazine I myself edited. When word got round that Buñuel might win the prize, people started speculating about political consequences. Standing in the foyer of the Hotel Martínez, which traditionally hosts the Spanish delegation, I crossed paths with José Muñoz Fontán, Spain's Under-Secretary of Cinema, whom I knew only slightly. He invited me to dinner and, during the meal, I asked if he had come to the Festival to receive the prize. I remember he said it was his obligation, that he fulfilled it "with great pleasure because it's a Spanish film, I feel very Spanish, and the Festival is honoring Spanish cinema." I said nothing more. It was clear that the man knew next to nothing about film. We must have talked about a lot of things over the course of this dinner because, suddenly, looking at his watch, he said, "If you'll excuse me, I must go, I have a meeting, they're going to explain the procedures for receiving prizes." I congratulated him and, when he asked my opinion, I told him I thought it was excellent, that Buñuel was one of the great names in twentieth-century Spanish culture.

Did this functionary's behavior have any consequences? I was on the same return flight with the UNINCI group that had produced the film; one of them was carrying the Golden Palm in its little case. Logically enough, our magazine had reserved a series of pages for coverage of the event. When I arrived, I was told there were "difficulties." That same day, the afternoon papers were saying that the prize-winning Spanish film was going to be taken out of cir-

Cuando Buñuel obtuvo con *Viridiana* la *Palma de Oro* en el Festival de Cannes, usted conoció de cerca los problemas que suscitó ese premio. Fui al Festival como enviado de la revista *Triunfo*, que yo mismo dirigía. Por entonces se hablaba del premio para Buñuel, se empezó a especular con la posibilidad de que tuviese consecuencias políticas. Estando en el vestíbulo del hotel *Martínez*, tradicional sede de la delegación española, me encontré con el Director General de Cine y Teatro, José Muñoz Fontán, con quien yo tenía una ligerísima relación personal. Me propuso cenar con él y, ya en la cena, quise preguntarle si había venido a Cannes a recoger el premio. Recuerdo que me contestó que ésa era su obligación, que lo hacía "con mucho gusto porque es una película española, yo me siento muy español y en este festival se está premiando al cine español". No le dije nada más. Cierto es que el hombre no estaba especialmente versado en la materia cinematográfica. No sé, debimos de hablar de muchas cosas en esa cena, pero en seguida, mirando el reloj, dijo: "Si usted me permite, me tengo que ir porque para los premios del jurado hay que recibir no sé qué instrucciones en cuanto al orden de recogida". Le di la enhorabuena y, ante su pregunta sobre mi opinión al respecto, le contesté que me parecía muy bien la concesión, pues Buñuel era uno de los grandes nombres de la cultura española de este siglo xx.

¿Qué consecuencias tuvo la actuación de aquel Director General? En el avión de regreso coincidí con el grupo de la productora UNINCI; alguien llevaba la *Palma de Oro* en un estuche. En el número de nuestra revista se había reservado lógicamente una serie de páginas para

culation. I turned in the photos I had taken of the Under-Secretary of Cinema receiving the Golden Palm and the official certificate. It was published over a caption that read: "Longest ovation reserved for the Grand Prize awarded to Spain." It didn't mention *Viridiana* or the Golden Palm, but it was obvious that the photo—which took up half a page—was documenting the event in question. In the text of my article, I had no choice but to announce the Golden Palm for *Viridiana*, honored *ex aequo* with a French film. I made scant mention of official participation in the ceremonies, and signed the piece with my initials. I wanted to get around the prohibition against mentioning a Spanish film that was no longer considered as such, that had been stripped of its country of origin. So I resorted to paraphrase, very precise euphemisms, the well-established circumlocutions of the time: "The awarding of the Palms, decided 48 hours earlier, had to be revised after the screening of the Spanish film…" I was referring, of course, to *Viridiana*.

Today, looking back over the years, how do you judge the governmental prohibition of *Viridiana*? The first thing I wish to say is that I felt real professional satisfaction at skirting censorship with the photo and article I published in that issue of *Triunfo*. There were enough allusions to arouse the complicity of an alert reader. The prohibition itself inflicted on Spanish cinema one of the epoch's greatest contradictions: for the first time since the Civil War, Buñuel comes home to make a film, and *Viridiana* wins Spain its first prize ever at Cannes. Whereupon Spanish officialdom completely loses its head, royally disdains the prize, strips the film of its nationality, furiously fires the official in question for "daring" to receive the award amid thunderous standing ovations, and then forbids the publication of a single line about the event, which is headlined on the front pages of the most important newspapers in the world. I went directly from the airport in Barajas to our offices on Hermosilla street. I couldn't change the cover (it had already been printed), but I did get there in time to insert the photo and quickly draft the article I mentioned earlier which, without naming the film, reported *Viridiana*'s great success.

informar del acontecimiento. Cuando llegué allí me dijeron que había dificultades. Los periódicos de la tarde de ese mismo día referían que la película española premiada se iba a retirar de la circulación. Entregué la fotografía en que aparece el Director General de Cine recibiendo la *Palma de Oro* y el diploma que acreditaba el premio. Se publicó con un pie que coincidía con un titular: "La más larga ovación para el gran premio otorgado a España". No se hablaba ni de *Viridiana* ni de la Palma de Oro, pero era obvio que la foto, además de ocupar media página, reflejaba fielmente el acontecimiento. En mi crónica no tenía más remedio que anunciar la Palma de Oro para *Viridiana*, galardonada *ex aequo* con una película francesa, y me referí al parte oficial —de urgencia, diría yo—, que firmé con mis iniciales. Quise eludir de una forma positiva la prohibición de hablar del premio a una película española que ya no era considerada como tal, que era apátrida. Entonces utilicé los eufemismos precisos, el circunloquio de la época, la perífrasis: "El palmarés que estaba ya ultimado 48 horas antes de su proclamación y que sufrió una notable revisión después de la proyección del film español…". Se trataba, por supuesto, de *Viridiana*.

Hoy, desde la distancia que señala el tiempo transcurrido, ¿cuál es su sentimiento sobre la prohibición gubernativa que sufrió *Viridiana*? Antes de nada debo decir que profesionalmente quedé satisfecho cuando conseguí sortear la censura publicando en *Triunfo* la fotografía referida y una crónica que contenía suficientes alusiones para alertar la complicidad del lector avisado. Se había producido una de las máximas contradicciones que la época brindó al cine español: Buñuel rueda de nuevo en nuestro país tras la guerra civil y su obra *Viridiana* logra por vez primera para el cine español uno de los galardones del Festival de Cannes. La España oficial de entonces vuelve la cabeza y olímpicamente desprecia el galardón, reniega de la nacionalidad que había otorgado a la película, cesa fulminantemente al Director General de Cinematografía porque se había atrevido a recibir el premio entre las ovaciones clamorosas de un público puesto en pie, y esa misma España oficial prohíbe que los periódicos publiquen una sola línea

Had you known Buñuel a long time? I met him in Mexico when, in the early sixties, I was part of a delegation that arrived to organize a week of Spanish cinema. Among the participants were Penella, Gadé, Valenzuela, Luz Márquez, Berlanga, Rey, Rabal, Dibildos, Zulueta, Tusell. It took place in the Churubusco studios, where he was directing *The Young One* for an American film company. Afterward, at his house, I got to enjoy his expansive personality. I remember an incredible evening during which, in a sharp Aragonese accent, he regaled us with stories of his childhood in Calanda, expounded his ideas on film and literature, on politics and war…he even made me a part of his jokes and sarcasms, for example, the dark future he predicted for Western civilization, which was losing its sense of smell—especially for stables and cow-sheds. Luis Buñuel was a lovable person, with enormous talent and infinite generosity. He leaves an indelible memory.

del acontecimiento que fue titular de primera página de los rotativos más importantes del mundo. Fui directamente desde Barajas a los talleres de la calle Hermosilla. No conseguí modificar la portada, ya estaba tirada, pero llegué a tiempo de introducir la fotografía y escribir apresuradamente allí mismo la crónica a la que antes aludí y que señalaba, sin nombrarlo, el gran éxito de *Viridiana*.

¿Desde cuándo conocía a Buñuel? Lo conocí en México, cuando formé parte de la delegación a principios de los sesenta, con motivo de una semana de cine español. Estábamos, entre otros, Penella, Gadé, Valenzuela, Luz Márquez, Berlanga, Rey, Rabal, Dibildos, Zulueta, Tusell. Fue en los estudios Churubusco, donde él dirigía *La joven* para una empresa norteamericana. Después, en su casa, pude disfrutar de su desbordante personalidad. Recuerdo una velada inolvidable en la que expuso con recio acento aragonés desde sus días en Calanda a sus ideas sobre el cine y la literatura, sobre la política y la guerra..., hasta me hizo partícipe de sus ocurrencias y sarcasmos como por ejemplo el oscuro porvenir que pronosticaba para la civilización occidental, con la pérdida del sentido del olfato: el de establos y vaquerías. Luis Buñuel era un ser entrañable, de enorme talento y de una inacabable generosidad, de imborrable recuerdo.

Iván Trujillo

DIRECTOR GENERAL DE ACTIVIDADES CINEMATOGRÁFICAS DE LA UNAM DIRECTOR GENERAL, UNAM FILM ARCHIVES

Buñuel shot two endings for _Los olvidados_. How did you discover the second ending? It was totally by chance. Mexico was about to receive an important exhibition on Luis Buñuel, which had previously been shown at the Museo Reina Sofía, in Madrid, and in Bonn. We had in mind to arrange a separate, complementary gallery devoted to _Los olvidados_. Part of the idea was to enlarge the original stills, and so we were asked to go through the various reels, especially the last one which, obviously, would contain the ending. The technicians went off to search the archives, and one of them was told specifically to bring "the eighth," or final reel. But then one of the technicians told us, innocently, that there were nine reels: and that there was a second ending on the ninth.

By chance I'd just entered the studio as the technician was proving that, in fact, the film had two endings. As it happened, I had a television journalist with me. As soon as she realized what was happening, she decided to interview me. I asked her please not to go on the air with the story, but that same night it was broadcast on a cultural news show. I was under the impression that no one watched this program, but the following day, our discovery appeared in one of the newspapers.

So that's how this important finding originally got out. And from there it really traveled. The newspaper immediately got in touch with Jaibo, the actor who played the film's protagonist, and he denied that they'd made another ending. So then we had to show the footage. The second ending softened the story. After much conjecture and verification, we were able to establish that it was the producer, Oscar Dancigers, who asked Buñuel to shoot a

Para la película _Los olvidados_ Luis Buñuel rodó dos finales. ¿Cómo descubrió usted el segundo desenlace? Fue ciertamente fruto del azar. En México se iba a presentar una exposición importante sobre Luis Buñuel, realizada con anterioridad en el _Museo Reina Sofía de Madrid_ y en Bonn. Se pensaba disponer una galería complementaria; de ahí que se organizara una sala especial sobre _Los olvidados_. Se decidió ampliar los fotogramas originales y, por ello, nos pidieron que les proporcionáramos las imágenes de varios rollos, especialmente del último, donde obviamente se encontraba el desenlace de la película. Los técnicos estaban buscando ese rollo en la Filmoteca. A uno de ellos se le dijo que lo trajera, refiriéndose al último, al octavo. Ese técnico, de manera un tanto ingenua, avisó que no comprendía por qué había nueve: en ese noveno decían que estaba el segundo final de la película.

Casualmente yo entré al taller donde sucedía esto, mientras el técnico estaba comprobando que, en efecto, la película tenía otro final. Me acompañaba una reportera de la televisión y al enterarse de esa discusión, me incluyó en el reportaje. Le pedí que no lo emitiera, pero esa misma noche se emitió en la televisión en un noticiero cultural. Yo pensaba que ese programa no tenía audiencia, pero al día siguiente apareció en un periódico.

Así comenzó a gestarse una noticia importante. De allí pasó a diferentes lugares. El periódico inmediatamente se puso en contacto con Jaibo, el actor principal de la película y él negó que se hubiera hecho otro final. Pero finalmente tuvimos que dar a conocer ese segundo final. Se trataba de un final ligero, que, después de varias conjeturas y comprobaciones, puede asegurarse que el productor

different final sequence. He thought the one they had could be considered very harsh—as indeed it is—increasing the likelihood that the film would be censored. Bear in mind that the original ending shows, with no holds barred, Jaibo murdering the child, after the child leaves the reformatory (though he supposedly intends to return). In the second ending, the child kills Jaibo: consequently, the dream sequence with Jaibo dying is suppressed, and the child returns to the house of detention.

What was Buñuel's reaction to all of this? He didn't like the second ending, there's no doubt about that. But given his professionalism—and in spite of the fact that *Los olvidados* was a high-profile film by a very important author—I don't think Buñuel was so opposed to shooting that second ending. And once the film had won at Cannes, there was no way of replacing the original ending, even with the threat of censorship. Some have said that Buñuel understood the need for a different ending. In any case, we're fortunate that the second ending is no more than a curiosity today.

But the film had already been released in Mexico. So even if it hadn't won the prize at Cannes, how could the ending have been changed? In Mexico it would have been possible. At one moment or another, we could have changed it. What's more, a great deal of the film's success was owing to the opposition it created, the suspicions it engendered among Mexican intellectuals and [Spanish] Republicans. Many thought that Buñuel was insulting the country that had taken him in. That, of course, is merely anecdotal. What's important is that we have kept in our archives the material in question, so we can study the situation from different angles.

Dancigers, the producer, must have perfect recall of the second ending. No doubt. We found the original negative, and have made several copies.

Have you thought about restoring *Los olvidados?* We are working now with the Spanish Film Archives to

Oscar Dancigers pidió a Buñuel que se rodara. Se pensó que la película podría considerarse muy dura —como de hecho lo es—, y que podría sufrir alguna censura. Porque hay que reconocer que el primer final muestra crudamente la muerte del niño a manos de Jaibo, cuando ese niño ha dejado el correccional al que supuestamente pensaba regresar, mientras que en el segundo el niño mata a Jaibo. Esto obligaba a que desapareciera la escena onírica, cuando Jaibo está muriendo, y a que el niño regresara a la escuela correccional.

¿Y cuál fue la opinión de Buñuel al respecto? Sin duda este segundo final no le gustaba. Ahora bien, dada su profesionalidad —y aunque *Los olvidados* es una película de muchas referencias y con una posición de autor muy importante— no considero que Buñuel tuviera demasiadas objeciones en filmar ese final. Por otra parte, creo que una vez que la película ganó en el Festival de Cannes ya no había manera de sustituir ese final por el primero ni siquiera ante la eventualidad de su prohibición. Hay quien opina, no obstante, que Buñuel vio la necesidad de rodar otro final distinto al inicial. En cualquier caso, ahora lo vemos afortunadamente como una curiosidad.

Pero si no hubiera sido galardonada en Cannes, ¿en qué medida se podía cambiar el final en México, donde ya se había estrenado la película? En México se hubiera podido. Hubiéramos podido hacerlo en algún momento. Además, hay que reconocer que gran parte del éxito de la película se debió a la oposición, a los recelos que suscitó entre la intelectualidad mexicana y en la republicana. Se pensaba que Buñuel estaba insultando al país por mostrar eso. Eso es meramente una anécdota, lo importante es que se haya conservado el material que comentamos en los archivos fílmicos para poder estudiar desde todos los puntos de vista una situación.

El productor Dancigers se debería acordar perfectamente de este segundo final. Seguramente. Hemos encontrado el negativo original del que haremos algunas copias.

make new copies of Buñuel's most important films and, obviously, *Los olvidados* is included. One copy will have English subtitles and be distributed in the United States; another copy will be made for Mexico.

Buñuel gave you at least one scene from _The Daughter of Juan Simón_, in which Carmen Amaya made her first film appearance... It would be interesting to verify if Carmen Amaya's scene, conserved in the Cinémathèque in Toulouse, is the same one that the filmmaker donated to you. To the Film Archive of the National Autonomous University of Mexico (UNAM), he donated his collection of *Les Cahiers du Cinéma*. His contribution consists entirely of magazines, there are no other texts. Although it's certainly true that everything needs to be inventoried. The story of the second ending to *Los olvidados* more than proves the point.

¿Han pensado hacer alguna restauración de _Los olvidados_? Estamos trabajando con la Filmoteca española para realizar nuevas copias de las películas más importantes, obviamente *Los olvidados* está entre ellas. Una será subtitulada en inglés para los Estados Unidos y otra para México.

Buñuel les entregó al menos una escena de _La hija de Juan Simón_ donde Carmen Amaya aparecía por vez primera en el cine y... cabría comprobar si la escena en la que aparece Carmen Amaya, conservada en la Filmoteca de Toulouse coincide con la que donó el cineasta. Regaló a la Filmoteca de la Universidad Nacional Autónoma de México su colección de *Cahiers du Cinéma*. El legado son las revistas, no hay ninguna cosa escrita desarrollada debidamente. Es cierto que todo esto merece contrastarse. La historia del final de *Los olvidados* es la mejor prueba de ello.

FINAL DE *LOS OLVIDADOS*: MUERTE DE PEDRO.
ENDING OF LOS OLVIDADOS: DEATH OF PEDRO.

SEGUNDO FINAL NO INCLUIDO EN LA PELÍCULA: PEDRO VUELVE A LA ESCUELA-GRANJA.
SECOND ENDING NOT INCLUDED IN THE FILM: PEDRO RETURNS TO THE SCHOOL-FARM.

Raymond Borde

How did you first meet Luis Buñuel? I was introduced to Luis Buñuel by Freddy Buache, the curator of the Cinémathèque in Switzerland. Our first meeting happened in Mexico, where Buache and I were participating in a conference of the International Federation of Film Archives. We went to see Buñuel at his house which, at the time, was fairly isolated, but which today is surrounded by high office buildings.

First surprise…the walls of the large dining room were completely bare, except for a map of the Paris métro, and that was strange because the Surrealists—above all, André Breton—had pictures and objects all over the place. I felt that Buñuel was revealed in this décor, or absence of décor. The map of the Paris métro on his wall suggested a certain nostalgia, which he shared with his wife.

What did you talk about during this first meeting? We met because Buache had given him a book I'd written, *L'Extricable*, an anarchist work, a virulent attack on consumer society. Buñuel agreed with these ideas, and so immediately we had a kind of understanding. We talked at length about our views on life, and found we agreed on almost everything. At the Cinémathèque in Toulouse, we knew that the National Film Archive in London had a negative of *L'Age d'or*, and so we asked if they would make us a copy. London graciously agreed to strike a copy from their excellent negative of the film, but the curator told me, "We need Buñuel's permission." He sent his authorization within 48 hours, and that's the copy we have today.

As a critic, and as a person who has written for *Positif* and *Les Temps Modernes*, among many

¿**Cómo conoció usted a Luis Buñuel?** Conocí a Luis Buñuel gracias a Freddy Buache, el conservador de la Filmoteca suiza, un buen amigo. Fue en México, donde Buache y yo participábamos en un congreso de la Federación Internacional de los Archivos de Películas, y fuimos a ver a Buñuel, que por aquel entonces vivía en una casa bastante aislada y que hoy está rodeada de rascacielos.

Primera sorpresa… el gran comedor tenía las paredes completamente desnudas con la excepción de un plano del Metro de París, y eso era extraño porque los surrealistas, y André Breton el primero, tenían cuadros y objetos que llenaban el decorado. Descubrí a Buñuel en este decorado o más bien en esta ausencia de decorado. El hecho de haber puesto en la pared un plano del Metro de París indicaba cierta nostalgia que compartía con su mujer.

¿**Durante este primer encuentro, cuáles fueron los temas de conversación?** Este primer encuentro fue facilitado por el hecho de que Buache le había dado un libro que yo había escrito, *L'Extricable*, que es un libro anarquista, un libro virulento contra la sociedad de consumo. Él estaba de acuerdo con esas ideas y en seguida la simpatía se estableció entre nosotros. Hablamos sobre todo de nuestras concepciones de la vida, que se parecían bastante. En la Filmoteca de Toulouse sabíamos que el *National Film Archive* de Londres tenía un negativo de *La edad de oro*, y pedimos a Londres que nos sacaran una copia. Londres estaba totalmente de acuerdo en sacar de su excelente negativo un positivo de *La edad de oro*, pero el conservador me dijo: "Nos hace falta la autorización de Buñuel", y él nos la dio en un plazo de 48 horas. Es la copia que ahora tenemos.

other journals, what does Buñuel represent for you in terms of the history of world cinema? would say, a breath of freedom. He was truly removed from all bourgeois structures and capitalist prejudices. He was a great filmmaker.

Positif, the magazine you wrote for, considered Los olvidados a kind of resurrection, and led the battle for the filmmaker's defense and rehabilitation. Absolutely. Film criticism was divided between two magazines: *Les Cahiers du Cinéma*, which was academic and basically center-right, and *Positif*. A number of us at *Positif* liked Buñuel's films: Robert Benayoun, Bernard Chardère, Marcel Oms, and above all, Ado Kyrou, who knew the filmmaker well…But we all supported him.

So was it a concerted defense, a real battle? Once at the Cinémathèque in Toulouse, I screened a 16-milimeter copy of *L'Age d'or,* lent to us by the French Cinémathèque. The auditorium was full that day, which meant that expectations were high. *L'Age d'or* was an important symbol, so were *Mexican Bus Ride* and *Los olvidados*. Those were wonderful days.

If we were to speak of Surrealism in the cinema, we would have to say that very few films were made in this vein. Is Buñuel for you "the Surrealist filmmaker?" Without a doubt. For me, *L'Age d'or* is the greatest Surrealist film. But I don't forget *Un Chien Andalou*, and, especially, *Land without Bread*, which is a glacial and accusing statement. I'd found out that Buñuel's sister, Margarita, who lived in Spain, had fragments that were shot but never appeared in *Land without Bread*. When I asked Buñuel if I might contact her, he agreed, and we screened those fragments.

In making a kind of inventory of Buñuel's career, we've spoken mostly about the criticism focused on his early work. Which periods do you find most interesting? I'll confess that I am most interested in his first three films, *Un Chien Andalou, L'Age d'or*, and *Land*

Como crítico y como persona que escribió en Positif, en Les Temps Modernes, y en muchas más revistas, ¿qué representa para usted Buñuel en la historia del cine mundial? Diría que un soplo de libertad. Después de todo, se trataba de alguien que estaba fuera de todas las estructuras burguesas y prejuicios capitalistas. Era un gran cineasta.

A partir de Los olvidados, la revista en la que participa, Positif, considera que es una resurrección y emprende la batalla de rehabilitación y defensa de Buñuel. Efectivamente. La crítica del cine estaba dividida entre dos revistas, *Les Cahiers du Cinéma*, académica, más bien de centro derecha, y *Positif*. En *Positif* éramos varios a los que nos gustaban las películas de Buñuel: Robert Benayoun, Bernard Chardère, Marcel Oms y sobre todo Ado Kyrou, que conocía bien a Buñuel… estábamos todos a favor de Buñuel.

¿Fue entonces una defensa, una batalla? En la Filmoteca de Toulouse proyecté una vez *La edad de oro* con una copia de 16 milímetros que me había prestado la Filmoteca francesa. Ese día la sala estaba llena, lo que significa que había unas expectativas. *La edad de oro* era todo un símbolo, y *La subida al cielo* y *Los olvidados*. Fueron excelentes momentos.

Si hablamos un poco de Surrealismo en el cine, las películas no son muy numerosas. ¿Es para usted Buñuel "el cineasta surrealista"? Desde luego. *La edad de oro* es para mí la mejor película surrealista. Pero no olvido *Un perro andaluz* ni, sobre todo *Las Hurdes* que en último término no era sino un atestado glacial y acusador. Yo me había enterado de que la hermana de Buñuel, Margarita, que vivía en España, tenía fragmentos de película no montados para *Las Hurdes*. Le pregunté a Buñuel si podía entrar en contacto con ella, me dijo que sí, y montamos esos fragmentos.

Al hacer inventario de la carrera de Buñuel se ha hablado de las críticas de sus comienzos. ¿Cuáles

without Bread. Although I like practically all of his films. But, yes, I did criticize one film because it could seem Christian…

Nazarin? Nazarin made you skeptical in 1958, 1959? At *Positif*, yes. It made us suspicious, maybe we were a little inquisitorial. But it all worked out.

You wrote a book about Italian Neo-Realism. How do you situate yourself in the argument over Surrealism? Neo-Realism fit pretty well with reality, with social truth, but it had no spirit of revolt. *The Bicycle Thief* is an excellent case in point. But that's as far as it goes, in these neo-realist films there's no spine-tingling explosion such as you have in the films of Buñuel. For example, Neo-Realism begins with Visconti's *Ossesione* in 1942. That's a very interesting, true film about authentic Italian life, not the Italian life as shown in the films made in the time of Mussolini. But that's it. There's no revolt. Then Visconti makes *La terra trema*, also a good film, a testament, formally extraordinary, but lacking any "bite," any daring.

Is it your belief that there is no one today making Surrealist films? Yes. You can have parodies, experiments, imitations, but, in my judgment, it's over.

What about the difference between the seven last French films and the movies he made in Mexico? Because the public only started to know Buñuel after the French films, *Tristana*, etc. That really made for an explosion. What is your view of the French period and the Mexican period? I find it hard to put them together. I am in total agreement with Buñuel's Mexican films, and also with the French ones, although it's no longer the same. Honestly, I find it hard to synthesize them. Does that mean that Buñuel went commercial? Yes, perhaps, in part…

son los períodos que más le interesan a usted? Le confieso que las tres primeras películas son las que más me interesan, *Un perro andaluz*, *La edad de oro* y *Las Hurdes*. Pero luego me gustaron casi todas sus películas. Sí, hay una película que he criticado porque podía parecer cristiana…

¿*Nazarín*? ¿Se pudo dudar de *Nazarín* en 1958-1959? En *Positif* sí. Dudamos, éramos quizás un poco inquisidores. Todo salió bien.

Usted que escribió un libro sobre el Neorrealismo italiano, ¿cómo se situaba en la querella con el Surrealismo? El Neorrealismo era algo que encajaba bastante bien con la realidad, con la verdad social, pero que no tenía ningún espíritu de rebeldía. *Ladrón de bicicletas* es una prueba excelente de ello. Pero eso es todo, no hay en las películas neorrealistas esa especie de explosión a flor de piel que puede haber en las películas de Buñuel. Por ejemplo, el Neorrealismo empezó con Visconti en *Ossesione* en el 1942. Es una película muy interesante, sobre la vida italiana auténtica, y no la vida italiana tal y como se veía en las películas durante la época de Mussolini, pero eso es todo. No hay rebeldía. Luego Visconti hizo *La terra trema*, que es una buena película, de testimonio, una película formalmente extraordinaria, pero que no tiene nada de atrevida.

Según usted, ¿ahora ya no hay nadie que haga cine surrealista? Sí, se pueden hacer parodias, ensayos, imitaciones, pero a mi juicio se acabó.

¿Y la diferencia entre las siete últimas películas francesas y las mexicanas? Porque el público empezó a conocer a Buñuel después de las películas francesas, *Tristana*, etc., ahí tuvo lugar la verdadera explosión. ¿Cómo ve el período francés y el mexicano? Me cuesta unir los dos. Estoy totalmente de acuerdo con las películas mexicanas de Buñuel y con las películas francesas también, pero ya no se trata de lo mismo. En efecto, me cuesta mucho hacer la síntesis. ¿Significa esto que Buñuel se ha comercializado? Sí, quizás en parte…

Jean-Michel Bouhours

CONSERVADOR DE CINEMATOGRAFÍA DEL *CENTRO POMPIDOU* CURATOR OF FILM, *CENTRE POMPIDOU*

The relationship between *L'Age d'or* and the "Beaubourg" is a very special story. It constitutes a remarkable episode in the history of the State's intervention in culture in France. There are two periods in question here: first, the period between the two World Wars, characterized by the aristocratic patronage which, in its swan song, goes so far as to support films against the State, the State of the Third Republic, guarantor of public order and proper morality.

And then there is the end of the decade of the 1980s: aristocratic patronage has disappeared, ceding its place to public institutions. The functions of the State in relation to artistic creation have diversified; moral codes—and with them the horrors of censorship—have been notably relaxed. The French State was now offered the original negative of *L'Age d'or*, along with the archives of the film it had censored a half-century earlier. (The fairly complicated acquisition offer required the State to pay the transfer and inheritance taxes.) After meeting with the director of the *Musée National d'Art Moderne,* the acquisitions commission issued its approval. It's a nice story, isn't it? An authentic rehabilitation: and there's no exaggeration in saying so, since the original condemnation of the film was without appeal. We'll come back to this point later, I think. In a sense, the State was asking History for forgiveness: I don't know if the members of the Commission realized it at the moment they made the decision.

It's an especially rare story for the film world. It was the first time in the history of such acquisitions that the work in question was a film. It's an exemplary story, which also runs the risk of being unique for a long time to come since, in my judgment, there would have been no acquisition without the prior prohibition.

La relación entre *La edad de oro* y "*Beaubourg*" es una historia excepcional. Constituye un episodio de la intervención del Estado en la cultura en Francia. Hay dos épocas: en primer lugar el período de entreguerras, con el mecenazgo aristocrático que en su canto del cisne lleva el gesto hasta hacer cine frente al Estado, el Estado de la Tercera República, garante del orden público y de las buenas costumbres.

Después está el final del decenio de 1980: el mecenazgo aristocrático ha desaparecido y ha cedido su lugar a los poderes públicos. Las funciones del Estado en relación con la creación artística se han diversificado; los códigos morales —y con ellos los horrores de la censura— han retrocedido notablemente. Al Estado francés se le ofrecía en dación (esto es, el pago de los derechos de sucesión mediante la cesión de una obra de arte) el negativo original y los archivos de una película que el propio Estado había censurado más de medio siglo antes. La Comisión de dación, una vez consultado el director del *Musée National d'art moderne* de aquella época, dio su visto bueno. Es una historia bonita, ¿verdad? Se trata ni más ni menos que de una rehabilitación: la palabra no es exagerada puesto que hubo condena inapelable; creo que después volveremos sobre este asunto. En cierto modo, el Estado ha pedido perdón ante la Historia; no sé si los miembros de la Comisión de dación se dieron cuenta de ello en el momento de su decisión.

Es un hecho raro en los medios cinematográficos. Era la primera vez en la historia de las daciones en la que había un expediente referido a una película. Se trata de una historia ejemplar, que por lo demás corre el riesgo de seguir

After the incidents of December 3, 1930, the immediate worry was to recover the copies of the film, still in the hands of the owner of Studio 28, Jean Mauclaire. Charles de Noailles had the best justification for recuperating the negative and storing it in a safe place: he cited the danger of piracy, the circulation of bootleg copies. Without new copies, the film couldn't be distributed without his express permission, or that of Buñuel. Charles de Noailles's precaution remained in force until his death, at least on French soil. De Noailles wrote to Buñuel in December 1930: "If you would like to take one or more copies to America, I'd be delighted. I ask only that you protect me in France." So, the Librería Española, with de Noailles's authorization, organized some presentations of *L'Age d'or* abroad; in January 1931, Nancy Cunard organized some screenings in London.

Although the prohibition of *L'Âge d'or* was never lifted, and the film had no commercial distribution, it began gradually to circulate, almost underground, among cinephiles. Later it was shown in cinémathèques. But in order for that to happen, facsimiles and copies had to be made from the material at the Librería Española, which Buñuel recovered upon his return from the United States. However, that material—as often happens, inexplicably, in the cinema—had a sound-image synchronization defect. All the copies in circulation between 1930 and 1993, including those distributed by Gaumont in 1980 on the occasion of the film's theatrical re-release, are "struck" from that original defective material. For that reason, only access to the original negative made it possible to restore the exact relation between images and sounds—as you know, an essential quality of *L'Age d'or*. The faulty synchronization had blocked out a true experience of the work. So it was essential to do a restoration, and this became feasible when the State made its acquisition. This was not an opportunity to be wasted!

And there was also a whole series of documents that allowed us to know more about the history of the film. A complete production file, with all of the correspondence between Buñuel and de Noailles, invitation

siendo la única durante mucho tiempo todavía ya que a mi juicio sin prohibición no habría habido dación.

Después de los incidentes del 3 de diciembre de 1930, la preocupación inmediata era retirar de la circulación las copias de la película que estaban en manos del propietario del Studio 28, Jean Mauclaire. La mejor defensa de Charles de Noailles, que como productor era el propietario, fue recuperar el negativo y guardarlo en un lugar seguro, a fin de evitar cualquier nuevo duplicado. Sin copias no habría más difusión que la que autorizaran él o Buñuel. Esta precaución de Charles de Noailles siguió en vigor hasta su muerte. Se refería al territorio francés, porque Noailles le escribió a Buñuel en diciembre de 1930 lo siguiente: "Si usted quisiera hacer llegar una o más copias a América, yo estaría encantado. Sólo le pido que me proteja en Francia". Así, la Librería española, de acuerdo con Noailles, organizó algunas presentaciones de *La edad de oro* en el extranjero, en particular en Londres, por iniciativa de Nancy Cunard, a comienzos de enero de 1931.

Si bien no se levantó la prohibición de *La edad de oro*, por lo que no hubo ninguna otra difusión comercial, la obra empezó a circular poco a poco en los círculos de cinéfilos, y más tarde en las filmotecas. Para ello se realizaron contratipos y copias a partir del material que quedó en la Librería española y fue recuperado por Buñuel a su vuelta de Estados Unidos. Además, este material, por una razón inexplicada pero frecuente en el cine, tenía un fallo de sincronismo entre la imagen y el sonido. Todas las copias que circularon entre 1930 y 1993, incluidos los elementos difundidos por Gaumont en 1980 con ocasión del reestreno de la película en sala, "descienden" de aquel material defectuoso. Por ello, el acceso al negativo original permitía devolver a la película sus calidades originales (de imagen y sonido) y además devolver la relación exacta de las imágenes y los sonidos, que como sabe usted aparece en *La edad de oro* y que la falta de sincronismo impedía captar correctamente. Por lo tanto, se imponía hacer una restauración, y esta posibilidad se presentaba a través de la oferta de dación, por lo que no había que perder la ocasión.

Además, hay toda una serie de documentos que permitieron conocer mejor la historia de la película.

cards, requests for tickets to the preview, etc. A file that is not only complete, but completely atypical. De Noailles was not a film producer, but rather a patron. He didn't get involved in issues of content, or only rarely; it goes without saying that because he wasn't present at the filming, his only way of keeping abreast of developments was through the letters sent to him, periodically, by Buñuel.

What do these documents reveal that is new?

Whenever a film isn't allowed to be seen, a myth grows up around it. And Buñuel certainly added his own stones to the monument. Omissions, inventions, approximations repeated so many times over the years, ended up being accepted as true.

Could you give examples? In the first place, these documents have enabled us to reconstruct the chronology of events, and to evaluate the extent of Dalí's participation and, in spite of everything, his interest in the film.

For example, in *My Last Sigh*, Buñuel recounts that once the film was finished, he returned some money to de Noailles, with all the receipts for expenditures and withdrawals. They sit down at the table, says Buñuel, and later in the evening he notices that the Viscount had burned the papers. But in fact, we found everything, including the final balance sheets for the production: Buñuel had polished his story a little with that detail. The presence of Valentine Hugo in the cast is also false: Buñuel acknowledges in *My Last Sigh* that he never saw the film again, which seems incredible, but explains how he might have confused a homonymic Madame Hugo, with the real Valentine, even though she totally lacked Valentine's physique. In the fall of 1930, the Viscount of Noailles was beset with a litany of problems. Buñuel—again Buñuel—said the Vatican was threatening to excommuncate him, and that the Holy See was only dissuaded by the intervention of Charles's mother. Our research in the secret archives of the Vatican has turned up no trace of that threat. What is true is that the film was attacked by the Catholic hierarchy, as subversive, anticlerical, and blasphemous.

Una carpeta de producción completa, con la totalidad de la correspondencia entre Buñuel y Noailles, las tarjetas de invitación, las solicitudes de localidades para el preestreno, etc… Una carpeta completa, por tanto, pero también completamente atípica. Noailles no era un productor de cine, sino un mecenas. No intervenía en el contenido, o lo hacía muy poco, eso no hace falta decirlo, pero al no asistir al rodaje la única forma de mantenerse informado del desarrollo de la película era a través de las cartas periódicas de Buñuel.

¿Qué novedades han aportado esos documentos?

Como siempre que una película no puede verse, se construye un mito en torno a ella. Por lo demás, Buñuel también aportó su granito de arena a ello. Olvidos, fabulaciones, aproximaciones, que las repeticiones posteriores acaban convirtiendo en verdades.

¿Podría dar detalles? En primer lugar, estos documentos han permitido reconstruir una cronología de los acontecimientos, y en gran medida verificar el nivel de intervención de Dalí y, a pesar de todo, su interés por la película. Han permitido reconstruir la génesis de la película y verificar muchas afirmaciones.

Por ejemplo, Buñuel explica en *Mi último suspiro* que, una vez terminada la película, da dinero a Noailles con todos los extractos de cuentas. Se sientan a la mesa y Buñuel dice que, en un momento posterior de la velada, se dio cuenta de que el vizconde había quemado los papeles. De hecho, encontramos todo, incluido el balance de la producción: Buñuel había dado algo de brillo a su narración con ese gesto. La presencia de Valentine Hugo en el reparto es igualmente falsa: Buñuel reconoce en *Mi último suspiro* que nunca volvió a ver la película, lo que resulta increíble pero explica en particular que pudiera confundirse con una homónima señora Hugo cuyo físico no tenía nada que ver con el de Valentine. En otoño de 1930, un rosario de problemas se le viene encima al vizconde de Noailles. Buñuel —otra vez él— habló de una amenaza de excomunión del Vaticano, evitada gracias a la intervención de la madre de Charles ante la Santa Sede. Nuestras investigaciones en los archivos secretos del Vaticano no han permi-

For the de Noailles, the film was their last act of patronage. *Blood of a Poet* was also done in 1930, a few months after *L'Age d'or*. Cocteau's film wasn't daring in the way of Buñuel's film (in other words, it wasn't anti-clerical, Sadean, or blasphemous). Still, its oneiric qualities caused problems for the de Noailles.

"From now on, we are obliged to avoid any scandal, and this applies to Cocteau's film, as well," wrote de Noailles to Buñuel on December 14. The scandal provoked by *L'Age d'or* impelled de Noailles and Cocteau to postpone *sine die* the premiere of the last film the viscount would ever produce. The anti-semitic press made no distinctions between the two films, and even film critics as refined and sophisticated as Georges Charensol put the two films in the same sack.

When we examine the documents we don't find much trace of Dalí. Buñuel and Dalí were truly partners on *Un Chien Andalou*. But, as we know, *L'Age d'or* could not have been written in the same way, probably owing to the presence of Gala in Dalí's life. "Spell broken," according to Buñuel; there was conflict, Dalí would later say. The correspondence between Buñuel and de Noailles tends to show Dalí totally absent during the film's development, and then reappearing at the premiere. Out of respect for history, however, we have also published three letters from Dalí to Buñuel belonging to the National Film Archive in Madrid, which indicate that between January and March 1930 (the letters are not precisely dated), Dalí was involved in the film, and sent Buñuel three packets with sketches. There are very specific references to the script and to most of these sequences that appear in the film: the documentary on Rome; the bandits at Cap Creus; the love scene… This tends to prove that, although the partnership was not as close as it had been during the writing of *Un Chien Andalou*, during the days that Buñuel stayed at Dalí's house, they were able to draft a script for *L'Age d'or*. That said, it is also true that the document in question (the script) has never been found. Buñuel went on to write the shooting script by himself. The letters Dalí sent Buñuel at the beginning of the year are very interesting. On the one hand, they show that

tido encontrar rastro alguno de esa amenaza. Lo que sí es seguro es que la película fue muy atacada por la jerarquía católica como subversiva, anticlerical y blasfema.

Fue el último acto de mecenazgo de los de Noailles. *La sangre de un poeta* también se realizó en 1930, algunos meses después de *La edad de oro*. La película de Cocteau no presenta ninguna de las características atrevidas de *La edad de oro* (anticlericalismo, reivindicaciones sadianas o blasfemas); sin embargo, sus incursiones en el onirismo bastan para catalogarla como una provocación adicional de los Noailles.

"Esto se extiende a la película de Cocteau, y estamos obligados a evitar cualquier escándalo a partir de ahora", escribió Noailles a Buñuel el 14 de diciembre. El escándalo de *La edad de oro* obliga a Noailles y a Cocteau a aplazar *sine die* el estreno de la última película producida por el vizconde. La prensa antisemita no hace distingos entre las dos películas, e incluso críticos cinematográficos tan finos y sagaces como Georges Charensol meten a las dos películas en el mismo saco.

Cuando se consultan los documentos, no se ve demasiado la huella de Dalí. En *Un perro andaluz* hubo una verdadera colaboración entre Buñuel y Dalí. Como se sabe, *La edad de oro* no pudo escribirse en ese mismo tono, probablemente por la nueva presencia de Gala. "Ruptura del encanto" para Buñuel, "desacuerdo" según Dalí. La correspondencia entre Buñuel y Noailles tiende a demostrar una ausencia total de Dalí en el desarrollo de la película y su reaparición en el momento de su estreno. Sin embargo, y también por respeto a la historia, hemos publicado tres cartas de Dalí dirigidas a Buñuel, pertenecientes a la Filmoteca Española, que atestiguan que entre enero y marzo de 1930 (no tienen fecha) Dalí se interesó muy de cerca por la película, y remitió a Buñuel tres envíos con croquis. Hace referencias muy precisas a un guion y a la mayoría de las secuencias que aparecen en la película: el documental sobre Roma, los bandidos del cabo de Creus, la escena de amor… Lo que tiende a probar que, aunque faltaba la complicidad que existió en la escritura del guion de *Un perro*

the film was very present for Dalí, and that he continued to participate while Buñuel was doing the shooting script. They also show that Dalí contributed ideas not only for the visuals (one can well imagine that, being a painter, the images would naturally be his domain), but also for the sound track: he suggested eschatological sounds, and lines as important as those between Modot and Lya Lys in the love scene. These letters also show the limits of the collaboration between Buñuel and Dalí on *L'Age d'or* : Dalí's imagination often went beyond the realm of cinematic possibility. Many of Dalí's suggestions simply couldn't be realized cinematically, either because of technical limitations (Dalí's description of the mutilation of the hand was practically impossible to bring to the screen, given the means available at the time), or because the censorship board would never have approved close-ups on female genitalia—even though they were double exposures—, explicit references to menstruation, or sounds of an eschatological nature. We have not found the letters that Buñuel wrote Dalí during this same period. They probably do exist: Dalí refers to them in a letter to Charles de Noailles (Letter No. 74 of the correspondence). It is apparent that there was contact between Buñuel and Dalí over the whole elaboration of the screenplay and even during the development of the shooting script. It is also clear that, later, Buñuel stops informing Dalí of news and progress. Buñuel keeps in mind Dalí's suggestions, adapting and modifying them, probably to avoid the scrupulous attention of the censors. He resorted to collage, and an elliptical kind of editing, so that the images would appear innocuous: a toilet, the stump of a hand, a lascivious pose, etc. Here we see the fascinating differences between the painter, who had a wildly fantastic imagination and probably no sense of the limitations of cinematic art, and Buñuel, who was responsible for actually making the film. These differences would be the source of misunderstanding and conflict.

At the time of the film's premiere, Dalí presents himself as equal co-author, drafting, in Buñuel's absence, a brief text which begins like this: "My general idea in the script for *L'Age d'or* was to present the pure, straight line of behavior of someone who pursues love through the abom-

andaluz, los días pasados por Buñuel en casa de Dalí permitieron la redacción de un guion para *La edad de oro*. Dicho sea de paso, nunca se encontró este documento. Después, Buñuel escribió en solitario el desglose de la película. Las cartas que Dalí envía a Buñuel a principios de año son muy interesantes. Por un lado demuestran que Dalí tiene la película muy presente y que su participación en el guion continúa cuando Buñuel realiza el desglose. Pero también demuestran que Dalí no sólo aporta ideas sobre la imagen (podría uno pensar que como pintor la imagen sería su dominio por excelencia) sino también sobre la banda sonora: sugerencia de ruidos escatológicos o de diálogos tan importantes como los de Modot y Lya Lys en la escena de amor. Estas cartas también muestran los límites de la colaboración entre Buñuel y Dalí a propósito de *La edad de oro*, debidos al desfase entre la imaginación de Dalí y las realidades cinematográficas. Numerosas sugerencias de Dalí resultaban irrealizables en el cine, ya sea por los límites de la técnica (la descripción que hace Dalí de la mutilación de la mano era prácticamente imposible de llevar a la pantalla con los medios de la época), ya sea por la imposibilidad de pasar por la Comisión de censura primeros planos de un sexo femenino —aunque estuvieran tratados en doble imagen—, referencias explícitas a la menstruación o ruidos de naturaleza escatológica. No hemos encontrado las cartas de Buñuel dirigidas a Dalí en ese mismo período. Probablemente existieron: Dalí hace alusión a ellas en una carta dirigida a Charles de Noailles (carta 74 de la correspondencia). Por tanto, los contactos entre Buñuel y Dalí no se rompieron durante toda la elaboración del guion y hasta el desglose de la película. Después, visiblemente, Buñuel ya no informa a Dalí de las novedades. Buñuel tiene en cuenta las sugerencias de Dalí, las modifica adaptándolas, probablemente para eludir la vigilancia de los censores. Esto pasa por el *collage* y el montaje elíptico de imágenes que pasan a ser inocuas: un inodoro, un muñón, una pose lasciva, etc. Ahí se sitúan las diferencias apasionantes entre el pintor, que en su imaginación fantasiosa no tiene probablemente ninguna idea de las limitaciones del cine, y Buñuel, que debe llevar a buen puerto este proyecto de película; estas diferencias serán la fuente de incomprensiones y desacuerdos.

inable and ignoble ideals of humanitarianism and patriotism, as well as through other miserable mechanisms of reality." Signed, Salvador Dalí.

Dalí appropriates the film, implying that he was the author and Buñuel the director, and that is simply not true.

Yet, at the same time, during the first screening, he said, "Very good, it looks like an American movie." This suggests that he is discovering the film, that it wasn't his own creation that he was watching as simply another viewer. It is documented that Dalí was the co-author of the original script, that he had no role in the making of the shooting script, and no participation in the filming, except through his famous letters. In *My Secret Life*, Dalí would later write that he disagreed with Buñuel's anti-clericalism, and objected to its role in the film. It is well known that this book, published in 1942, appeared at a moment when relations between the two men were execrable; for Buñuel, it was the coup de grâce. One can legitimately doubt Dalí's good faith in reproaching Buñuel in this book because—and here I'm returning to your question about Dalí's belated defense of the film—it was he who, at the moment when the facsimile of the screenplay was about to be published, objected to suppressing the line, "The Duke de Blangis is evidently Jesus Christ," a blasphemous phrase if ever there was one. Was Dalí acting then out of conviction, or calculation? We don't know. We must not forget that the film greatly interested all the Surrealists, and during "the affair", they were mobilized with Breton. Even if Dalí had certain reservations about the film, was he really unable to lend solidarity to the Surrealists in December 1930? Who knows.

"*L'Age d'or*" is practically an American film", Dalí's statement, reminds me of *Un Chien Andalou*. *Un Chien Andalou* was a "Spanish film," in the sense that it condensed most of the themes treated, not only by Buñuel and Dalí, but also by García Lorca and Pepín Bello during their years at the *Residencia de Estudiantes* in Madrid. In a way the film was easy: the four protagonists had lived with the ideas for so long, that all that was needed was to finally put it all together. *Un Chien Andalou* is a subtle mix of pictorial

En el momento del estreno de la película Dalí se implica completamente como coautor, redactando en ausencia de Buñuel este breve texto que empieza así: "Mi idea general en el guion de *La edad de oro* ha sido presentar la línea recta y pura de conducta de un ser, que persigue el amor a través de los abominables e innobles ideales humanitarios, patrióticos y otros miserables mecanismos de la realidad". Firmado, Salvador Dalí.

Dalí se vuelve a apropiar de la película, dando a entender que él sería el guionista y Buñuel el director, lo que no se corresponde con la realidad.

Y, al mismo tiempo, tras la primera proyección, dice: "Muy buena, parece americana", lo que demuestra que descubre esa película, que es ajeno a su realización, que es un simple espectador. Se ha visto que Dalí es objetivamente el coautor del guion, pero que en cambio no participa ni en el desglose ni en el rodaje, salvo a través de esas famosas cartas. En *La vida secreta*, Dalí escribirá más tarde que estaba en desacuerdo con Buñuel sobre el anticlericalismo declarado de la película. Se sabe que ese libro publicado en 1942, en un momento en que las relaciones entre ambos son execrables, fue considerado un golpe de gracia por Buñuel. Es legítimo dudar de la buena fe de Dalí en los reproches que dirige a Buñuel en ese libro, porque —y vuelvo a su pregunta sobre la reivindicación tardía de Dalí— fue él mismo quien, en el momento de la publicación del fascículo y por tanto de la película, se opuso a la petición de suprimir del guion la frase "El duque de Blangis es evidentemente Jesucristo", frase blasfema donde las haya. ¿Actúa Dalí en ese momento por convicción, o por cálculo? No lo sabemos. No hay que olvidar que la película les interesa a todos los surrealistas, que se movilizarán en torno a Breton en el momento del "incidente". Aunque hubiera tenido reservas sobre la película, puede que Dalí no estuviera en condiciones de no solidarizarse con los surrealistas en diciembre de 1930. ¿Quién sabe?

"*La edad de oro*" es casi una película americana". Cuando ha recordado usted esa frase de Dalí, me ha hecho pensar en *Un perro andaluz*. *Un perro andaluz* era una

and cinematic languages; and this is intensified by the fact that the film is silent. If we were to make a balance sheet, in one column we would have the pictorial elements (which were not provided exclusively by Dalí, of course!): the numerous double images; the iconic themes (the lace-maker, the ants, the mules in a state of decomposition, the cut-off hand, etc.); and in another column, we would have the cinematic elements: Batcheff's game, the disjunctions of time that were achieved through editing. *L'Age d'or* does not repeat this extraordinary, but fragile, formula. In my opinion, the film affirms the cinematographic through the director Buñuel, to the detriment of the painter, Dalí. When Dalí said that *L'Age d'or* was practically an American film, he was referring to what Buñuel had called "the American school," in an article on Buster Keaton, that he published in *Les Cahiers d'Art* in 1927. In this piece, Buñuel enumerates the qualities he associates with this "school": "vitality, the cinematographic influence of Griffith, lack of culture and recent tradition." Buñuel's "theoretical" writings on cinematography and later on the intricacies of the shooting script, allow us a better understanding of his aesthetic maturation process between *Un Chien Andalou* and *Land without Bread*, passing *L'Age d'or* along the way. Seen historically, these three films constitute the first phase of Buñuel's career; this will be followed by a long crossing of the dessert, and then a second career, which begins in Mexico.

Looking at the whole career, Ado Kyrou considered the trilogy of the 1920s and 30s as Surrealist, because all three films were born and executed in a spirit of revolt. That is certainly true. And *L'Age d'or* and *Land without Bread* make parallel accusations; that's a fact. But one can also wonder if the absence of a defined "character" in *Land without Bread* might not represent a possible conclusion for his unprecedented conception of cinema. Buñuel approached film as though it were architecture. He excludes ornamentation, any suggestion of ostentatiously technical film language; in this sense, he was praising the apparent modesty of Keaton, in *College* (1927). He objected to the grandiloquence of Jennings, cited Keaton as the rare actor who knew how to integrate himself in "the rhythmic and architectural mesh of a movie." In film, this mesh corresponds to

"película española", en el sentido de que condensaba la mayoría de los temas abordados por Buñuel y Dalí, pero también por García Lorca y Pepín Bello en los años de la Residencia de Estudiantes en Madrid. En cierto sentido, esos cuatro protagonistas la tenían tan metida en la cabeza que sólo faltaba llevarla a la práctica. *Un perro andaluz* es una sutil mezcla de los lenguajes pictórico y cinematográfico; el que la película fuera muda debió de contribuir a ello. Una suma de lo pictórico (lo que no quiere decir que proviniera exclusivamente de Dalí, seamos claros) —las numerosas imágenes dobles, los temas icónicos (la encajera, las hormigas, los burros en descomposición, la mano cortada, etc.)— y de lo cinematográfico —el juego de Batcheff, los desplazamientos en el tiempo por el montaje—. *La edad de oro* no es la reiteración de esta receta extraordinaria pero frágil. En mi opinión, la película es la afirmación de lo cinematográfico por parte de Buñuel, en detrimento del pintor Dalí. Cuando Dalí habla de *La edad de oro* como una película casi americana, se refiere a lo que Buñuel denominaba la "escuela americana" en un artículo sobre Buster Keaton publicado en *Les Cahiers d'Art* en 1927, y cuyas cualidades enumera: "Vitalidad, fotogenia (la herencia de Griffith), falta de cultura y tradición reciente". Los textos "teóricos" de Buñuel sobre la fotogenia y después sobre el desglose permiten comprender mejor el sentido de una maduración estética desde *Un perro andaluz* hasta *Las Hurdes*, pasando por *La edad de oro*. Las tres películas constituyen históricamente un primer período de la carrera de Buñuel, que se verá seguido de una larga travesía del desierto y después de una segunda carrera que comienza en México.

A la vista de esa carrera, Ado Kyrou consideraba la trilogía de los años veinte-treinta como surrealista, porque las tres películas se hallaban bajo el signo de la revuelta, lo que es cierto. Efectivamente, existe un paralelismo entre las acusaciones implacables de *La edad de oro* y de *Las Hurdes*; eso es un hecho. Pero también puede uno preguntarse si la ausencia de "carácter" definido de *Las Hurdes* no es la conclusión posible do su concepción inédita del cine. Buñuel aborda el cine como la arquitectura. Excluye la ornamentación, todo carácter técnico ostentoso de un lenguaje; así, alaba la modestia del juego de Keaton en *College*

the calculations of material resistance in architecture—that is to say, factors that are essential, but invisible. The site of this "invisible" work was the shooting script, which only professionals like Buñuel, who work from within their films, are able to elaborate. One wonders if *L'Age d'or* and, later, *Land without Bread* might represent the perfection of Buñuelian Surrealist cinema, whose inner workings tend to be invisible, and which gradually moves away from the ostentatious oneiric qualities of *Un Chien Andalou*.

(1927), opuesta a la grandilocuencia de Jennings, como un raro ejemplo del actor que sabe intervenir en "el engranaje rítmico y arquitectónico de la película". Este engranaje, que es al cine lo que los cálculos de resistencia de materiales a la arquitectura —es decir, factores esenciales pero invisibles— se construye a través del desglose, fenómeno inmanente de la película, que sólo los profesionales como Buñuel son capaces de elaborar partiendo de su cine interior. Es posible preguntarse si *La edad de oro* y después *Las Hurdes* no son perfeccionamientos de un cine surrealista buñueliano que tiende a que sus resortes sean invisibles y por ello se desembaraza progresivamente de los caracteres oníricos considerados ostentosos que aparecen en *Un perro andaluz*.

PARÍS, 1933.

Catherine Lecoq

DELEGADA GENERAL DE LA FUNDACIÓN *GAN* PARA EL CINE DELEGATE GENERAL, *GAN* FOUNDATION FOR CINEMA

Has the GAN Foundation been involved with film for many years? The GAN Foundation began to support cinema in 1986, the year that marked the fiftieth anniversary of the French Cinémathèque. But our support was circumscribed, limited to what we call *films du patrimoine*, which fits in well with our emphasis on security: safeguarding, restoration, and preservation rather than support of cinema in general.

You also participated in the restoration of the negative of *L'Age d'or*... Jean-Michel Bouhours, the Curator of Film at the Centre Pompidou, had written to inform me of the conditions of the acquisition of *L'Age d'or*, and to explain the work that had to be done, especially in connection with the sound track. The prospect totally seduced us, and so we worked on it together. Later, when the Instituto Cervantes sent us the materials for the commemoration of the centennial of Luis Buñuel's birth, it seemed a propitious occasion to re-introduce *L'Age d'or*, bring it back into circulation. It was natural for the GAN Foundation to continue its support.

What other films have you helped save? *The Italian Straw Hat*, by René Clair, *The Sparrow and the Titmouse*, by André Antoine who founded the open-air cinema in Villette two years ago, Volkoff's *Casanova*, and Jean Renoir's *The Golden Coach*, which was a huge restoration project for the GAN Foundation.

Is your involvement always devoted to safeguarding cinematic heritage? No, after the anniversary of the French Cinémathèque, which I mentioned earlier, a decision

¿Hace ya muchos años que la Fundación *GAN* lleva a cabo acciones a favor del cine? Nuestra Fundación empezó a patrocinar el cine en 1986 con ocasión del centenario de la Filmoteca francesa, aunque de forma circunstancial. Sólo participábamos en los *films du patrimoine*, lo cual resultaba beneficioso para nuestra actividad de seguros. Se trataba de actuaciones de salvaguardia, y de restauración de valores relacionados un poco más con los seguros que con el cine en general.

¿Participó usted en la restauración del negativo de *La edad de oro*? Jean-Michel Bouhours, conservador de cine del *Centro Pompidou*, me escribió contándome las condiciones de la dación de *La edad de oro* y exponiéndome las labores que quedaban por hacer, sobre todo en relación con la banda sonora. El tema nos sedujo y colaboramos. Cuando el Instituto Cervantes nos envió el proyecto de conmemoración del centenario del nacimiento de Luis Buñuel, pensamos que La edad de oro podía recuperar su vigencia. Era natural que la Fundación *GAN* se asociara a esta operación para continuar con nuestro apoyo.

¿Qué otras películas han restaurado? *Le chapeau de paille d'Italie,* de Réné Clair; *L'hirondelle et la mésange,* d'André Antoine, quien hizo hace dos años la apertura del cine al aire libre de La Villette; el *Casanova* de Volkoff; *Le carrosse d'or*, de Jean Renoir, que fue una restauración importante para la Fundación *GAN*.

¿Siguen ustedes dedicados a las restauraciones del patrimonio? Después del aniversario de la Filmoteca francesa del que le hablaba, se tomó la decisión de crear

was made to create a film foundation, enlarging our sphere of action to include young filmmakers. We also wanted to enhance distribution in general, for both heritage films and contemporary works. This initiative dates from May 1987.

Have you been involved in production, as well?
Yes, we support first films. Since the beginning of this initiative, approximately 80 films have been made with our support. The idea is to lend our presence, though only for feature-length films, and to help with distribution.

Do you have projects on audience development?
We have something we call "*partis-prix*": on certain Fridays we sponsor a very inexpensive screening (fifteen francs, or a little over two dollars) of a film we have especially liked. In general, these are "fragile" films, playing in no fewer than six and no more than fifteen Parisian theatres. The Friday following the opening, the film costs fifteen francs for everyone at every screening. This allows us to attract a lot of people, get the word out. Our hope is that, when they leave, they'll encourage their friends to come see the film.

una fundación para el cine, ampliando nuestro ámbito de acción a los jóvenes cineastas y a la difusión del cine en general, sea del patrimonio o contemporáneo. Esta iniciativa se remonta a mayo de 1987.

¿Y en producciones ? Sí, apoyamos las películas que son *opera prima*. Así, con nuestra ayuda se han hecho ya unas 80 películas. La idea es estar presente, únicamente en largometrajes, y ayudar a la difusión.

¿Y con el público? Hacemos campaña entre los espectadores en lo que llamamos "partis-prix", que consiste en que algunos viernes ofrecemos alguna sesión a quince francos, que se organiza con una película que nos ha gustado. En general, se trata de películas denominadas "frágiles" que, como mucho, se proyectan en un número de entre seis y quince salas en París. El viernes siguiente al estreno, la entrada cuesta quince francos para todos en todas las sesiones. Esto nos permite atraer a mucha gente que hará correr la voz, y nuestro objetivo es que salga de las salas dispuesta a animar a sus amigos a venir.

Yasha David

When did you begin your researches on Luis Buñuel? The Cinémathèque Française was going to be in charge of programming at the Palais de Tokyo. We thought it would be an interesting moment for an homage to Buñuel. Our first order of business was to restore the films because, at the time, only seven or eight films were visually intact. With the permission of the family, and the help of Jean Rouch, it was decided to create a Buñuel Fund in order to support the work: the recovery of all of the negatives scattered around the world. Image by image, we began with *Un Chien Andalou* and *L'Age d'or*…We made new copies and established a collection. All of this required money. The first to respond to our solicitations were the Germans; and so the first exhibit, after two years of preparation, took place in Bonn in 1994. We also organized a retrospective, supplemented by ancillary events, like concerts. Two years later, the exhibit traveled to the Museo de Arte Reina Sofía in Madrid, and then to Mexico. The three exhibitions were all different, because we couldn't work with the same partners and certain people couldn't lend works for such an extended length of time. The problem that arose afterward was, What should we do with all the archival materials?

The Hispanic nature of the documents convinced us, and Buñuel's family, that all the materials should be in Madrid. So we transferred everything, after a negotiation with the Spanish government.

You were the director of these exhibitions. How did you manage to synthesize a vision of a person who led a very rich, varied existence, but who disliked talking about his private life? He published

¿Cuándo empezó usted sus investigaciones sobre Luis Buñuel? La Filmoteca francesa se iba a encargar de la programación del Palacio de Tokio. En aquel momento pensamos que sería interesante rendir un homenaje a Buñuel y lo primero que había que hacer era restaurar las películas, porque por aquel entonces sólo podían verse correctamente siete u ocho de ellas. Previo acuerdo de la familia y con la ayuda de Jean Rouch, se decidió crear un "Fondo Buñuel" para hacer ese trabajo: a partir de todos los negativos repartidos por el mundo. Imagen por imagen, se empezó por *Un perro andaluz* y *La edad de oro*. Se sacaron copias nuevas y se constituyó una colección. Hacía falta dinero, y los primeros en responder fueron los alemanes. Por lo tanto, la primera exposición, después de dos años de preparación, tuvo lugar en Bonn en 1994. Así, se organizó una retrospectiva y otras actividades como, por ejemplo, conciertos. Dos años después se celebró la exposición en el *Museo de Arte Moderno Reina Sofía* de Madrid, y posteriormente otra en México. Las tres exposiciones fueron diferentes porque no se podía trabajar con los mismos socios colaboradores, y algunas personas no podían prestar objetos durante un período tan prolongado. El problema que se planteó a continuación fue qué hacer con todo el material de archivo recopilado.

El carácter hispánico de los documentos nos llevó a pensar, con el acuerdo de la familia, que lo normal era que todo estuviese en Madrid; de ahí que decidiéramos transferir todo a Madrid tras una negociación con el gobierno español.

Usted fue el director de esas exposiciones. ¿Cómo logró obtener la visión de síntesis sobre una persona con una vida tan rica, tan diversificada como

his memoirs quite late, and certain periods are deliberately sketchy. I worked on the archives, and tried not to betray Buñuel's spirit. At the same time, I wanted to avoid any process of glorification. In this regard, my knowledge of modern art and imagery were very helpful. I did not want to do a film-by-film analysis of his body of work, because of his ties to Surrealism, which was in essence a collective movement…

Many things have disappeared, or were burned by Buñuel himself. I was astonished to find five or six versions of *Land without Bread*, for example, with little changes, papers added and clipped to the rest: this was work that was truly about *process*…

The exhibition at the Reina Sofía also afforded me the occasion to record a Spanish version of *Land without Bread*, with commentary by Paco Rabal, who had so often accompanied Buñuel to this region, when the filmmaker returned to Spain. That version, curiously, was missing.

la de Buñuel? Además sabemos que al cineasta no le gustaba hablar de su vida privada. Publicó sus memorias en fecha tardía, y algunos períodos los evoca muy poco, voluntariamente. Trabajé sobre los archivos, procurando no traicionar el espíritu de Buñuel y sin caer en los excesos de la glorificación. Por otra parte, mis conocimientos sobre el arte moderno y la imagen me sirvieron de gran ayuda. No quise analizar su obra, película por película, debido a sus vínculos con el surrealismo, que era por esencia un movimiento colectivo…

Muchas cosas desaparecieron, las quemó el propio Buñuel. Lo que me asombró fue encontrar cinco o seis versiones de *Las Hurdes*, por ejemplo, con pequeños cambios, papeles añadidos y prendidos con alfileres, un auténtico proceso de trabajo…

También, con ocasión de la exposición en el *Reina Sofía,* grabé una versión en español de *Las Hurdes*, con comentario de Paco Rabal, que había acompañado varias veces a Buñuel a aquella región cuando este último volvió a España. Esta versión, curiosamente, faltaba.

MÉXICO/MEXICO, 1952.

OBSESIONES OBSESSIONS

UN PERRO ANDALUZ / UN CHIEN ANDALOU, 1929

Fauna Fauna

ABISMOS DE PASIÓN / WUTHERING HEIGHTS, 1953

ESE OSCURO OBJETO DEL DESEO / THAT OBSCURE OBJECT OF DESIRE, 1977

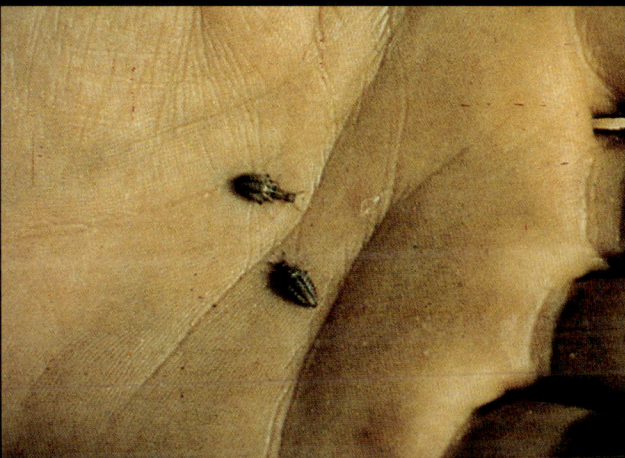

ROBINSON CRUSOE / ADVENTURES OF ROBINSON CRUSOE, 1952

EL DISCRETO ENCANTO DE LA BURGUESÍA / THE DISCREET CHARM OF THE BOURGEOISIE, 1972

ENSAYO DE UN CRIMEN / THE CRIMINAL LIFE OF ARCHIBALDO DE LA CRUZ, 1955

SUSANA, 1950

ESE OSCURO OBJETO DEL DESEO / THAT OBSCURE OBJECT OF DESIRE, 1977

SIMÓN DEL DESIERTO / SIMON OF THE DESERT, 1965

SIMÓN DEL DESIERTO / SIMON OF THE DESERT, 1965

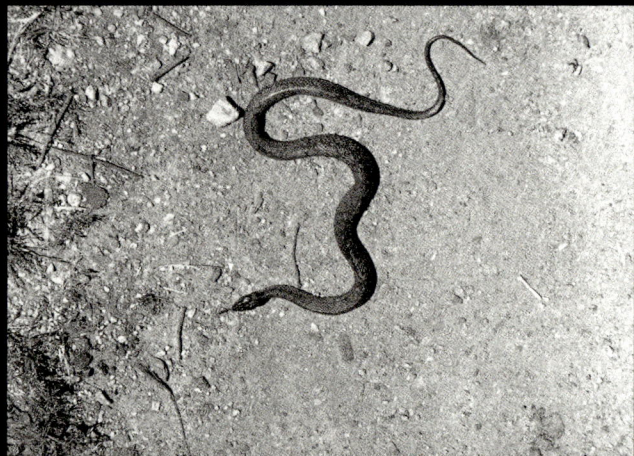

LAS HURDES / LAND WITHOUT BREAD, 1933

UN PERRO ANDALUZ / UN CHIEN ANDALOU, 1929

NAZARÍN / NAZARIN, 1958

LA EDAD DE ORO / L'AGE D'OR, 1930

LOS OLVIDADOS, 1950

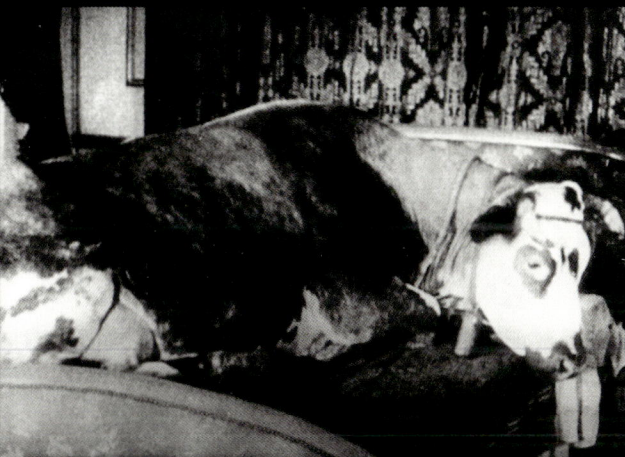

LA EDAD DE ORO / L'AGE D'OR, 1930

ROBINSON CRUSOE / ADVENTURES OF ROBINSON CRUSOE, 1952

LAS HURDES / LAND WITHOUT BREAD, 1933

SIMÓN DEL DESIERTO / SIMON OF THE DESERT, 1965

VIRIDIANA, 1961

EL ÁNGEL EXTERMINADOR / THE EXTERMINATING ANGEL, 1962

EL ÁNGEL EXTERMINADOR / THE EXTERMINATING ANGEL, 1962

TRISTANA, 1970

NAZARÍN / NAZARIN, 1958

ABISMOS DE PASIÓN / WUTHERING HEIGHTS, 1953

DIARIO DE UNA CAMARERA / DIARY OF A CHAMBERMAID, 1964

SUSANA, 1950

ABISMOS DE PASIÓN / WUTHERING HEIGHTS, 1953

LA EDAD DE ORO / L'AGE D'OR, 1930

ASÍ ES LA AURORA / CELA S'APPELLE L'AURORE, 1955

SIMÓN DEL DESIERTO / SIMON OF THE DESERT, 1965

EL BRUTO / THE BRUTE, 1952

LOS OLVIDADOS, 1950

ROBINSON CRUSOE / ADVENTURES OF ROBINSON CRUSOE, 1952

EL FANTASMA DE LA LIBERTAD / THE PHANTOM OF LIBERTY, 1974

ABISMOS DE PASIÓN / WUTHERING HEIGHTS, 1953

ASÍ ES LA AURORA / CELA S'APPELLE L'AURORE, 1955

EL BRUTO / THE BRUTE, 1952

DIARIO DE UNA CAMARERA / DIARY OF A CHAMBERMAID, 1964

LOS OLVIDADOS, 1950

ROBINSON CRUSOE / ADVENTURES OF ROBINSON CRUSOE, 1952

LA EDAD DE ORO / L'AGE D'OR, 1930

LAS HURDES / LAND WITHOUT BREAD, 1933

EL DISCRETO ENCANTO DE LA BURGUESÍA / THE DISCREET CHARM OF THE BOURGEOISIE, 1972

El cuerpo en sus gestos The body and its gestures

VIRIDIANA, 1961

ÉL / EL (THIS STRANGE PASSION), 1953

BELLE DE JOUR, 1966

ASÍ ES LA AURORA / CELA S'APPELLE L'AURORE, 1955

ENSAYO DE UN CRIMEN / THE CRIMINAL LIFE OF ARCHIBALDO DE LA CRUZ, 1955

ENSAYO DE UN CRIMEN / THE CRIMINAL LIFE OF ARCHIBALDO DE LA CRUZ, 1955

VIRIDIANA, 1961

BELLE DE JOUR, 1966

VIRIDIANA, 1961

ABISMOS DE PASIÓN / WUTHERING HEIGHTS, 1953

ÉL / EL (THIS STRANGE PASSION), 1953

ESE OSCURO OBJETO DEL DESEO / THAT OBSCURE OBJECT OF DESIRE, 1977

LOS OLVIDADOS, 1950

ABISMOS DE PASIÓN / WUTHERING HEIGHTS, 1953

SUSANA, 1950

EL DISCRETO ENCANTO DE LA BURGUESÍA / THE DISCREET CHARM OF THE BOURGEOISIE, 1972

ENSAYO DE UN CRIMEN / THE CRIMINAL LIFE OF ARCHIBALDO DE LA CRUZ, 1955

ENSAYO DE UN CRIMEN / THE CRIMINAL LIFE OF ARCHIBALDO DE LA CRUZ, 1955

ABISMOS DE PASIÓN / WUTHERING HEIGHTS, 1953

EL BRUTO / THE BRUTE, 1952

DIARIO DE UNA CAMARERA / DIARY OF A CHAMBERMAID, 1964

SUSANA, 1950

VIRIDIANA, 1961

UN PERRO ANDALUZ / UN CHIEN ANDALOU, 1929

ESE OSCURO OBJETO DEL DESEO / THAT OBSCURE OBJECT OF DESIRE, 1977

EL DISCRETO ENCANTO DE LA BURGUESÍA / THE DISCREET CHARM OF THE BOURGEOISIE, 1972

ENSAYO DE UN CRIMEN / THE CRIMINAL LIFE OF ARCHIBALDO DE LA CRUZ, 1955

LOS AMBICIOSOS / FEVER MOUNTS AT EL PAO (REPUBLIC OF SIN), 1959

SUSANA, 1950

ESE OSCURO OBJETO DEL DESEO / THAT OBSCURE OBJECT OF DESIRE, 1977

VIRIDIANA, 1961

LOS OLVIDADOS, 1950

LA EDAD DE ORO / L'AGE D'OR, 1930

TRISTANA, 1970

EL BRUTO / THE BRUTE, 1952

SIMÓN DEL DESIERTO / SIMON OF THE DESERT, 1965

SUBIDA AL CIELO / MEXICAN BUS RIDE, 1951

ASÍ ES LA AURORA / CELA S'APPELLE L'AURORE, 1955

LA EDAD DE ORO / L'AGE D'OR, 1930

SIMÓN DEL DESIERTO / SIMON OF THE DESERT, 1965

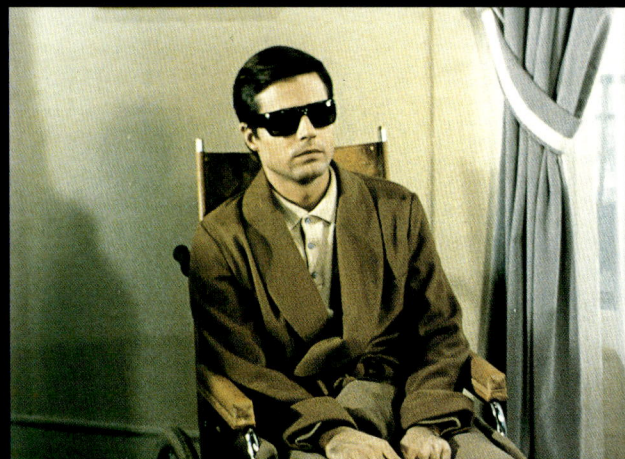

BELLE DE JOUR, 1966

TRISTANA, 1970

LOS OLVIDADOS, 1950

ESE OSCURO OBJETO DEL DESEO / THAT OBSCURE OBJECT OF DESIRE, 1977

NAZARÍN / NAZARIN, 1958

ENSAYO DE UN CRIMEN / THE CRIMINAL LIFE OF ARCHIBALDO DE LA CRUZ, 1955

BELLE DE JOUR, 1966

LOS AMBICIOSOS / FEVER MOUNTS AT EL PAO (REPUBLIC OF SIN), 1959

ESE OSCURO OBJETO DEL DESEO / THAT OBSCURE OBJECT OF DESIRE, 1977

SUSANA, 1950

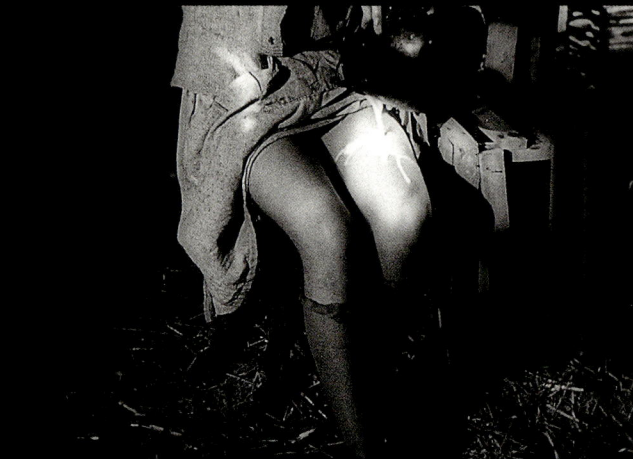

LOS OLVIDADOS, 1950

VIRIDIANA, 1961

SIMÓN DEL DESIERTO / SIMON OF THE DESERT, 1965

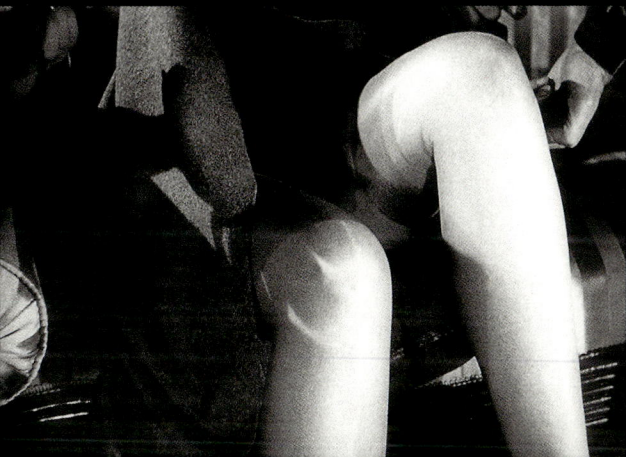

ENSAYO DE UN CRIMEN / THE CRIMINAL LIFE OF ARCHIBALDO DE LA CRUZ, 1955

NAZARÍN / NAZARIN, 1958

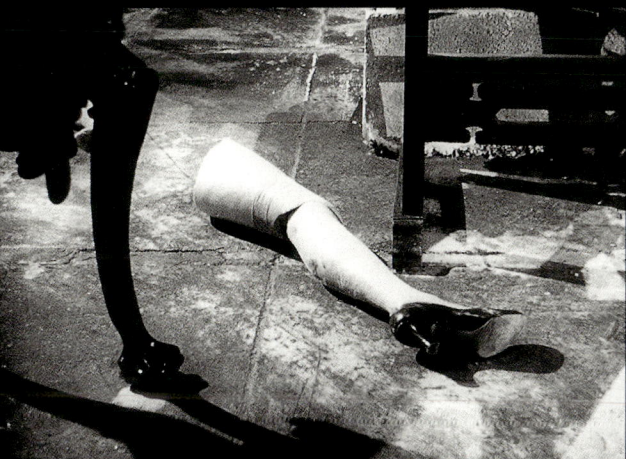

ENSAYO DE UN CRIMEN / THE CRIMINAL LIFE OF ARCHIBALDO DE LA CRUZ, 1955

BELLE DE JOUR, 1966

SUBIDA AL CIELO / MEXICAN BUS RIDE, 1951

EL DISCRETO ENCANTO DE LA BURGUESÍA / THE DISCREET CHARM OF THE BOURGEOISIE, 1972

DIARIO DE UNA CAMARERA / DIARY OF A CHAMBERMAID, 1964

SUSANA, 1950

LA JOVEN / THE YOUNG ONE, 1960

EL BRUTO / THE BRUTE, 1952

ENSAYO DE UN CRIMEN / THE CRIMINAL LIFE OF ARCHIBALDO DE LA CRUZ, 1955

LOS OLVIDADOS, 1950

ESE OSCURO OBJETO DEL DESEO / THAT OBSCURE OBJECT OF DESIRE, 1977

EL FANTASMA DE LA LIBERTAD / THE PHANTOM OF LIBERTY, 1974

LOS AMBICIOSOS / FEVER MOUNTS AT EL PAO (REPUBLIC OF SIN), 1959

LA HIJA DEL ENGAÑO / DAUGHTER OF DECEIT, 1951

SUSANA, 1950

SUBIDA AL CIELO / MEXICAN BUS RIDE 1951

ESE OSCURO OBJETO DEL DESEO / THAT OBSCURE OBJECT OF DESIRE. 1977

EL DISCRETO ENCANTO DE LA BURGUESÍA / THE DISCREET CHARM OF THE BOURGEOISIE. 1972

LA EDAD DE ORO / L'AGE D'OR, 1930

NAZARÍN / NAZARIN, 1958

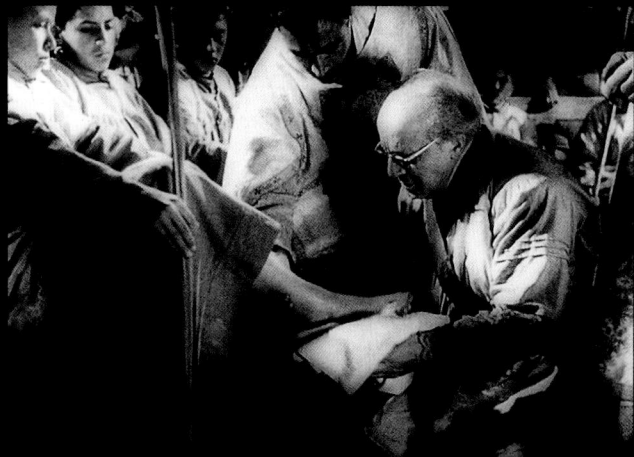

ÉL / EL (THIS STRANGE PASSION), 1953

VIRIDIANA, 1961

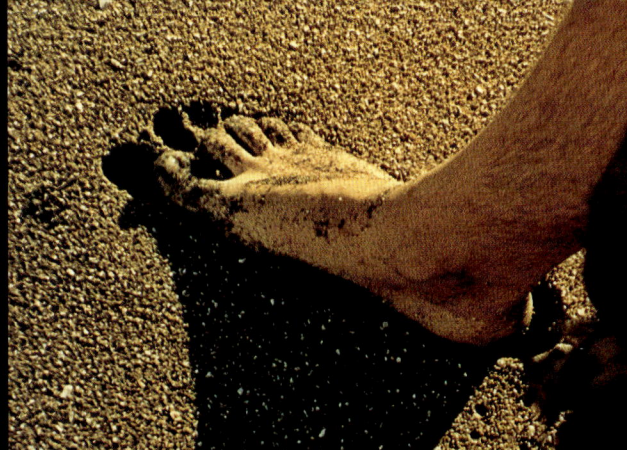

ROBINSON CRUSOE / ADVENTURES OF ROBINSON CRUSOE, 1952

SIMÓN DEL DESIERTO / SIMON OF THE DESERT, 1965

LA JOVEN / THE YOUNG ONE, 1960

ÉL / EL (THIS STRANGE PASSION), 1953

LAS HURDES / LAND WITHOUT BREAD, 1933

LA EDAD DE ORO / L'AGE D'OR, 1930

LA EDAD DE ORO / L'AGE D'OR, 1930

ESE OSCURO OBJETO DEL DESEO / THAT OBSCURE OBJECT OF DESIRE, 1977

EL BRUTO / THE BRUTE, 1952

EL BRUTO / THE BRUTE, 1952

VIRIDIANA, 1961

UN PERRO ANDALUZ / UN CHIEN ANDALOU, 1929

SIMÓN DEL DESIERTO / SIMON OF THE DESERT, 1965

VIRIDIANA, 1961

BELLE DE JOUR, 1966

ROBINSON CRUSOE / ADVENTURES OF ROBINSON CRUSOE, 1952

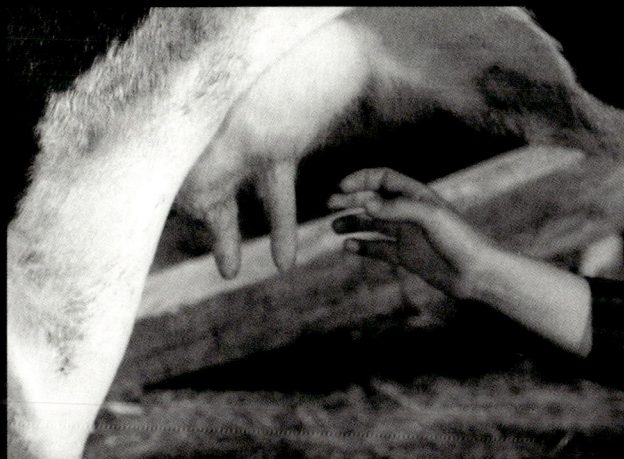

VIRIDIANA, 1961

ENSAYO DE UN CRIMEN / THE CRIMINAL LIFE OF ARCHIBALDO DE LA CRUZ, 1955

ABISMOS DE PASIÓN / WUTHERING HEIGHTS, 1953

UN PERRO ANDALUZ / UN CHIEN ANDALOU, 1929

ENSAYO DE UN CRIMEN / THE CRIMINAL LIFE OF ARCHIBALDO DE LA CRUZ, 1955

EL DISCRETO ENCANTO DE LA BURGUESÍA / THE DISCREET CHARM OF THE BOURGEOISIE, 1972

LAS HURDES / LAND WITHOUT BREAD, 1933

VIRIDIANA, 1961

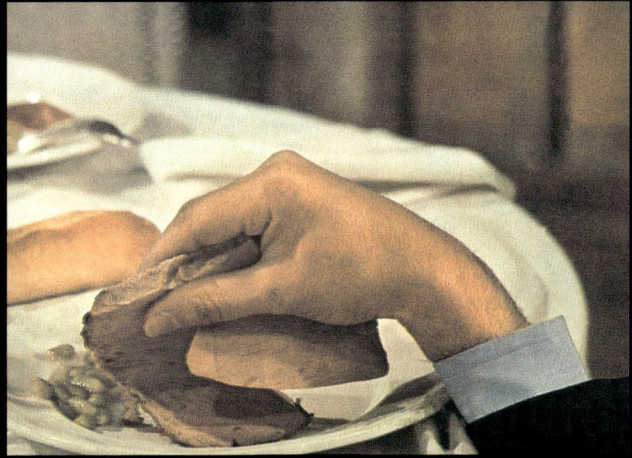
EL DISCRETO ENCANTO DE LA BURGUESÍA / THE DISCREET CHARM OF THE BOURGEOISIE, 1972

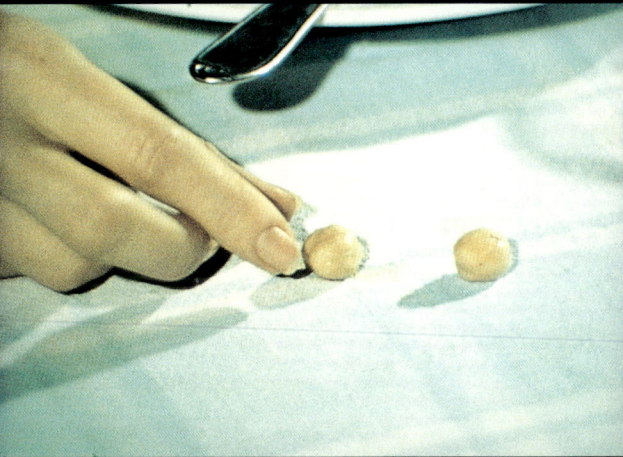
TRISTANA, 1970

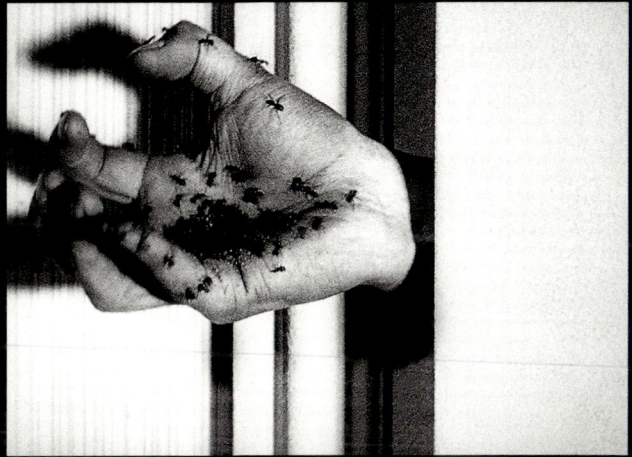
UN PERRO ANDALUZ / UN CHIEN ANDALOU, 1929

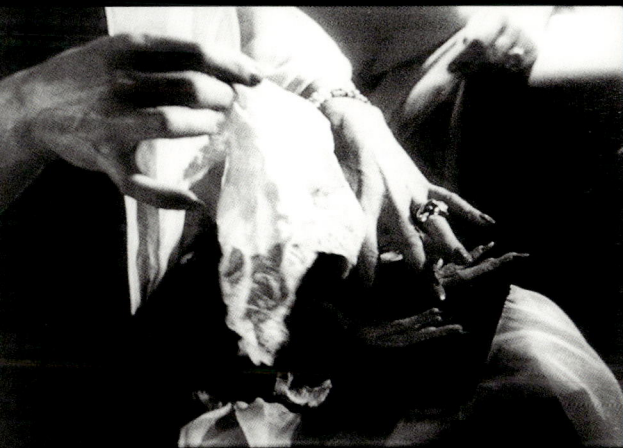
EL ÁNGEL EXTERMINADOR / THE EXTERMINATING ANGEL, 1962

BELLE DE JOUR, 1966

SUBIDA AL CIELO / MEXICAN BUS RIDE, 1951

Objetos cotidianos **Everyday objects**

LA JOVEN / THE YOUNG ONE, 1960

TRISTANA, 1970

ASÍ ES LA AURORA / CELA S'APPELLE L'AURORE, 1955

DIARIO DE UNA CAMARERA / DIARY OF A CHAMBERMAID, 1964

NAZARÍN / NAZARIN, 1958

VIRIDIANA, 1961

EL ÁNGEL EXTERMINADOR / THE EXTERMINATING ANGEL, 1962

ABISMOS DE PASIÓN / WUTHERING HEIGHTS, 1953

EL ÁNGEL EXTERMINADOR / THE EXTERMINATING ANGEL, 1962

VIRIDIANA, 1961

ESE OSCURO OBJETO DEL DESEO / THAT OBSCURE OBJECT OF DESIRE, 1977

ROBINSON CRUSOE / ADVENTURES OF ROBINSON CRUSOE, 1952

ROBINSON CRUSOE / ADVENTURES OF ROBINSON CRUSOE, 1952

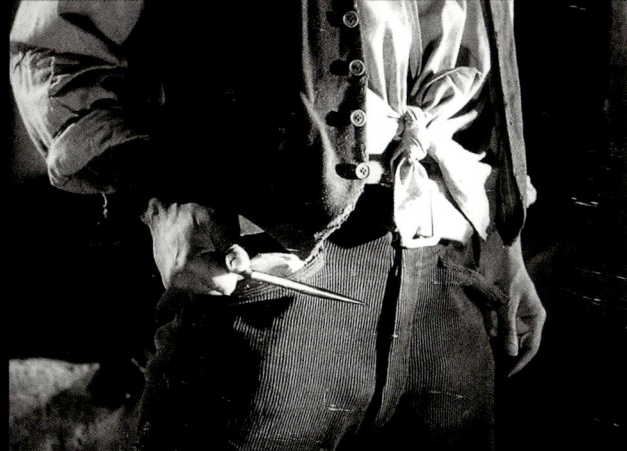

NAZARÍN / NAZARIN, 1958

EL DISCRETO ENCANTO DE LA BURGUESÍA / THE DISCREET CHARM OF THE BOURGEOISIE, 1972

TRISTANA, 1970

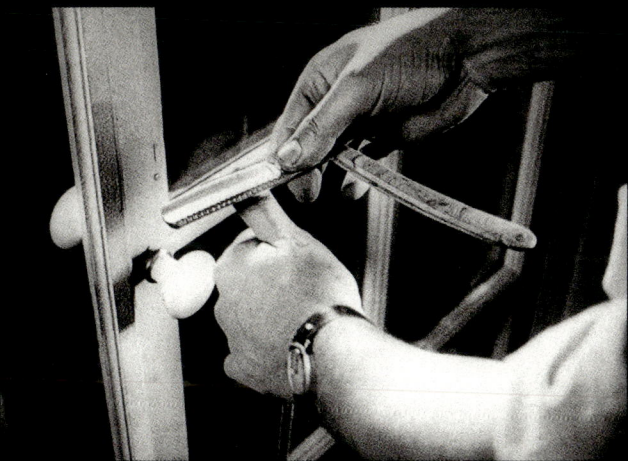

UN PERRO ANDALUZ / UN CHIEN ANDALOU, 1929

ENSAYO DE UN CRIMEN / THE CRIMINAL LIFE OF ARCHIBALDO DE LA CRUZ, 1955

EL DISCRETO ENCANTO DE LA BURGUESÍA / THE DISCREET CHARM OF THE BOURGEOISIE, 1972

LOS AMBICIOSOS / FEVER MOUNTS AT EL PAO (REPUBLIC OF SIN), 1959

NAZARÍN / NAZARIN, 1958

LA MUERTE EN EL JARDÍN / DEATH IN THE GARDEN, 1956

TRISTANA, 1970

GRAN CASINO, 1947

ÉL / EL (THIS STRANGE PASSION), 1953

EL RÍO Y LA MUERTE / THE RIVER AND DEATH, 1954

DIARIO DE UNA CAMARERA / DIARY OF A CHAMBERMAID, 1964

EL DISCRETO ENCANTO DE LA BURGUESÍA / THE DISCREET CHARM OF THE BOURGEOISIE, 1972

BELLE DE JOUR, 1966

OBJETOS COTIDIANOS ARMAS DE FUEGO

273

ABISMOS DE PASIÓN / WUTHERING HEIGHTS, 1953

EL DISCRETO ENCANTO DE LA BURGUESÍA / THE DISCREET CHARM OF THE BOURGEOISIE, 1972

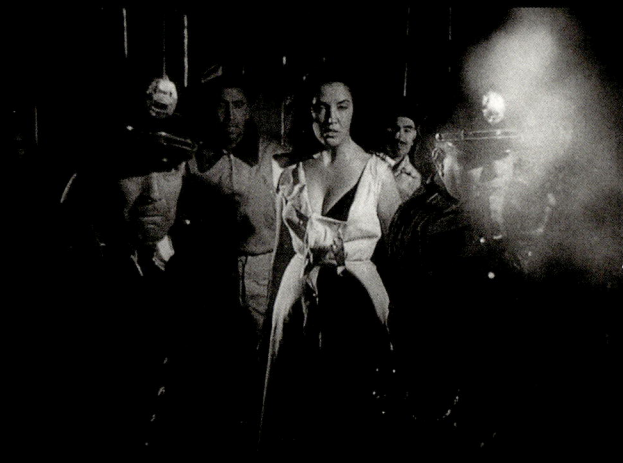

EL BRUTO / THE BRUTE, 1952

ASÍ ES LA AURORA / CELA S'APPELLE L'AURORE, 1955

ROBINSON CRUSOE / ADVENTURES OF ROBINSON CRUSOE, 1952

SUBIDA AL CIELO / MEXICAN BUS RIDE, 1951

UN PERRO ANDALUZ / UN CHIEN ANDALOU, 1929

ENSAYO DE UN CRIMEN / THE CRIMINAL LIFE OF ARCHIBALDO DE LA CRUZ, 1955

EL DISCRETO ENCANTO DE LA BURGUESÍA / LE CHARME DISCRET DE LA BOURGEOISIE, 1972

ESE OSCURO OBJETO DEL DESEO / THAT OBSCURE OBJECT OF DESIRE, 1977

SUSANA, 1950

BELLE DE JOUR, 1966

TRISTANA, 1970

VIRIDIANA, 1961

EL DISCRETO ENCANTO DE LA BURGUESÍA / THE DISCREET CHARM OF THE BOURGEOISIE, 1972

EL ÁNGEL EXTERMINADOR / THE EXTERMINATING ANGEL, 1962

TRISTANA, 1970

ÉL / EL (THIS STRANGE PASSION), 1953

LOS AMBICIOSOS / FEVER MOUNTS AT EL PAO (REPUBLIC OF SIN), 1959

BELLE DE JOUR, 1966

ASÍ ES LA AURORA / CELA S'APPELLE L'AURORE, 1955

EL FANTASMA DE LA LIBERTAD / THE PHANTOM OF LIBERTY, 1974

UN PERRO ANDALUZ / UN CHIEN ANDALOU, 1929

EL DISCRETO ENCANTO DE LA BURGUESÍA / THE DISCREET CHARM OF THE BOURGEOISIE, 1972

OBJETOS COTIDIANOS EL BURGUÉS PIANO

277

BELLE DE JOUR, 1966

BELLE DE JOUR, 1966

EL BRUTO / THE BRUTE, 1952

ENSAYO DE UN CRIMEN / THE CRIMINAL LIFE OF ARCHIBALDO DE LA CRUZ, 1955

SUSANA, 1950

NAZARÍN / NAZARIN, 1958

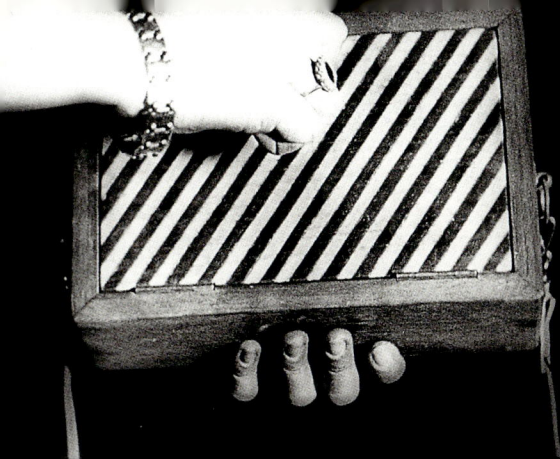

UN PERRO ANDALUZ / UN CHIEN ANDALOU, 1929

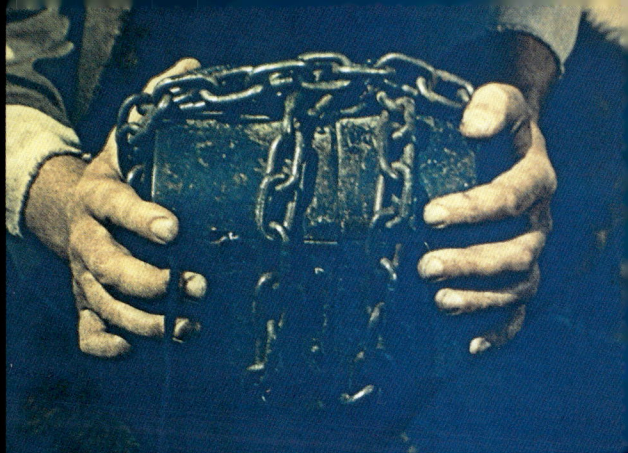

ROBINSON CRUSOE / ADVENTURES OF ROBINSON CRUSOE, 1952

NAZARÍN / NAZARIN, 1958

DIARIO DE UNA CAMARERA / DIARY OF A CHAMBERMAID, 1964

ESE OSCURO OBJETO DEL DESEO / THAT OBSCURE OBJECT OF DESIRE, 1977

EL ÁNGEL EXTERMINADOR / THE EXTERMINATING ANGEL, 1962

UN PERRO ANDALUZ / UN CHIEN ANDALOU, 1929

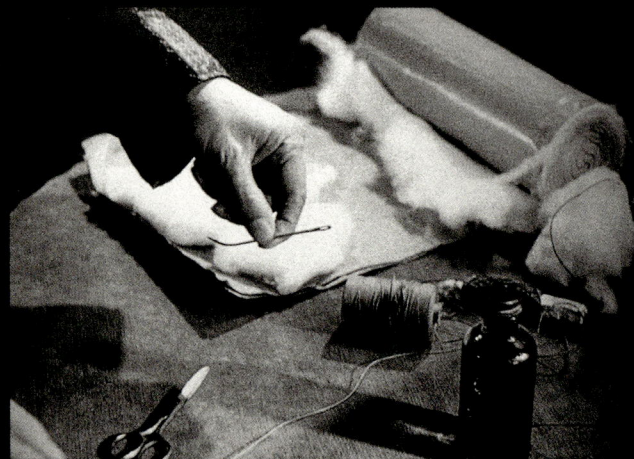

ÉL / EL (THIS STRANGE PASSION), 1953

DIARIO DE UNA CAMARERA / DIARY OF A CHAMBERMAID, 1964

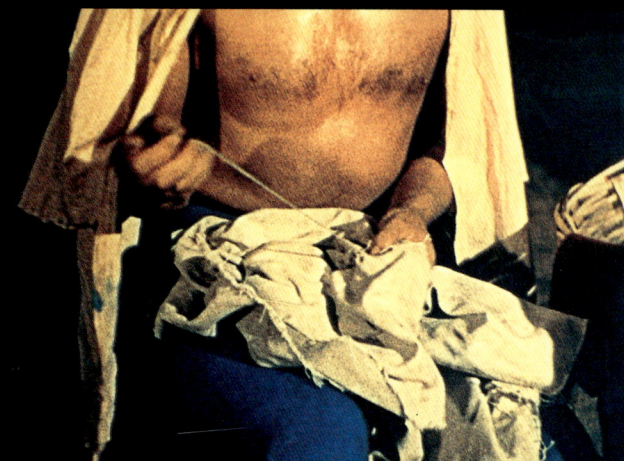

ROBINSON CRUSOE / ADVENTURES OF ROBINSON CRUSOE, 1952

BELLE DE JOUR, 1966

BELLE DE JOUR, 1966

LA HIJA DEL ENGAÑO / DAUGHTER OF DECEIT, 1951

LA MUERTE EN EL JARDÍN / DEATH IN THE GARDEN, 1956

EL GRAN CALAVERA / THE GREAT MADCAP, 1949

ABISMOS DE PASIÓN / WUTHERING HEIGHTS, 1953

TRISTANA, 1970

ESE OSCURO OBJETO DEL DESEO / THAT OBSCURE OBJECT OF DESIRE, 1977

TRISTANA, 1970

UN PERRO ANDALUZ / UN CHIEN ANDALOU, 1929

LA JOVEN / THE YOUNG ONE, 1960

BELLE DE JOUR, 1966

EL DISCRETO ENCANTO DE LA BURGUESÍA / THE DISCREET CHARM OF THE BOURGEOISIE, 1972

ÉL / EL (THIS STRANGE PASSION), 1953

BELLE DE JOUR, 1966

SE OSCURO OBJETO DEL DESEO / THAT OBSCURE OBJECT OF DESIRE, 1977

ÉL / EL (THIS STRANGE PASSION), 1953

DIARIO DE UNA CAMARERA / DIARY OF A CHAMBERMAID, 1964

BELLE DE JOUR, 1966

NSAYO DE UN CRIMEN / THE CRIMINAL LIFE OF ARCHIBALDO DE LA CRUZ, 1955

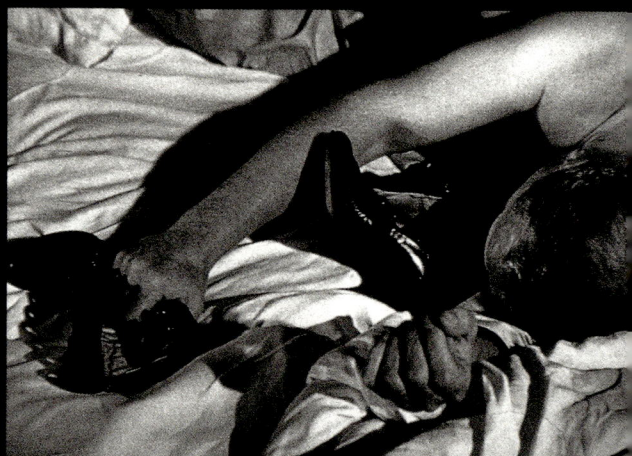

DIARIO DE UNA CAMARERA / DIARY OF A CHAMBERMAID, 1964

SE OSCURO OBJETO DEL DESEO / THAT OBSCURE OBJECT OF DESIRE, 1977

VIRIDIANA, 1961

UN PERRO ANDALUZ / UN CHIEN ANDALOU, 1929

VIRIDIANA, 1961

NAZARÍN / NAZARIN, 1958

ENSAYO DE UN CRIMEN / THE CRIMINAL LIFE OF ARCHIBALDO DE LA CRUZ, 1955

BELLE DE JOUR, 1966

ÉL / EL (THIS STRANGE PASSION), 1953

EL GRAN CALAVERA / THE GREAT MADCAP, 1949

Rituales y símbolos **Rituals and symbols**

SUBIDA AL CIELO / MEXICAN BUS RIDE, 1951

VIRIDIANA, 1961

ABISMOS DE PASIÓN / WUTHERING HEIGHTS 1953

ENSAYO DE UN CRIMEN / THE CRIMINAL LIFE OF ARCHIBALDO DE LA CRUZ, 1955

UNA MUJER SIN AMOR / A WOMAN WITHOUT LOVE 1951

LA VÍA LÁCTEA / THE MILKY WAY, 1969

LAS HURDES / LAND WITHOUT BREAD, 1933

VIRIDIANA, 1961

NAZARÍN / NAZARIN, 1958

ABISMOS DE PASIÓN / WUTHERING HEIGHTS, 1953

LOS AMBICIOSOS / FEVER MOUNTS AT EL PAO (REPUBLIC OF SIN), 1959

LA MUERTE EN EL JARDÍN / DEATH IN THE GARDEN, 1956

LA EDAD DE ORO / L'AGE D'OR, 1930

LOS OLVIDADOS, 1950

ABISMOS DE PASIÓN / WUTHERING HEIGHTS, 1953

TRISTANA, 1970

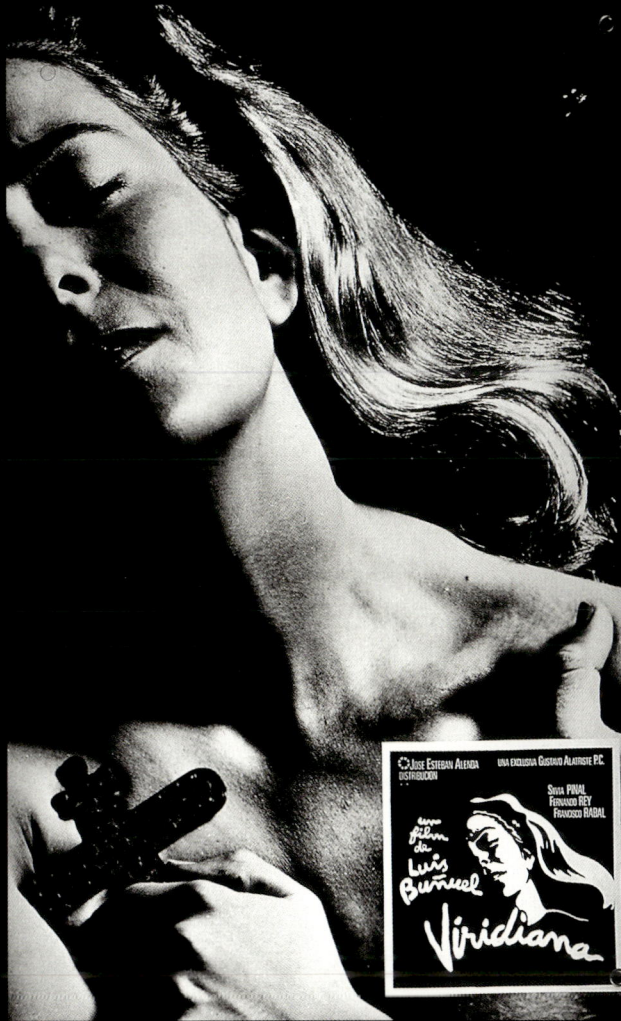

VIRIDIANA, 1961

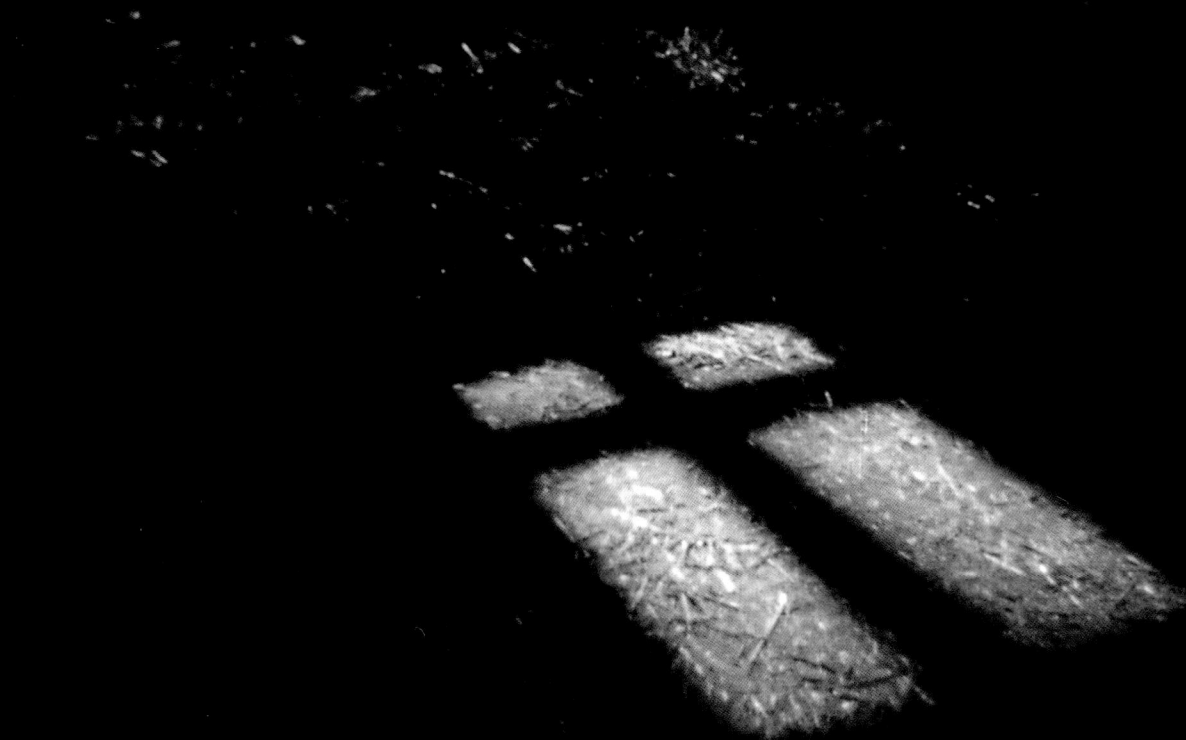

SUSANA, 1950

EL DISCRETO ENCANTO DE LA BURGUESÍA / THE DISCREET CHARM OF THE BOURGEOISIE, 1972

SIMÓN DEL DESIERTO / SIMON OF THE DESERT, 1965

VIRIDIANA, 1961

ESE OSCURO OBJETO DEL DESEO / THAT OBSCURE OBJECT OF DESIRE, 1977

LA VÍA LÁCTEA / THE MILKY WAY, 1969

LA MUERTE EN EL JARDÍN / DEATH IN THE GARDEN, 1956

EL FANTASMA DE LA LIBERTAD / THE PHANTOM OF LIBERTY, 1974

EL ÁNGEL EXTERMINADOR / THE EXTERMINATING ANGEL, 1962

VIRIDIANA, 1961

ESE OSCURO OBJETO DEL DESEO / THAT OBSCURE OBJECT OF DESIRE, 1977

LA VÍA LÁCTEA / THE MILKY WAY, 1969

LA EDAD DE ORO / L'AGE D'OR, 1930

LA EDAD DE ORO / L'AGE D'OR, 1930

ÉL / EL (THIS STRANGE PASSION), 1953

EL DISCRETO ENCANTO DE LA BURGUESÍA / THE DISCREET CHARM OF THE BOURGEOISIE, 1972

LA HIJA DEL ENGAÑO / DAUGHTER OF DECEIT, 1951

SIMÓN DEL DESIERTO / SIMON OF THE DESERT, 1965

EL DISCRETO ENCANTO DE LA BURGUESÍA / THE DISCREET CHARM OF THE BOURGEOISIE, 1972

NAZARÍN / NAZARIN, 1958

LA EDAD DE ORO / L'AGE D'OR, 1930

ÉL / EL (THIS STRANGE PASSION), 1953

ÉL / EL (THIS STRANGE PASSION), 1953

EL FANTASMA DE LA LIBERTAD / THE PHANTOM OF LIBERTY, 1974

LA EDAD DE ORO / L'AGE D'OR, 1930

VIRIDIANA, 1961

UN PERRO ANDALUZ / UN CHIEN ANDALOU, 1929

ENSAYO DE UN CRIMEN / THE CRIMINAL LIFE OF ARCHIBALDO DE LA CRUZ, 1955

LA VÍA LÁCTEA / THE MILKY WAY, 1969

TRISTANA, 1970

VIRIDIANA, 1961

UNA MUJER SIN AMOR / A WOMAN WITHOUT LOVE, 1951

DIARIO DE UNA CAMARERA / DIARY OF A CHAMBERMAID, 1964

ABISMOS DE PASIÓN / WUTHERING HEIGHTS, 1953

EL ÁNGEL EXTERMINADOR / THE EXTERMINATING ANGEL, 1962

ÉL / ÉL (THIS STRANGE PASSION), 1953

EL DISCRETO ENCANTO DE LA BURGUESÍA / THE DISCREET CHARM OF THE BOURGEOISIE, 1972

SUSANA, 1950

EL GRAN CALAVERA / THE GREAT MADCAP, 1949

LA HIJA DEL ENGAÑO / DAUGHTER OF DECEIT, 1951

ESE OSCURO OBJETO DEL DESEO / THAT OBSCURE OBJECT OF DESIRE, 1977

GRAN CASINO, 1947

BELLE DE JOUR, 1966

ABISMOS DE PASIÓN / WUTHERING HEIGHTS, 1953

ESE OSCURO OBJETO DEL DESEO / THAT OBSCURE OBJECT OF DESIRE, 1977

EL BRUTO / THE BRUTE, 1952

VIRIDIANA, 1961

LA VÍA LÁCTEA / THE MILKY WAY, 1969

ABISMOS DE PASIÓN / WUTHERING HEIGHTS, 1953

LOS OLVIDADOS, 1950

TRISTANA, 1970

ASÍ ES LA AURORA / CELA S'APPELLE L'AURORE, 1955

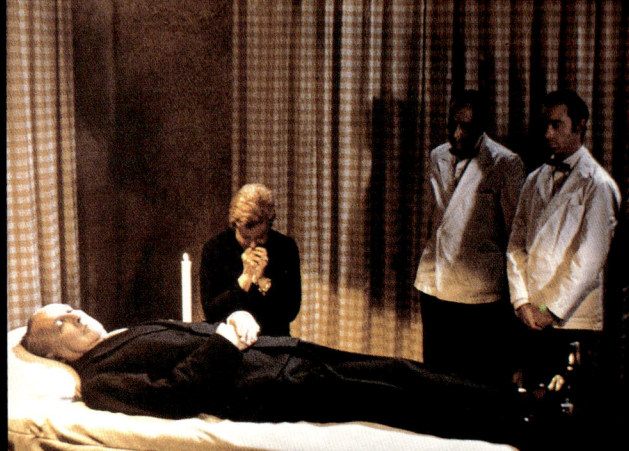

EL DISCRETO ENCANTO DE LA BURGUESÍA / THE DISCREET CHARM OF THE BOURGEOISIE, 1972

EL RÍO Y LA MUERTE / THE RIVER AND DEATH, 1954

LAS HURDES / LAND WITHOUT BREAD, 1933

SUBIDA AL CIELO / MEXICAN BUS RIDE, 1951

ABISMOS DE PASIÓN / WUTHERING HEIGHTS, 1953

SIMÓN DEL DESIERTO / SIMON OF THE DESERT, 1965

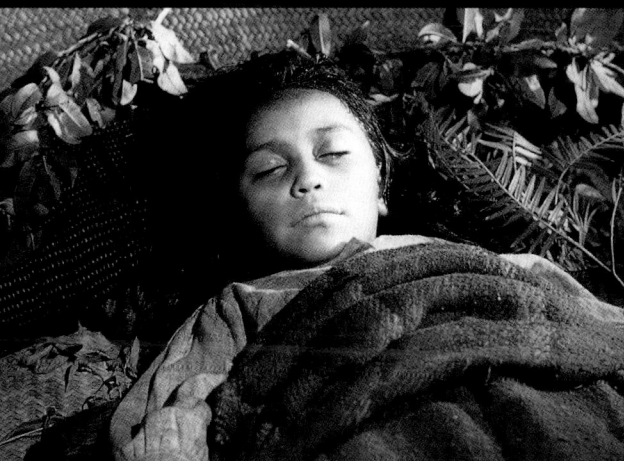

NAZARÍN / NAZARIN, 1958

LA VÍA LÁCTEA / THE MILKY WAY, 1969

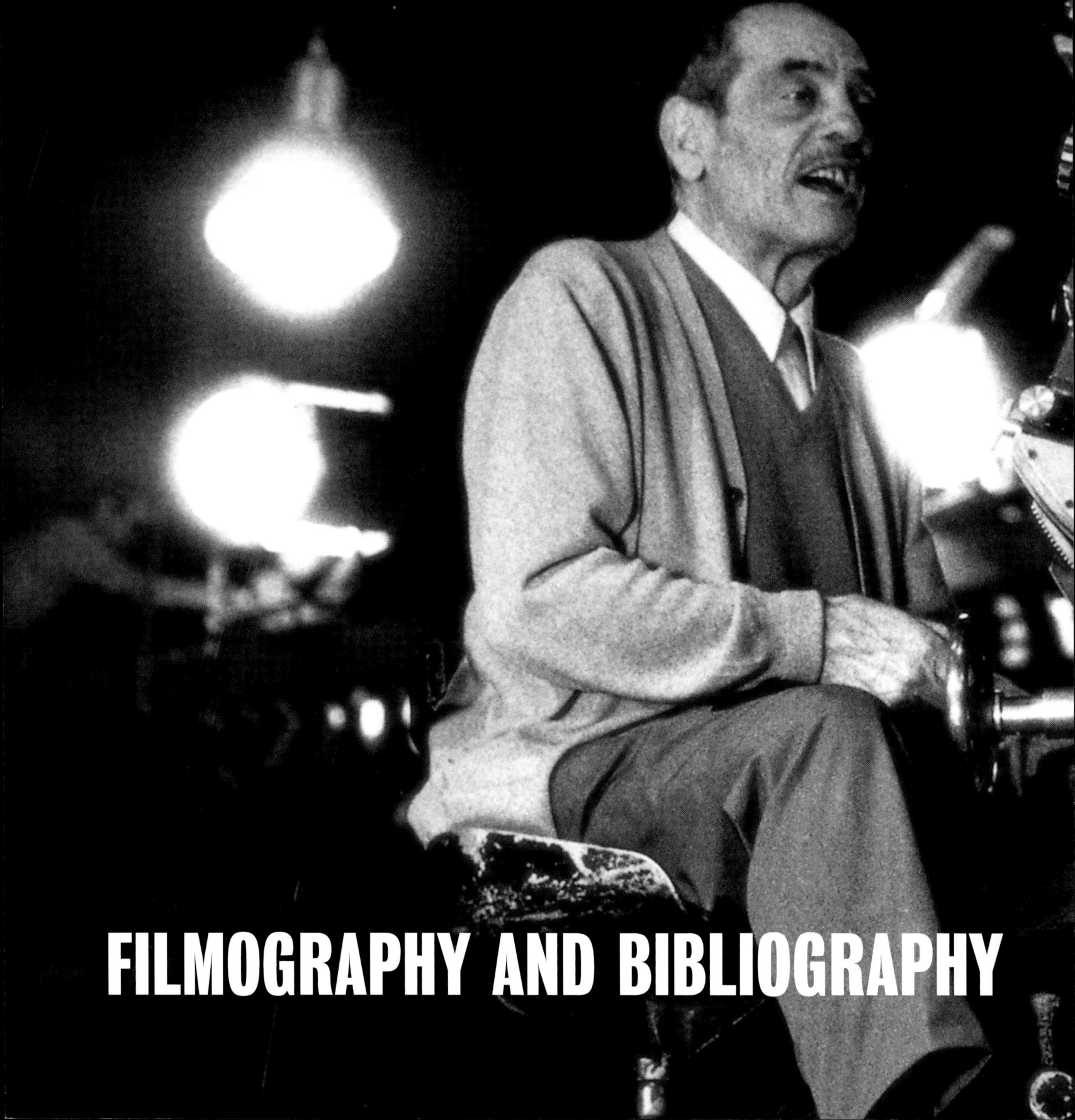

FILMOGRAPHY AND BIBLIOGRAPHY

FILMOGRAFÍA Y BIBLIOGRAFÍA

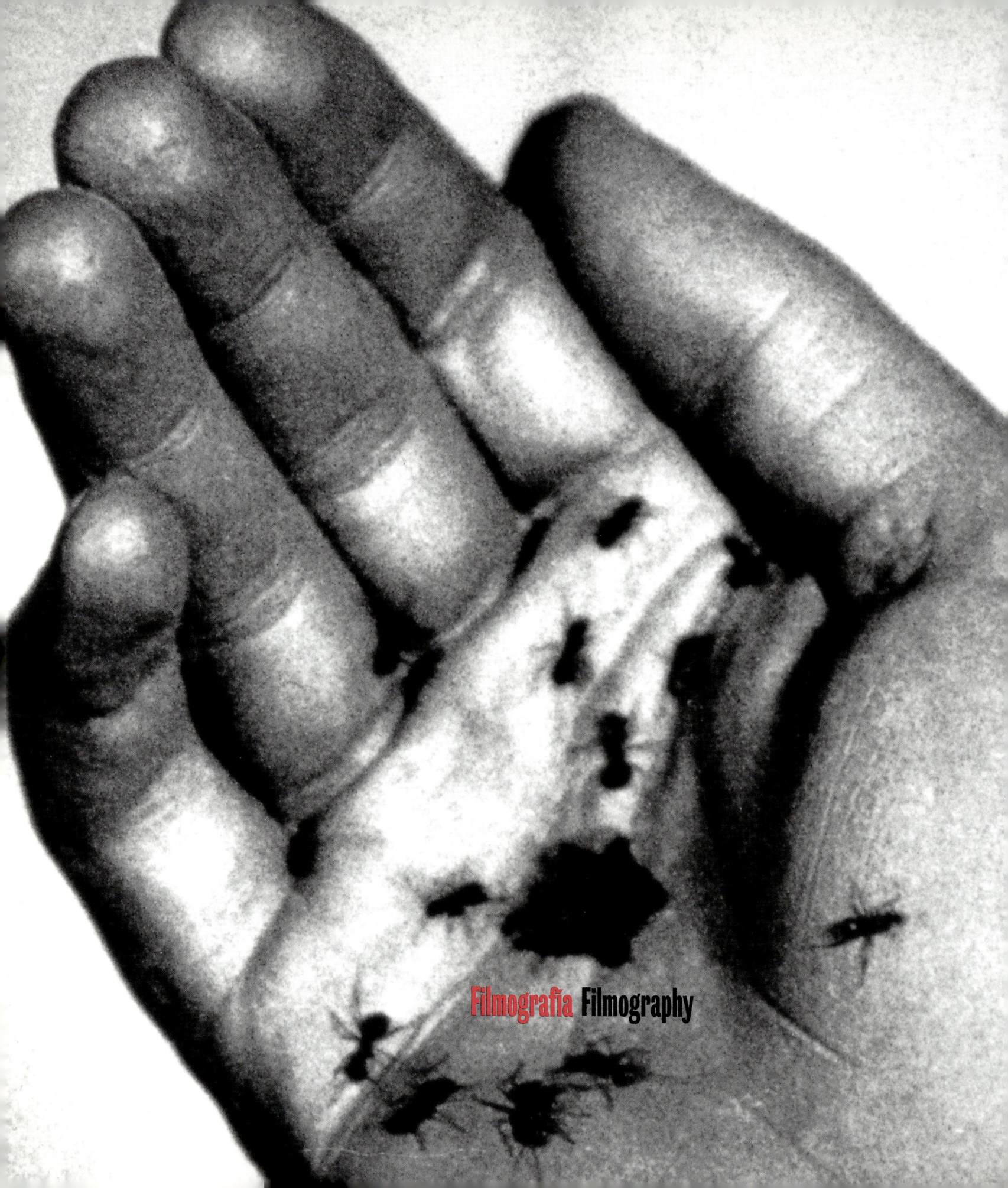

1929
UN CHIEN ANDALOU *UN PERRO ANDALUZ*

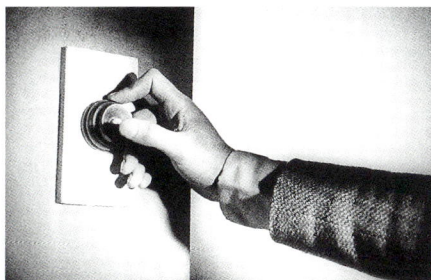

Nacionalidad / Nationality: Francia / France.
Dirección / Director: Luis Buñuel.
Productor / Producer: Luis Buñuel.
Guion / Screenplay: Luis Buñuel, Salvador Dalí.
Director de fotografía / Director of Photography: Albert Duverger, 35 mm.
Montaje / Editor: Luis Buñuel.
Dirección artística / Art Director: Pierre Schildtnecht.
Música / Music: *Tristan und Isolde*, de Richard Wagner y tangos argentinos (película sonorizada por *Les grands Films Classiques* en 1960 a partir de la selección de Luis Buñuel) / *Tristan und Isolde*, by Richard Wagner and Argentinian tangos (silent, soundtrack added 1960 by *Les grands Films Classiques* from a selection by Luis Buñuel).
Ayudante de dirección / Assistant Director: Pierre Batcheff.
Lugar e inicio del rodaje / Location & Date of Shoot: París, El Havre, 19 de marzo de 1929 / Paris, Le Havre, March 19, 1929.
Estreno / Premiere: *Studio des Ursulines*, París, 6 de junio de 1929 / *Studio des Ursulines*, Paris, June 6, 1929.
Duración / Running Time: 17 min. Blanco y negro / Black & White.
Títulos inicialmente previstos / Original Title: *El marista de la ballesta*; *Il est dangereux de se pencher au-dedans*.
Intérpretes / Cast: Pierre Batcheff (hombre / *man*), Simone Mareuil (chica / *woman*), Salvador Dalí, Jaume Miravitlles y Marral (hermanos maristas / *Marist priests*), Luis Buñuel (el hombre de la cuchilla de afeitar / *man with razor*), Fano Messan (el andrógino / *the androgynous*).

1930
L'ÂGE D'OR *LA EDAD DE ORO*

Nacionalidad / Nationality: Francia / France.
Dirección / Director: Luis Buñuel.
Productores / Producers: Vizcondes Charles y Marie-Laure de Noailles / Viscounts Charles and Marie-Laure de Noailles.
Guion / Screenplay: Luis Buñuel, Salvador Dalí.
Director de fotografía / Director of Photography: Albert Duverger, 35 mm.
Montaje / Editor: Luis Buñuel.
Dirección artística / Art Director: Pierre Schildtnecht.
Música / Music: Composición de Georges Van Parys; *La mer est plus belle,* de Debussy; *V Symphonie,* de Beethoven; *Waldesflustern* y *Tristan und Isolde,* de Wagner; *Symphonie Italienne*; *Fingals höhle,* de Mendelsshon; *Ave Verum,* de Mozart; y los tambores de Calanda, por la Guardia Republicana de París / Composition by Georges Van Parys; *La mer est plus belle*, by Debussy; *V Symphony*, by Beethoveen; *Waldesflustern* and *Tristan und Isolde*, by Wagner; *Italian Symphony*; *Fingals hohle,* by Mendelsshon; *Ave Verum,* by Mozart; and the drums of Calanda, by the Republican Guard of Paris.
Ayudantes de dirección / Assistant Directors: Jacques Bernard Brunius, Claude Heyman.
Lugar e inicio del rodaje / Location & Date of Shoot: *Studios Billancourt, Studios de la Tobis,* Épinay-sur-Seine, exteriores en París y Cadaqués (Gerona), 3 de mayo de 1930 / *Studios Billancourt, Studios de la Tobis,* Epinay-sur-Seine, exteriors in Paris and Cadaques (Gerona), May 3rd, 1930.
Estreno / Premiere: Salones de los vizcondes de Noailles, proyección privada, París, junio de 1930; *Studio 28,* proyección pública, París, 28 de noviembre de 1930 / Salons of the Vis-

En las páginas que siguen se repertoria la filmografía completa de Luis Buñuel. Después de la fecha en la que se ha producido cada película, se indica el título original en la lengua o lenguas en las que fue producida o coproducida. Subsigue, en cursiva, el título correspondiente en español o en francés, si es distinto de aquél.

The following pages present Luis Buñuel's complete filmography. The original title can be found after the production date of each film, in the language of production, or co-production, and then the corresponding title in Spanish or English, if it is different from the original, in italics.

counts of Noailles, private screening, Paris, June, 1930; *Studio 28*, public screening, Paris, November 28, 1930.

Duración / Running Time: 60 min.

Blanco y negro / Black & White.

Títulos inicialmente previstos / Original Title: *¡Abajo la Constitución! ; La bête andalouse.*

Título de la versión reducida / Title of Reduced Version: *Dans les eaux glacées du calcul égoïste,* presentada a la censura francesa después de su prohibición / *Dans les eaux glacées du calcul egoïste,* presented to the French censors after the ban.

Intérpretes / Cast: Gaston Modot (el amante / *the lover*), Lya Lys (hija de la marquesa / *the marquise's daughter*), Max Ernst (jefe de los bandidos / *leader of the bandits*), Pierre Prévert (Péman, un bandido / *Péman, a bandit*), Francisco G. Cossío (el cojo / *the cripple*), Joaquín Roa, Pedro Flores, Juan Castañé, Juan Esplandiu (los cuatro bandidos / *the four bandits*), Caridad de Laberdesque (camarera / *chambermaid*), José Llorens Artigas (gobernador / *governor*), Lionel Salem (el duque de Blangis, Cristo / *duke of Blangis, Christ*), Mme Hugo (mujer del gobernador / *governor's wife*), Marie-Berthe Ernst (invitada / *guest*), Jacques-Bernard Brunius (transeúnte / *passerby*), Simone Cottance, Jaume Miratvilles, Germaine Noizet (madre, la marquesa de X... / *mother, the marquise of X…*), Ibáñez (padre, el marqués / *father, the marquis*), Domingo Pruna (un invitado / *guest*), Manuel Ángeles Ortiz (guarda forestal / *forest ranger*), A. Duchange (director de orquesta / *orchestra conductor*), J.R. Masoliver, Marval (el arzobispo y el obispo defenestrado / *the archbishop and the defenestrated archbishop*), Claude Heuman (figurante entre la multitud del Cabo Creus / *in the multitude at Cape Creus*), Jacques Prévert, Evardon (el ministro / *the minister*), B. Aliance (uno de los policías / *a police officer*), M. Denic, M. Pereira (los carreteros / *the carters*), Josep Albert (el cardenal / *the cardinal*), Firmo y Enriquet Maula (los obispos / *the bishops*), Manuel Maula (monje / *monk*), Roland Penrose (otro invitado / *guest*), la voz de Paul Eluard / *the voice of Paul Eluard*.

1933
LAS HURDES *LAND WITHOUT BREAD*

Otro título / Alternate Title: *Tierra sin pan.*

Nacionalidad / Nationality: España / Spain.

Dirección / Director: Luis Buñuel.

Productores / Producers: Ramón Acín, Luis Buñuel.

Argumento / Story: Luis Buñuel, inspirado en *Las Jurdes*, estudio de geografía humana realizado por Maurice Legendre para la *École des Hautes Études Hispaniques* de Burdeos y París, en 1927 / Luis Buñuel, inspired by *Las Jurdes,* a study of human geography done by Maurice Legendre for the *École des Hautes Études Hispaniques* in Bordeaux and Paris in 1927.

Guion / Screenplay: Luis Buñuel.

Comentarios / Commentary: Texto de Luis Buñuel, Pierre Unik y Julio Acín, leído por Abel Jacquin / Text by Luis Buñuel, Pierre Unik and Julio Acín, read by Abel Jacquin.

Director de fotografía / Director of Photography: Eli Lotar, 35 mm.

Montaje / Editor: Luis Buñuel.

Música / Music: *IV Symphonie*, de Brahms; texto y música incorporados por Pierre Braunberger y Charles Goldblatt en Francia (1937) para su distribución en *Films du Panthéon* / *IV Symphony,* by Brahms; text and music incorporated by Pierre Braunberger and Charles Goldblatt in France (1937) for its distribution in *Films du Panthéon.*

Ayudantes de dirección / Assistant Directors: Pierre Unik, Rafael Sánchez Ventura.

Lugar e inicio del rodaje / Location & Date of Shoot: Las Hurdes (Extremadura), La Alberca (Salamanca) 23 de abril de 1933 / Las Hurdes (Extremadura), La Alberca (Salamanca), April 23rd, 1933.

Estreno / Premiere: Palacio de la Prensa de Madrid, proyección privada, muda, en diciembre de 1933. La película fue prohibida hasta abril de 1936 / Palace of the Press of Madrid, private screening, silent, in December of 1933. The film was banned until April of 1936.

Duración / Running Time: 27 min.

Blanco y negro / Black & White.

Intérpretes / Cast: Personas anónimas de Las Hurdes y de La Alberca. / Anonymous people from Las Hurdes and La Alberca.

1947
GRAN CASINO

Otros títulos / Alternate Titles: *Tampico; En el viejo Tampico.*

Nacionalidad / Nationality: México / Mexico.

Dirección / Director: Luis Buñuel.

Producción / Production: Películas Anáhuac S.A., Ultramar Films (México / Mexique).

Productor / Producer: Oscar Dancigers.

Productor ejecutivo / Executive Producer: José Luis Busto.

Argumento / Story: Basado en la novela *El rugido del paraíso,* de Michel Weber / Based on the novel *El rugido del paraíso,* by Michel Weber.

Guion / Screenplay: Mauricio Magdaleno y, no incluidos en los créditos, Luis Buñuel y Edmundo Báez. / Mauricio Magdaleno and, not included in the credits, Luis Buñuel and Edmundo Báez.

Diálogos / Dialogue: Javier Mateos.

Director de fotografía / Director of Photography: Jack Draper, 35 mm.

Montaje / Editor: Gloria Schoemann.

Dirección artística / Art Director: Raúl Serrano, Javier Torres Torija.

Música / Music: "Vals cursi y dueño de mi amor", de Manuel Esperón; "Adiós pampa mía", de Francisco Canaro, Mariano Mores; "El choclo" (tango), de A.G. Villoldo; "El reflector del amor", de Francisco Alonso; "La norteña", de E. Vigil, Robles; "Loca" (tango), de Joves, Pettorosi. Interpretadas por Libertad Lamarque, Jorge Negrete y el *Trío Calaveras* / Interpreted by Libertad Lamarque, Jorge Negrete and the *Trío Calaveras.*

Ayudante de dirección / Assistant Director: Moisés M. Delgado.

Lugar e inicio del rodaje / Location & Date of Shoot: Estudios CLASA, México D.F., 19 de diciembre de 1946. / CLASA Studios, Mexico D. F., December 19, 1946.

Estreno / Premiere: Cine Palacio, México D.F., 12 de junio de 1947. / Cine Palacio, Mexico D. F., June 12, 1947.

Duración / Running Time: 96 min.

Blanco y negro / Black & White.

Intérpretes / Cast: Libertad Lamarque (Mercedes Irigoyen), Jorge Negrete (Gerardo Ramírez), Mercedes Barba (Camelia), Agustín Isunza (Heriberto), Julio Villareal (Demetrio García), José Baviera (Fabio), A. Bedoya ("El Rayado"), Francisco Jambrina (José Enrique), Fernanda Albany ("Nenette", una cleptómana / *"Nenette", a kleptomaniac*), Charles Rooner (Van Eckerman), Berta Lear (Raquel), Ignacio Peón (el cochero / *the bus driver*), Julio Ahuet (el pistolero / *the gunman*), Juan García, *"Trío Calaveras"*.

1949
EL GRAN CALAVERA *THE GREAT MADCAP*

Nacionalidad / Nationality: México / Mexico.

Dirección / Director: Luis Buñuel.

Producción / Production: Ultramar Films (México / Mexico).

Productores / Producers: Oscar Dancigers, Fernando Soler.

Productor asociado / Associate Producer: Antonio de Salazar.

Productor ejecutivo / Executive Producer: Alberto Ferrer.

Argumento / Story: Basado en la obra homónima, de Adolfo Terrado / Based on the eponymous work by Adolfo Terrado.

Guion / Screenplay: Luis Alcoriza, Janet Alcoriza (Raquel Rojas).

Director de fotografía / Director of Photography: Ezequiel Carrasco, 35 mm.

Montaje / Editor: Carlos Savage, Luis Buñuel.

Dirección artística / Art Director: Darío Cabañas, Luis Moya.

Música / Music: Manuel Esperón.

Ayudante de dirección / Assistant Director: Moisés M. Delgado.

Lugar e inicio del rodaje / Location & Date of Shoot: Estudios Tepeyac, México D.F., 9 de junio de 1949 / Tepeyac Studios, Mexico D.F., June 9, 1949.

Estreno / Premiere: Cine Orfeón, México D.F., 25 de noviembre de 1949 / Cine Orfeón, Mexico D.F., November 25, 1949.

Duración / Running Time: 90 min.

Blanco y negro / Black & White.

Intérpretes / Cast: Fernando Soler (don Ramiro), Rosario Granados (Virginia), Andrés Soler (Ladislao), Rubén Rojo (Pablo), Gustavo Rojo (Eduardo), Maruja Grifell (Milagros), Francisco Jambrina (Gregorio), Luis Alcoriza (Alfredo), Antonio Bravo (Alfonso), Antonio Monsell (Juan, el mayordomo / *Juan, the butler*), María Luisa Serrano, Nicolás Rodríguez (Carmelito), Juan Pulido, Gerardo Pérez Martínez, Pepe Martínez, José Chávez.

1950
LOS OLVIDADOS
THE YOUNG AND THE DAMNED

Nacionalidad / Nationality: México / Mexico.

Dirección / Director: Luis Buñuel.

Producción / Production: Ultramar Films (México / Mexico).

Productores / Producers: Oscar Dancigers, Jaime Menasco.

Productor ejecutivo / Executive Producer: Fidel Pizarro.

Argumento / Story: Luis Buñuel, Luis Alcoriza.

Guion y diálogos / Screenplay & Dialogue: Luis Buñuel, Luis Alcoriza, Julio Alejandro, Juan Larrea, José de Jesús Aceves, Max Aub, Pedro de Urdimalas (los dos últimos no incluidos en los créditos / the last two not included in the credits).

Director de fotografía / Director of Photography: Gabriel Figueroa, 35 mm.

Montaje / Editor: Carlos Savage, Luis Buñuel.

Dirección artística / Art Director: Edward Fitzgerald.

Música / Music: Gustavo Pittaluga, no incluido en los créditos, con la colaboración de Rodolfo Halffter / Gustavo Pittaluga, not included in the credits, in collaboration with Rodolfo Halffter.

Ayudante de dirección / Assistant Director: Ignacio Villareal.

Lugar e inicio del rodaje / Location & Date of Shoot: Estudios Tepeyac, México D.F. 6 de febrero de 1950 / Tepeyac Studios, Mexico D.F., February 6, 1950.

Estreno / Premiere: Cine México, México D.F., 9 de noviembre de 1950 / Cine Mexico, Mexico D.F., November 9, 1950.

Premios / Awards: A la mejor dirección, Festival de Cannes, abril 1951; FIPRESCI, 1951 y once de los dieciocho Arieles de la Cinematografía mexicana. / Best Director, Cannes Film Festival, April 1951; FIPRESCI, 1951 and eleven of the eighteen Arieles of Mexican Cinematography.

Duración / Running Time: 80 min.

Blanco y negro / Black & White.

Intérpretes / Cast: Estela Inda (madre de Pedro / *Pedro's mother*), Miguel Inclán (don Carmelo, el ciego / *Don Carmelo, the blind man*), Alfonso Mejía (Pedro), Roberto Cobo ("Jaibo"), Alma Delia Fuentes (Meche), Efraín Arauz ("Cacarizo", su hermano / *Cacarizo, her brother*), Francisco Jambrina (director del correccional / *director of the correctional*), Ángel Merino (Carlos, su ayudante / *Carlos, his assistant*), Jesús García Navarro (padre de Julián / *Julian's father*), Sergio Villareal, Jorge Pérez ("Pelón"), Javier Amezcua (Julián), Mario Ramírez ("Ojitos" / *"Little Eyes")*, Juan Villegas (el abuelo de "Cacarizo" / *Cacarizo's grandfather*), Héctor López Portillo (el juez / *the judge*), Ramón Martínez (Nacho, hermano de Pedro / *Nacho, Pedro's brother*), Diana Ochoa (madre de "Cacarizo" / *Cacarizo's mother*), Francisco Muller (Mendoza), Salvador Quiroz (el herrero / *the blacksmith*), José Moreno Fuentes (un policía / *a police officer*), Charles Rooner (el pederasta / *the pederast*), Daniel Corona, Roberto Navarrete (muchachos de la calle / *street urchins*), Antonio Martínez (el niño / *the child*), Antulio Jiménez Pons (el vendedor / *the vendor*), Humberto Mosti (un empleado / *an employee*), Pepe Loza, Rubén Campos, José López (muchachos del correccional / *boys in the correctional*), Ignacio Solórzano (Luis, el feriante / *Luis, the owner of the fair*), Victorio Blanco (el anciano del mercado / *the old man in the market*), Juan

Domínguez (el empleado / *the employee*), Ramón Sánchez, Enedina Díaz de León (los vendedores de tortillas / *tortilla vendors*), Inés Murillo, Rosa Pérez, Miguel Funes Jr., Patricia Jiménez Pons, José Luis Echevarría (los niños / *the children*), Jeanne Rucar, Juan Luis Buñuel y la voz en *off* de Ernesto Alonso / Jeanne Rucar, Juan Luis Buñuel and the voice over of Ernesto Alonso.

1950
SUSANA

Otros títulos / Alternate Titles: *Demonio y Carne*; *Susana (Demonio y Carne)*; *Susana (Carne y demonio)*.
Nacionalidad / Nationality: México / Mexico.
Dirección / Director: Luis Buñuel.
Producción / Production: Producción Internacional Cinematográfica (México / Mexico).
Productor / Producer: Sergio Kogan.
Productor Asociado / Associate Producer: Manuel Reachi.
Productor ejecutivo / Executive Producer: Fidel Pizarro.
Argumento / Story: Basado en un cuento de Manuel Reachi. / Based on a short story by Manuel Reachi.
Guion y diálogos / Screenplay & Dialogue: Jaime Salvador, Rodolfo Usigli, Luis Buñuel.
Director de fotografía / Director of Photography: José Ortiz Ramos.
Montaje / Editor: Jorge Bustos, Luis Buñuel.
Dirección artística / Art Director: Gunther Gerzso.
Música / Music: Raúl Lavista.
Ayudante de dirección / Assistant Director: Ignacio Villareal.

Lugar e inicio del rodaje / Location & Date of Shoot: Estudios Churubusco, México D.F., 10 de julio de 1950. / Churubusco Studios, Mexico D.F., July 10, 1950.
Estreno / Premiere: Cine Metropolitain, México D.F., 11 de abril de 1951 / Cine Metropolitan, Mexico D.F., April 11, 1951.
Duración / Running Time: 86 min.
Blanco y negro / Black & White.
Intérpretes / Cast: Fernando Soler (don Guadalupe), Rosita Quintana (Susana), Víctor Manuel Mendoza (Jesús, el capataz / *Jesús, the foreman*), María Gentil Arcos (Felisa, la vieja sirvienta / *Felisa, the old servant*), Luis López Somoza (Alberto), Matilde Palou (doña Carmen).

1951
LA HIJA DEL ENGAÑO *DAUGHTER OF DECEIT*

Título en España / Title in Spain: *Don Quintín el amargao*.
Nacionalidad / Nationality: México / Mexico.
Dirección / Director: Luis Buñuel.
Producción / Production: Ultramar Films (México / Mexico).
Productor / Producer: Oscar Dancigers.
Productor ejecutivo / Executive Producer: Fidel Pizarro.
Argumento / Story: Basado en el sainete de Carlos Arniches y José Estremara *Don Quintín el amargao* o *El que siembra vientos*. Nueva versión de la película, *Don Quintín el amargao,* producida por *Filmófono* en 1935 / Based on the *sainete* by Carlos Arniches and José Estremara *Don Quintín el amargao* or *El que siembra vientos*. New version of the film, *Don Quintín el amargao*, produced by Filmófono in 1935.

Guion / Screenplay: Luis Alcoriza, Janet Alcoriza (Raquel Rojas).
Director de fotografía / Director of Photography: José Ortiz Ramos, 35 mm.
Montaje / Editor: Carlos Savage.
Dirección artística / Art Director: Edward Fitzgerald, Pablo Galván.
Música / Music: Manuel Esperón. Canciones "Amorcito corazón" y "Jugando, mamá, jugando" / Manuel Esperón. Songs "Amorcito corazón" and "Jugando, mamá, jugando."
Ayudante de dirección / Assistant Director: Mario Llorca.
Lugar e inicio del rodaje / Location & Date of Shoot: Estudios Tepeyac, México D.F., 8 de enero de 1951 / Tepeyac Studios, Mexico D.F., January 8, 1951.
Estreno / Premiere: Cine Teresa, México D.F., 29 de agosto de 1951 / Cine Teresa, Mexico D.F., August 29, 1951.
Duración / Running Time: 78 min.
Blanco y negro / Black & White.
Intérpretes / Cast: Fernando Soler (don Quintín Guzmán), Alicia Caro (Marta), Fernando Soto "Mantequilla" (Angelito), Rubén Rojo (Paco, novio de Marta / *Paco, Marta's boyfriend*), Nacho Contla (Jonrón), Amparo Garrido (María), Roberto Meyer (Lencho García), Lily Aclemar (Jovita, hija de Lencho / *Jovita, Lencho's daughter*), Álvaro Matute (Julio), Conchita Gentil Arcos (Toña), Francisco Ledesma (Laureano), Salvador Quiroz (jefe de estación / *chief of station*), Xavier Loyá (jugador joven / *young player*), Hernán Vera (amigo de Lencho / *Lencho's friend*), Victorio Blanco (compañero de juego de Don Quintín / *Don Quintín's game partner*), Pepe Martínez (camarero / *waiter*), Ignacio Peón (cliente del bar / *bar client*), Jesús Rodríguez, José Canero (jugador / *player*).

1951
UNA MUJER SIN AMOR
A WOMAN WITHOUT LOVE

Otros títulos / Alternate Titles: *Destino de una mujer*; *Cuando los hijos nos juzgan.*

Nacionalidad / Nationality: México / Mexico.

Dirección / Director: Luis Buñuel.

Producción / Production: Internacional Cinematográfica (México / Mexico).

Productor / Producer: Sergio Kogan.

Productor ejecutivo / Executive Producer: José Luis Busto.

Argumento / Story: Basado en la novela *Pierre et Jean*, de Guy de Maupassant / Based on the novel *Pierre et Jean* by Guy de Maupassant.

Guion / Screenplay: Jaime Salvador, Rodolfo Usigli, Luis Buñuel.

Director de fotografía / Director of Photography: Raúl Martínez Solares, 35 mm.

Montaje / Editor: Jorge Bustos.

Música / Music: Raúl Lavista.

Dirección artística / Art Director: Gunther Gerszo.

Ayudante de dirección / Assistant Director: Mario Llorca.

Lugar e inicio del rodaje / Location & Date of Shoot: Estudios CLASA, México D.F., 16 de abril de 1951 / CLASA Studios, Mexico D.F., April 16, 1951.

Estreno / Premiere: Cine Mariscala, México D.F., 31 de julio de 1952 / Cine Mariscala, Mexico D.F., July 31st, 1952.

Duración / Running Time: 86 min. Blanco y negro / Black & White.

Intérpretes / Cast: Rosario Granados (Rosario Montero), Tito Junco (Julio Mistral), Julio Villareal (Carlos Montero), Joaquín Cordero (Carlos), Xavier Loyá (Miguel), Elda Peralta (Luisa), Jaime Calpe (Carlitos), Eva Calvo, Miguel Manzano.

1951
SUBIDA AL CIELO *MEXICAN BUS RIDE*

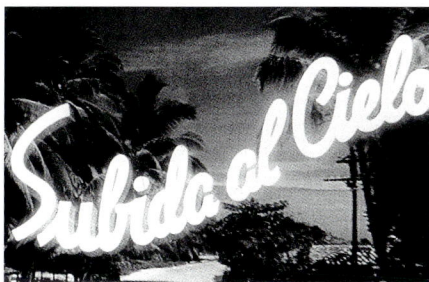

Nacionalidad / Nationality: México / Mexico.

Dirección / Director: Luis Buñuel.

Producción / Production: Producciones Cinematográficas Isla (México / Mexico).

Productores / Producers: Manuel Altolaguirre; María Luisa Gómez Mena.

Productor ejecutivo / Executive Producer: Fidel Pizarro.

Argumento / Story: Manuel Reachi, Manuel Altolaguirre.

Guion y diálogos / Screenplay & Dialogue: Manuel Altolaguirre, Juan de la Cabada, Luis Buñuel, Lilia Solano Galeana.

Director de fotografía / Director of Photography: Alex Phillips, 35 mm.

Montaje / Editor: Rafael Portillo.

Dirección artística / Art Director: Edward Fitzgerald, José Rodríguez Granada.

Música / Music: Gustavo Pittaluga, canción "La Sanmarqueña", de Agustín Jiménez / Gustavo Pittaluga, song "La Sanmarqueña" by Agustín Jiménez.

Vestuario / Wardrobe: Georgette Somohano.

Ayudante de dirección / Assistant Director: Jorge López Portillo.

Lugar e inicio del rodaje / Location & Date of Shoot: Estudios Tepeyac, México D.F. y exteriores de Quantla y Acapulco, 6 de agosto de 1951 / Tepeyac Studios and exteriors in Quantla and Acapulco, Mexico D.F., August 6, 1951.

Estreno / Premiere: Presentación en el Festival de Cannes, abril de 1952; Cine Mariscala, México, 26 de junio de 1952 / Presented at the Cannes Film Festival, April, 1952; Cine Mariscala, Mexico D.F., June 26, 1952.

Premio / Awards: Festival de Cannes, FIPRESCI, 1952.

Duración / Running Time: 74 min. Blanco y negro / Black & White.

Intérpretes / Cast: Lilia Prado (Raquel), Esteban Márquez (Oliverio Grajales), Carmelita González (Albina), Gilberto González (Sánchez Cuello), Luis Aceves Castañeda (Silvestre, conductor del autocar / *Silvestre, bus conductor*), Manuel Dondé (don Eladio González, el candidato / *Don Eladio González, the candidate*), Roberto Cobo (Juan), Beatriz Ramos (Elisa, la parturienta / *Elisa, the midwife*), Manuel Noriega (el forense Figueroa / *Figueroa, the forensics doctor*), Roberto Meyer (don Nemesio Álvarez y Villalbazo), Pedro Elviro "Pitouto" ("El cojo" / *"the cripple"*), Pedro Ibarra (Manuel), Leonor Gómez (doña Linda), Chel López (Chema, amigo de Silvestre / *Chema, Silvestre's friend*), Paz Villegas de Orellana (doña Ester), Silvia Castro (niña / *girl*), Paula Rendón (doña Sixta, madre de Silvestre / *Doña Sixta, Silvestre's mother*), Francisco Reiguera (Miguel Suárez, vendedor de gallinas / *Miguel Suárez, chicken seller*), Jorge Martínez de Hoyos (guía turístico / *tourist guide*), Salvador Quiroz (Lucilo Peña, padre de Albina / *Lucilo Peña, Albina's father*), Cecilia Leger (doña Clara, madre de Albina / *Doña Clara, Albina's mother*), José Muñoz (don Esteban, el comisario / *Don Esteban, the commissar*), Diana Ochoa (mujer de Manuel / *Manuel's wife*), José Jorge Pérez, Polo Ramos, Salvador Terroba, Victoria Sastre, "*Trío Tamaulipeco*", Víctor Pérez (Felipe).

1952
EL BRUTO *THE BRUTE*

Nacionalidad / Nationality: México / Mexico.

Dirección / Director: Luis Buñuel.

Producción / Production: Producción Internacional Cinematográfica (México / Mexico).

Productor / Producer: Sergio Kogan.

Productor ejecutivo / Executive Producer: Fidel Pizarro.

Guion / Screenplay: Luis Buñuel, Luis Alcoriza.

Director de fotografía / Director of Photography: Agustín Jiménez, 35 mm.

Montaje / Editor: Jorge Bustos.

Dirección artística / Art Director: Gunther

Gerszo, con la colaboración de Roberto Silva / Gunther Gerzso, with the collaboration of Roberto Silva.

Música / Music: Raúl Lavista.

Ayudante de dirección / Assistant Director: Ignacio Villareal.

Lugar e inicio del rodaje / Location & Date of Shoot: Estudios Churubusco, México D.F., 3 de marzo de 1952 / Churubusco Studios, Mexico D.F., March 3, 1952.

Estreno / Premiere: Cine Mariscala, México D.F., 31 de julio de 1952 / Cine Mariscala, Mexico D.F., July 31st, 1952.

Duración / Running Time: 81 min. Blanco y negro / Black & White.

Intérpretes / Cast: Pedro Armendáriz (Pedro, "el Bruto" / Pedro, "the Brute"), Katy Jurado (Paloma Cabrera), Rosita Arenas (Meche), Andrés Soler (Andrés Cabrera), Beatriz Ramos (doña Marta), Paco Martínez (don Pepe), Roberto Meyer (Carmelo González), Gloria Mestre (María), Paz Villegas (madre de María / María's mother), José Muñoz (Lencho Ruiz, un vecino / Lencho Ruiz, a neighbor), Diana Ochoa (esposa de Lencho / Lencho's wife), Ignacio Villalbazo (hermano de María / María's brother), Joaquín Roche (el forense / the forensics doctor), Guillermo Bravo Sosa ("el cojo" / "the cripple"), Efraín Arauz, Lupe Carriles (criada / maid), Raquel García (doña Enriqueta), Jaime Fernández (Julián García, un vecino / Julian García, a neighbor), José Chávez, Margarito Luna, Jorge Ponce, Polo Ramos, Amelia Rivera.

1952
ROBINSON CRUSOE / ADVENTURES OF ROBINSON CRUSOE

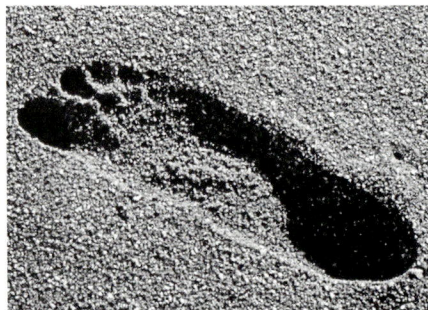

Título en España / Title in Spain: Aventuras de Robinsón Crusoe.

Nacionalidad / Nationality: México-EE.UU. / Mexico-USA.

Dirección / Director: Luis Buñuel.

Producción / Production: Ultramar Films (Mexico / Mexico); United Artists (EE.UU. / USA).

Productores / Producers: Oscar Dancigers (México / Mexico); Henry H. Ehrlich (EE.UU. / USA).

Productor ejecutivo / Executive Producer: Jorge Cardeña.

Argumento / Story: Basado en la novela homónima de Daniel Defoe / Based on the eponymous novel by Daniel Defoe.

Guion / Screenplay: Luis Buñuel, Philip Ansel Roll (Hugo Butler).

Director de fotografía / Director of Photography: Alex Philips.

Montaje / Editor: Carlos Savage, Alberto Valenzuela, Luis Buñuel.

Dirección artística / Art Director: Edward Fitzgerald, Pablo Galván.

Música / Music: Luis Hernández Bretón sobre temas originales de Anthony Collins / Luis Hernández Bretón, based on original themes by Anthony Collins.

Ayudante de dirección / Assistant Director: Ignacio Villareal.

Lugar e inicio del rodaje / Location & Date of Shoot: Estudios Tepeyac, exteriores en Manzanillo y en el bosque de Chapultepec, México, 14 de julio de 1952 / Tepeyac Studios, exteriors in Manzanillo and in Chapultepec forest, Mexico, July 14, 1952.

Estreno / Premiere: Nueva York, 18 de julio de 1954 / New York, July 18th, 1954.

Premios / Awards: Seis Arieles de la Cinematografía mexicana, 1954. / Six Arieles of Mexican Cinematography, 1954.

Duración / Running Time: 89 min. Color / Color.

Intérpretes / Cast: Daniel O'Herlihy (Robinson Crusoe), Jaime Fernández (Viernes / Friday), Felipe de Alba (capitán Oberzo / captain Oberzo), José Chávez, Emilio Garibay (los amotinados / the mutineers)), Chel López (Bosun, el segundo de Oberzo / Bosun, Oberzo's second).

1953
ÉL EL (THIS STRANGE PASSION)

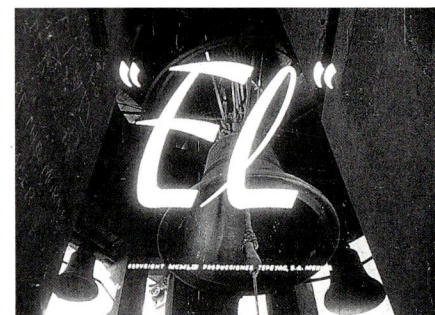

Nacionalidad / Nationality: México / Mexico.

Dirección / Director: Luis Buñuel.

Producción / Production: Ultramar Films, Producciones Tepeyac (México / Mexico).

Productor / Producer: Oscar Dancigers.

Productor ejecutivo / Executive Producer: Fidel Pizarro.

Argumento / Story: Basado en la novela homónima de Mercedes Pinto / Based on the eponymous novel by Mercedes Pinto.

Guion / Screenplay: Luis Buñuel, Luis Alcoriza.

Director de fotografía / Director of Photography: Gabriel Figueroa, 35 mm.

Montaje / Editor: Carlos Savage.

Dirección artística / Art Director: Edward Fitzgerald, Pablo Galván.

Música / Music: Luis Hernández Bretón.

Vestuario / Wardrobe: Henry de Chétillon para Delia Garcés / Henry de Chétillon for Delia Garcés.

Ayudante de dirección / Assistant Director: Ignacio Villareal.

Lugar e inicio del rodaje / Location & Date of Shoot: Estudios Churubusco, México D.F., 3 de marzo de 1952 / Churubusco Studios, Mexico D.F., March 3rd, 1952.

Estreno / Premiere: Festival de Cannes, abril del 1953; Cines Chapultepec, Lido, Mariscala, México, D.F., 9 de julio de 1953. / Cannes Film Festival, April, 1953; Cines Chapultepec Lido, Mariscala, Mexico D.F., July 9, 1953.

Duración / Running Time: 91 min. Blanco y negro / Black & White.

Intérpretes / Cast: Arturo de Córdova (Francisco Galván de Montemayor), Delia Garcés (Gloria), Aurora Walker (Sra. Esperanza Peralta, la madre / *Mrs. Esperanza Peralta, the mother*), Luis Beristáin (Raúl Conde), Carlos Martínez Baena (el padre Velasco / *father Velasco*), Manuel Dondé (Pablo, el mayordomo / *Pablo, the butler*), Rafael Blanquells (Ricardo Luján), Fernando Casanova (Beltrán), José Pidal, Roberto Meyer, Antonio Bravo (invitado / *guest*), León Barroso (camarero / *waiter*), Carmen Dorronsoro de Roces (pianista / *pianist*), Chel López, José Muñoz, Manuel Casanueva, Álvaro Matute.

1953
ABISMOS DE PASIÓN
WUTHERING HEIGHTS

Otro título / Alternate Title: *Cumbres Borrascosas.*

Nacionalidad / Nationality: México / Mexico.

Dirección / Director: Luis Buñuel.

Producción / Production: Producciones Tepeyac (México / Mexico).

Productor / Producer: Oscar Dancigers.

Productor ejecutivo / Executive Producer: Alberto A. Ferrer.

Argumento / Story: Luis Buñuel, basado en la novela de Emily Brontë *Wuthering Heights* (*Cumbres Borrascosas*) / Luis Buñuel, based on the novel *Wuthering Heights* by Emily Brontë.

Guion / Screenplay: Luis Buñuel, Julio Alejandro, Arduino Maiuri.

Director de fotografía / Director of Photography: Agustín Jiménez, 35 mm.

Montaje / Editor: Carlos Savage.

Dirección artística / Art Director: Raimundo Ortiz, Edward Fitzgerald.

Música / Music: Raúl Lavista, de la ópera *Tristan und Isolde*, de Richard Wagner / Raúl Lavista, from the opera *Tristan und Isolde*, by Richard Wagner.

Vestuario / Wardrobe: Armando Valdés Peza.

Ayudante de dirección / Assistant Director: Ignacio Villareal.

Lugar e inicio del rodaje / Location & Date of Shoot: Estudios Tepeyac y exteriores en la hacienda de San Francisco de Cuadra, Taxco y Guerrero, México, 23 de marzo de 1953. / Tepeyac Studios and exteriors in the hacienda of San Francisco de Cuadra, Taxco and Guerrero, Mexico, March 23, 1953.

Estreno / Premiere: Cine Alameda, México D.F., 30 de junio de 1954 / Cine Alameda, Mexico D.F., June 30, 1954.

Duración / Running Time: 90 min. Blanco y negro / Black & White.

Intérpretes / Cast: Irasema Dilián (Catalina), Jorge Mistral (Alejandro), Ernesto Alonso (Eduardo, marido de Catalina / *Eduardo, Catalina's husband*), Lilia Prado (Isabel, hermana de Eduardo / *Isabel, Eduardo's sister*), Francisco Reiguera (José, el criado / *José, the servant*), Hortensia Santoveña (María, el ama de llaves / *María, the governess*), Jaime González (Jorge, el niño / *Jorge, the boy*), Luis Aceves Castañeda (Ricardo, hermano de Catalina / *Ricardo, Catalina's brother*).

1953
LA ILUSIÓN VIAJA EN TRANVÍA
ILLUSION TRAVELS BY STREETCAR

Nacionalidad / Nationality: México / Mexico.

Dirección / Director: Luis Buñuel.

Producción / Production: CLASA Films Mundiales (México / Mexico).

Productor / Producer: Armando Orive Alba.

Productor ejecutivo / Executive Producer: Fidel Pizarro.

Argumento / Story: Basado en un cuento de Mauricio de la Serna. / Based on a short story by Mauricio de la Serna.

Guion y diálogos / Screenplay & Dialogue: Luis Alcoriza, José Revueltas, Mauricio de la Serna, Juan de la Cabada, Luis Buñuel.

Director de fotografía / Director of Photography: Raúl Martínez Solares, 35 mm.

Montaje / Editor: Jorge Bustos.

Dirección artística / Art Director: Edward Fitzgerald.

Música / Music: Luis Hernández Bretón.

Ayudante de dirección / Assistant Director: Ignacio Villareal.

Lugar e inicio del rodaje / Location & Date of Shoot: Estudios CLASA, 28 de septiembre de 1953 / CLASA Studios, September 28, 1953.

Estreno / Premiere: Cine Olimpia, México D.F., 18 de junio de 1954 / Cine Olimpia, Mexico D.F., June 18, 1954.

Duración / Running Time: 82 min. Blanco y negro / Black & White.

Intérpretes / Cast: Lilia Prado (Lupita), Carlos Navarro (Juan Caireles), Fernando Soto "Mantequilla" ("Tarrajas"), Agustín Isunza (papa Pinillos), Miguel Manzano (don Manuel), Guillermo Bravo Sosa (Braulio), José Pidal (el profesor / *the professor*), Felipe Montoya (mecánico / *the mechanic*),

Javier de la Parra (jefe de tráfico / *traffic chief*), Conchita Gentil Arcos, Diana Ochoa (las beatas / *the devout*), Víctor Alcocer (carpintero / *carpinter*), Paz Villegas (doña Menchita), Manuel Noriega (don Julio), Roberto Meyer (don Arcadio), Pepe Martínez (el duque de Otranto / *the duke of Otranto*), José Chávez (un guardia de tráfico / *traffic guard*), Victorio Blanco (pasajero / *passenger*), Hernán Vera y Manuel Vergara "Manver" (los matarifes / *the butchers*), Domingo Soler, Mario Valdés, José Luis Moreno (escolar huérfano / *orphaned schoolboy*), Agustín Salmón (empleado / *employee*), José Muñoz.

1954
EL RÍO Y LA MUERTE
THE RIVER AND DEATH

Nacionalidad / Nationality: México / Mexico.
Dirección / Director: Luis Buñuel.
Producción / Production: CLASA Films Mundiales (México / Mexico).
Productor / Producer: Armando Orive Alba.
Productor ejecutivo / Executive Producer: José Alcalde Gámiz.
Argumento / Story: Basado en la novela de M. Álvarez Acosta *Muro blanco sobre roca negra* / Based on the novel *Muro blanco sobre roca negra* by M. Alvarez Acosta.
Guion / Screenplay: Luis Buñuel, Luis Alcoriza.
Director de fotografía / Director of Photography: Raúl Martínez Solares, 35 mm.
Montaje / Editor: Jorge Bustos.
Dirección artística / Art Director: Gunther Gerzso, José G. Jara, Edward Fitzgerald.
Música / Music: Raúl Lavista.
Ayudante de dirección / Assistant Director: Ignacio Villareal.
Lugar e inicio del rodaje / Location & Date of Shoot: Estudios CLASA, 25 enero de 1954. / CLASA Studios, January 25, 1954.
Estreno / Premiere: Cine Orfeón, México D.F., 3 de junio de 1955 / Cine Orfeon, Mexico D.F., June 3rd, 1955.
Duración / Running Time: 82 min.
Blanco y negro / Black & White.
Intérpretes / Cast: Columba Domínguez (Mercedes), Miguel Torruco (Felipe Anguiano), Joa-

quín Cordero (Gerardo Anguiano), Jaime Fernández (Rómulo Menchaca), Víctor Alcocer (Polo Menchaca), Silvia Derbez (Elsa), Humberto Almazán (Crescencio Menchaca), José Elías Moreno (don Nemesio), Carlos Martínez Baena (don Julián, el cura / *Don Julián, the priest*), Alfredo Varela Jr. ("Chinelas"), Miguel Manzano (don Anselmo), Manuel Dondé (Zósimo Anguiano), Jorge Arraiga (Filogonio Menchaca), Roberto Meyer (doctor / *doctor*), Chel López (el asesino / *the assassin*), José Muñoz (don Honorio), Jose Pidal (médico / *medic*), José Chávez (alguacil / *bailiff*), Manuel Noriega, Agustín Salmón, Lupe Carriles, Emilio Garibay, Cecilia Leger, Fernando Soto.

1955
ENSAYO DE UN CRIMEN *THE CRIMINAL LIFE OF ARCHIBALDO DE LA CRUZ*

Otro título / Alternate Title: *La vida criminal de Archibaldo de la Cruz.*
Nacionalidad / Nationality: México / Mexico.
Dirección / Director: Luis Buñuel.
Producción / Production: Alianza Cinematográfica, S.A. (México / Mexico).
Productor-es / Producer: Alfonso Patiño Gómez.
Productor ejecutivo / Executive Producer: Armando Espinosa.
Argumento / Story: Inspirada en la novela *Ensayo de un crimen*, de Rodolfo Usigli / Inspired by the novel *Ensayo de un Crimen*, by Rodolfo Usigli.
Guion / Screenplay: Luis Buñuel, Eduardo Ugarte.

Director de fotografía / Director of Photography: Agustín Jiménez, 35 mm.
Montaje / Editor: Jorge Bustos, Pablo Gómez.
Dirección artística / Art Director: Manuel L. Guevara, Jesús Bracho.
Música / Music: Jorge Pérez.
Vestuario / Wardrobe: Jesús Lepe.
Ayudante de dirección / Assistant Director: Luis Abadie.
Lugar e inicio del rodaje / Location & Date of Shoot: Estudios CLASA y exteriores en México D.F. (Chapultepec, Coyoacán, Las Veladoras, etc.), 20 enero de 1955. / CLASA Studios and exteriors in Mexico D.F. (Chapultepec, Coyoacan, Las Veladoras, etc.), January 20th, 1955.
Estreno / Premiere: Cine Palacio Chino, México D.F., 19 de mayo de 1955 / Cine Palacio Chino, Mexico D.F., May 19, 1955.
Premios / Awards: Arieles de la Cinematografía mexicana: mejor película, mejor director, mejor adaptación... / Arieles of Mexican Cinematography: best film, best director, best adaptation…
Duración / Running Time: 90 min.
Blanco y negro / Black & White.
Intérpretes / Cast: Miroslava Stern (Lavinia), Ernesto Alonso (Archibaldo de la Cruz), Rita Macedo (Patricia Terrazas), Ariadna Welter (Carlota), Andrea Palma (Sra Cervantes, madre de Carlota / *Mrs Cervantes, Carlota's mother*), Rodolfo Landa (Alejandro Rivas, el arquitecto / *Alejandro Rivas, the architect*), José María Linares Rivas (Willy Cordurán), Leonor Llausas (institutriz / *governess*), Eva Calvo, Enrique Díaz Indiano (padres de Archibaldo / *Archibaldo's parents*), Carlos Riquelme (comisario / *commissar*), Chavela Durán (hermana Trinidad / *sister Trinity*), Carlos Martínez Baena (cura / *priest*), Manuel Dondé (coronel / *colonel*), Armando Velasco (juez / *judge*), Roberto Meyer (doctor / *doctor*), Rafael Blanquells Jr. (Archibaldo niño / *young Archibaldo*), Rodolfo Acosta, Antonio Bravo Sánchez (anticuario / *antiquarian*), Enrique García Álvarez ("Chucho"), José Peña "Pepet" (Esteban, el criado / *Esteban, the servant*), Lupe Carriles (criada / *servant*), Eduardo Alcaraz (el "gordo" Azuara / *"fat" Azuara*), Janet Alcoriza (Raquel Rojas & turista de Oklahoma / *Oklahoma turist*), Salvador Lozano (jugador / *player*), Jorge Casanova (delineante / *delineator*), Emilio Brillas (artesano de maniquíes / *mannequin arti-*

san), Ángel Merino (grafólogo de la policía / *police graphologist*), Ignacio Peón, Armando Acosta.

1955
CELA S'APPELLE L'AURORE / GLI AMANTI DI DOMANI
ASÍ ES LA AURORA

Otro título / Alternate Title: *Eso se llama la aurora.*

Nacionalidad / Nationality: Francia-Italia / France-Italy.

Dirección / Director: Luis Buñuel.

Producción / Production: Les Films Marceau (Francia / France), Laetitia Films (Italia / Italy).

Productor Delegado / Delegate Producer: Claude Jaeger.

Productor ejecutivo / Executive Producer: André Cultet.

Argumento / Story: Basado en la novela homónima de Emmanuel Robles / Based on the eponymous novel by Emmanuel Robles.

Guion / Screenplay: Luis Buñuel, Jean Ferry.

Diálogos / Dialogue: Jean Ferry.

Director de fotografía / Director of Photography: Robert Le Febvre.

Montaje / Editor: Marguerite Renoir.

Dirección artística / Art Director: Max Douy.

Música / Music: Joseph Kosma.

Ayudantes de dirección / Assistant Directors: Marcel Camus, Jacques Deray.

Lugar e inicio del rodaje / Location & Date of Shoot: *Studios Phothosonor Neuilly*, París, y Córcega, 18 de agosto de 1955 / Studios Phothosonor Neuilly, Paris, and Córcega, August 18th, 1955.

Estreno / Premiere: París, 9 de mayo de 1956 / Paris, May 9th, 1956.

Duración / Running Time: 102 min. Blanco y negro / Black & White.

Intérpretes / Cast: Georges Marchal (el doctor Valerio / *doctor Valerio*), Lucía Bosé (Clara), Julien Bertheau (el comisario Fasaro / *Fasaro the commissar*), Gianni Esposito (Sandro Galli), Nelly Borgeaud (Ángela), Jean-Jacques Delbo (Gorzone), Simone Paris (Sra. Gorzone / *Mrs. Gorzone*), Brigitte Eloy (Magda), Robert Le Fort (Pietro), Pascal Mazotti (Azzopardi), Jane Morlet, Gaston Modot (Giuseppe, el campesino corso / *Giuseppe, the Corsican peasant*), Henri Nassiet (Latanza, padre de Ángela / *Latanza, Ángela's father*), Marcel Pérès (Fesco), Yvette Thilly (Delphine).

1956
LA MORT EN CE JARDIN
LA MUERTE EN EL JARDÍN
DEATH IN THE GARDEN

Título en España / Title in Spain: *La muerte en este jardín.*

Otro título / Alternate Title: *La muerte en la selva.*

Nacionalidad / Nationality: Francia-México / France-Mexico.

Dirección / Director: Luis Buñuel.

Producción / Production: Producciones Tepeyac (México / Mexico), Films Dismage (Francia / France).

Productores / Producers: Oscar Dancigers, Jacques Mage.

Productor ejecutivo / Executive Producer: Alberto A. Ferrer.

Argumento / Story: Basado en el relato de José André Lacour / After a story by José André Lacour.

Guion y diálogos / Screenplay & Dialogue: Luis Buñuel, Luis Alcoriza, Raymond Queneau, Gabriel Arout.

Director de fotografía / Director of Photography: Jorge Stahl, 35 mm.

Montaje / Editor: Marguerite Renoir, Denise Charvein.

Dirección artística / Art Director: Edward Fitzgerald.

Música / Music: Paul Misraki.

Vestuario / Wardrobe: Georgette Somohano.

Ayudantes de Dirección / Assistant Directors: Ignacio Villareal, Dossia Mage.

Lugar e inicio del rodaje / Location & Date of Shoot: Estudios Tepeyac y exteriores en Cosamaloapán, Catemaco, Texcoco y Molino de las Flores, México D.F., 26 de marzo de 1956 / Tepeyac Studios and exteriors in Cosamaloapan, Catemaco, Texcoco and Molino de las Flores, Mexico, March 26, 1956.

Estreno / Premiere: Francia, 21 de septiembre de 1956. / France, September 21st, 1956.

Duración / Running Time: 99 min. Color / Color.

Intérpretes / Cast: Simone Signoret (Djin), Charles Vanel (Castin), Georges Marchal (Shark), Michel Piccoli (el padre Lizardi / *father Lizardi*), Michèle Girandon (María), Tito Junco (Chenko), Raúl Ramírez (Álvaro), Luis Aceves Castañeda (Alberto), Jorge Martínez de Hoyos (capitán Ferrero / *captain Ferrero*), Alberto Pedret (teniente / *lieutenant*), Marc Lambert, Stefani Lambert (dos obreros / *workers*), Alicia del Lago, Francisco Reiguera (tendero / *shopkeeper*), José Muñoz (otro teniente / *another lieutenant*), Manuel Dondé (telegrafista / *telegrapher*), Guillermo Hernández ("Lobo Negro" / *"Black Wolf"*), Agustín Hernández, José Chávez, Chel López, Federico Curiel.

1958
NAZARÍN *NAZARIN*

Nacionalidad / Nationality: México / Mexico.
Dirección / Director: Luis Buñuel.
Producción / Production: Producciones Barbachano Ponce, S.A. (México / Mexico).
Productor / Producer: Manuel Barbachano Ponce.
Productor ejecutivo / Executive Producer: Enrique L. Morfín.
Argumento / Story: Basado en la novela homónima de Benito Pérez Galdós. / Based on the eponymous novel by Benito Pérez Galdós.
Guion y diálogos / Screenplay & Dialogue: Luis Buñuel, Julio Alejandro, Emilio Carballido.
Director de fotografía / Director of Photography: Gabriel Figueroa, 35 mm.
Montaje / Editor: Carlos Savage.
Dirección artística / Art Director: Edward Fitzgerald.
Música / Music: La canción "Dios nunca muere" de Macedonio Alcalá al organillo, y los tambores de Calanda, por los filarmónicos del Sindicato Mexicano del Cine / The song "Dios nunca muere" by Macedonio Alcalá at the organ, and the drums of Calanda, by the philharmonics of the Mexican Cinema Union.
Vestuario / Wardrobe: Georgette Somohano.
Ayudante de dirección / Assistant Director: Ignacio Villareal.
Lugar e inicio del rodaje / Location & Date of Shoot: Estudios Churubusco, México D.F., 14 de julio de 1958 / Churubusco Studios, Mexico D.F., July 14th, 1958.
Estreno / Premiere: Cine Variedades, México D.F., 4 de junio de 1959 / Cine Variedades, Mexico D.F., June 4th, 1959.
Premios / Awards: Premio internacional en el Festival de Cannes, mayo 1959; premio *André Bazin* en el Festival de Acapulco, 1959 / International Award at the Cannes Film Festival, May, 1959; *André Bazin* award at the Acapulco Festival, 1959.
Duración / Running Time: 94 min. Blanco y negro / Black & White.
Intérpretes / Cast: Francisco Rabal (Nazarín), Marga López (Beatriz), Rita Macedo (Andara), Ignacio López Tarso (el ladrón de iglesias / *church thief*), Ofelia Guilmáin (Chanfa, la posadera / *Chanfa, the lodger*), Luis Aceves Castañeda (el parricida / *the parricide*), Noé Nurayama ("el Pinto"), Rosenda Monteros ("la Prieta"), Jesús Fernández (el enano Ujo / *Ujo, the dwarf*), Ada Carrasco (Josefa), Antonio Bravo (arquitecto / *architect*), Aurora Molina ("la Camella"), David Reinoso (Juan), Pilar Pellicer (Lucía), Edmundo Barbero (don Ángel, el cura / *Don Angel, the priest*), Raúl Dantés (sargento / *the sergeant*), Lupe Carriles (prostituta / *prostitute*), Manuel Arvide (ayudante del arquitecto / *the architect's assistant*), José Chávez (capataz / *foreman*), Ignacio Peón (cura / *priest*), Arturo "Bigotón" Castro (coronel / *colonel*), Victorio Blanco (preso viejo / *old prisoner*), Cecilia Leger (mujer de la piña / *pineapple woman*), Ramón Sánchez.

1959
LA FIÈVRE MONTE À EL PAO
LOS AMBICIOSOS / FEVER MOUNTS AT EL PAO (REPUBLIC OF SIN)

Otros títulos / Alternate Titles: *La fievre sube a El Pao*; *La fievre llega a El Pao*.
Nacionalidad / Nationality: Francia-México / France-Mexico.
Dirección / Director: Luis Buñuel.
Producción / Production: Filmex (México / Mexico); *Films Borderie, Le Groupe des Quatre (Cité Films, Indus Films, Terra Films, Cormoran Films)* (Francia / France).
Productores / Producers: Gregorio Wallerstein, Raymond Borderie.
Productor asociado / Associate Producer: Oscar Dancigers.
Productor ejecutivo / Executive Producer: Manuel Rodríguez.
Argumento / Story: Basado en la novela homónima de Henry Castillou / Based on the eponymous novel by Henry Castillou.
Guion / Screenplay: Luis Buñuel, Luis Alcoriza, Louis Sapin, Charles Dorat, Henri Castillou.
Diálogos / Dialogue: José Luis González de León (versión mexicana / Mexican version), Louis Sapin (versión francesa / French version).
Director de fotografía / Director of Photography: Gabriel Figueroa, 35 mm.
Montaje / Editor: Rafael López Ceballos (versión mexicana / Mexican version), James Cuenet (versión francesa / French version).
Dirección artística / Art Directors: Pablo Galván, Jorge Fernández.
Música / Music: Paul Misraki. Orquesta dirigida por Jacques Metehen / Paul Misraki. Orchestra conducted by Jacques Metehen.
Vestuario / Wardrobe: Ana María Jones, Armando Valdés Paeza.
Ayudantes de dirección / Assistant Directors: Ignacio Villareal, Juan Luis Buñuel.
Lugar e inicio del rodaje / Location & Date of Shoot: Estudios San Ángel y exteriores en Tepoztlán, México D.F., 11 de mayo de 1959 / San Angel Studios and exteriors in Tepoztlan, Mexico D.F., May 11, 1959.
Estreno / Premiere: París, 6 de enero de 1960 / Paris, January 6, 1960.
Duración / Running Time: 100 min. Blanco y negro / Black & White.
Intérpretes / Cast: Gérard Philipe (Ramón Vázquez), María Félix (Inés Rojas), Jean Servais (Alejandro Gual), Miguel Ángel Ferris (el gobernador /, the governor), Raúl Dantés (teniente / *lieutenant*), Domingo Soler (el profesor Juan Cárdenas / *Professor Juan Cardenas*), Víctor Junco (Indarte), Roberto Cañedo (el coronel / *the colonel*), Andrés Soler (Carlos Barreiro), Augusto Benedicto (Sáenz), Luis Aceves Castañeda

(López), Miguel Arenas (vicepresidente / *vicepresident*), David Reinoso (capitán real / *royal captain*), Armando Acosta (Manuel), José Chávez (chófer / *chauffeur*), Enrique Lucero (Vila), Raúl Dents (el teniente Manuel / *lieutenant Manuel*), Antonio Bravo (juez / *judge*), Edmundo Barbero (fiscal / *prosecutor*), Pilar Pellicer (hija de Juan Cárdenas / *Juan Cárdenas' daughter*), José Muñoz (el encargado del Puerto Miranda / *in charge of Puerto Miranda*), Francisco Jambrina, Carlos León, Ignacio Peón, Emilio Garibay, Alberto Pedret (Valle), Tito Junco (Indarte).

1960
THE YOUNG ONE / LA JOVEN

Nacionalidad / Nationality: México-EE.UU. / Mexico-USA.

Dirección / Director: Luis Buñuel.

Producción / Production: Producciones Olmeca (México); Columbia Pictures (EE.UU.) / *Producciones Olmeca* (Mexico); Columbia Pictures (USA).

Productor / Producer: Georges P. Werker.

Productor ejecutivo / Executive Producer: Manuel Rodríguez.

Argumento / Story: Based on the short story *The Travellin' Man* by Peter Mathiesen.

Guion / Screenplay: Luis Buñuel, H. B. Addis (Hugo Butler).

Director de fotografía / Director of Photography: Gabriel Figueroa, 35 mm.

Montaje / Editor: Carlos Savage.

Música / Music: Supervisada por Jesús "Chucho" Zarzosa. La canción "Sinner Man" de Leon Bipp, interpretada por él, en *off* / Supervised by Jesús "Chucho" Zarzosa. The song "Sinner Man" by Leon Bipp, interpreted by himself in voice over.

Dirección artística / Art Director: Jesús Brancho.

Ayudantes de dirección / Assistant Directors: Ignacio Villareal, Juan Luis Buñuel.

Lugar e inicio del rodaje / Location & Date of Shoot: Estudios Churubusco y exteriores en Acapulco, 18 de enero de 1960 / Churubusco Studios and exteriors in Acapulco, January 18th, 1960.

Estreno / Premiere: Cine Prado, México D.F., 4 de agosto de 1961 / Cine Prado, Mexico D.F., August 4th, 1961.

Premio / Awards: Homenaje especial en el Festival de Cannes, mayo 1960. / Special tribute at the Cannes Film Festival, May, 1960.

Duración / Running Time: 95 min. Blanco y negro / Black & White.

Intérpretes / Cast: Zachary Scott (Miller), Kay Meersman (Evvie), Bernie Hamilton (Travers), Claudio Brook (el Padre Fleetwood / *Father Fleetwood*), Graham Denton (Jackson).

1961
VIRIDIANA

Nacionalidad / Nationality: España-México / Spain-Mexico.

Dirección / Director: Luis Buñuel.

Producción / Production: Producciones Alatriste (México / Moxico); Films 59, UNINCI, S.A. (España / Spain).

Productores / Producers: Gustavo Alatriste, Pedro Portabella.

Productor ejecutivo / Executive Producer: Gustavo Quintana.

Productor delegado / Delegate Producer: Ricardo Muñoz Suay.

Argumento / Story: Luis Buñuel, inspirado en *Halma* de Benito Pérez Galdós / Luis Buñuel, inspired in *Halma* by Benito Pérez Galdós.

Guion / Screenplay: Luis Buñuel, Julio Alejandro.

Director de fotografía / Director of Photography: José Fernández Aguayo, 35 mm.

Montaje / Editor: Pedro del Rey.

Dirección artística / Art Director: Francisco Canet.

Música / Music: Selección de Gustavo Pittaluga: *Requiem*, de Mozart; *Messiah*, de Haendel; *IX Symphonie* de Beethoven / Selection by Gustavo Pittaluga: Mozart's *Requiem;* Handel's *Messiah;* Beethoven's *IX Symphonie*.

Ayudantes de dirección / Assistant Directors: Juan Luis Buñuel, José Pujol.

Lugar e inicio del rodaje / Location & Date of Shoot: Estudios CEA (Madrid) y exteriores en los alrededores de Madrid, 4 de febrero de 1961 / CEA Studios (Madrid), and exteriors in the outskirts of Madrid, February 4th, 1961.

Estreno / Premiere: 28 de agosto de 1961, Francia; Cines Chapultepec y Continental, México D.F., 10 de octubre de 1963 / August 28th, 1961, France; Cines Chapultepec and Continental, Mexico D.F., October 10th, 1963.

Premios / Awards: *Palme d'or* en el Festival de Cannes, mayo del 1961; *Société d'auteurs de cinéma*, Cannes 1961; *Humour noir*, París, 1961; *Critique belge*, 1961; "*Étoile de cristal*" de l'Académie française de Cinéma, 1962; *Chevalier de la Barre*, 1962 / *Palm d'or* in the Cannes Film Festival, May, 1961; *Societé d'auteurs de cinéma*, Cannes, 1961; *Humour noir*, Paris, 1961; Crítica Belga, 1961; "*Étoile de cristal*" of l'Academie française de Cinéma, 1962; *Chevalier de la Barre,* 1962.

Duración / Running Time: 90 min. Blanco y negro / Black & White.

Intérpretes / Cast: Silvia Pinal (Viridiana), Francisco Rabal (Jorge), Fernando Rey (don Jaime), José Calvo (don Amalio), Margarita Lozano (Ramona, la criada / *Ramona, the servant*), José Manuel Martín ("el cojo" / *"the cripple"*), Victoria Zinny (Lucía, novia de Jorge / *Lucia, Jorge's fiancée*), Luis Heredia ("el Poca"), Joaquín Roa (don Zequiel), Lola Gaos (Enedina), Teresa Rabal (Rita, hija de Ramona / *Rita, Ramona's daughter*), Juan

García Tienda (José, el leproso / *José, the leper*), Sergio Mendizábal ("el Pelón"), Palmira Guerra, Maruja Isbert, Milagros Tomás, Alicia Jorge Barriga, Joaquín Mayol (los mendigos / *the beggars*), Rosita Yarsa (la madre superiora / *the mother superior*), José María Lado (alcalde / *mayor*).

1962
EL ÁNGEL EXTERMINADOR
THE EXTERMINATING ANGEL

Nacionalidad / Nationality: México / Mexico.
Dirección / Director: Luis Buñuel.
Producción / Production: Producciones Alatriste (México / Mexique).
Productor / Producer: Gustavo Alatriste.
Productor delegado / Delegate Producer: Antonio de Salazar.
Productor ejecutivo / Executive Producer: Fidel Pizarro.
Guion / Screenplay: Luis Buñuel, Luis Alcoriza.
Director de fotografía / Director of Photography: Gabriel Figueroa, 35 mm.
Montaje / Editor: Carlos Savage.
Dirección artística / Art Director: Jesús Bracho.
Música / Music: Raúl Lavista con extractos de Scarlatti, Beethoven y Chopin, de diferentes *Te Deum*, de una sonata de Paradisi y cantos gregorianos / Raúl Lavista with excerpts from Scarlatti, Beethoven and Chopin, from different *Te Deums*, from a sonata by Paradisi and Gregorian chants.
Vestuario / Wardrobe: Georgette Somohano.
Ayudante de dirección / Assistant Director: Ignacio Villareal.

Lugar e inicio del rodaje / Location & Date of Shoot: Estudios Churubusco y exteriores en México, D.F., 29 de enero de 1962 / Churubusco Studios and exteriors in Mexico, D.F., January 29, 1962.
Estreno / Premiere: Festival de Cannes, mayo del 1963; Cine Chapultepec, México D.F., 22 de septiembre de 1966 / Cannes Film Festival, May, 1963; Cine Chapultepec, Mexico D.F., September 22, 1966.
Premios / Awards: FIPRESCI, Festival de Cannes, 1962; Sociedad de escritores de cine, Cannes, 1962; *André Bazin* en el Festival de Acapulco, 1962; *Jano de oro* en el Festival de cine latinoamericano de Sestri-Levanye, 1962 / FIPRESCI, Cannes Film Festival, 1962; Society of Film Scribes, Cannes, 1962; *André Bazin* in the Festival of Acapulco, 1962; *Jano de Oro* in the Latin American Film Festival of Sestri-Levanye, 1962.
Título inicialmente previsto/ Original Title: *Los náufragos de la calle Providencia.*
Duración / Running Time: 93 min.
Blanco y negro / Black & White.
Intérpretes / Cast: Silvia Pinal (Leticia), Jacqueline Andere (Alicia de Roc), José Baviera (Leandro Gómez), Augusto Benedicto (Carlos Conde, el doctor / *Carlos Conde, the doctor*), Luis Beristáin (Christián Ugalde), Antonio Bravo (Russell), Claudio Brook (Julio, el mayordomo / *Julio, the butler*), César del Campo (Álvaro, el coronel / *Álvaro, the colonel*), Rosa Elena Durgel (Silvia), Lucy Gallardo (Lucía de Nobile), Enrique Rambal (Edmundo Nóbile), Enrique García Álvarez (Alberto Roc), Ofelia Guilmáin (Juana Ávila), Nadia Haro Oliva (Ana Maynar), Tito Junco (Raúl), Xavier Loyá (Francisco Ávila), Xavier Massé (Eduardo), Ofelia Montesco (Beatriz), Patricia Morán (Rita Ugalde), Patricia de Morelos (Blanca), Berta Moss (Leonora), Pancho Córdova, Ángel Merino (Lucas), Luis Lomelí, Guillermo Álvarez Bianchi, Elodia Hernández, Florencio Castelló, Enrique del Castillo (abate / *cleric*), Chel López (cura / *priest*), David Hayyad Cohen, Janet Alcoriza (Raquel Rojas, doncella / *chambermaid*).

1964
LE JOURNAL D'UNE FEMME DE CHAMBRE /
DIARIO DI UNA CAMERIERA
DIARIO DE UNA CAMARERA
DIARY OF A CHAMBERMAID

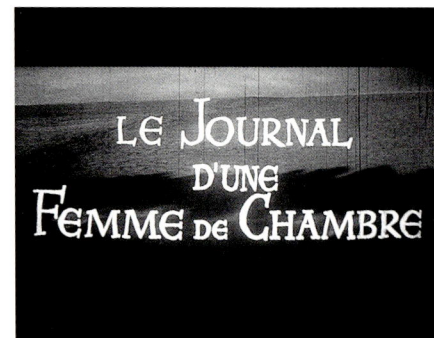

Nacionalidad / Nationality: Francia-Italia / France-Italy.
Dirección / Director: Luis Buñuel.
Producción / Production: Speva Films, Cine Alliance, Filmsonor (Francia / France); Dear Film Produzione (Italia / Italy).
Productores / Producers: Serge Silberman, Michel Safra.
Productores ejecutivos / Executive Producers: Ully Pickardt, Henry Baum.
Argumento / Story: Basado en la novela homónima de Octave Mirbeau / Based on the eponymous novel by Octave Mirbeau.
Guion / Screenplay: Luis Buñuel, Jean-Claude Carrière.
Director de fotografía / Director of Photography: Roger Fellous, *Franscope*, 35 mm.
Montaje / Editor: Louisette Hautecoeur.
Dirección artística / Art Director: Georges Makhevitch.
Vestuario / Wardrobe: Jacqueline Moreau.
Ayudantes de dirección / Assistant Directors: Juan Luis Buñuel, Pierre Lary.
Lugar e inicio del rodaje / Location & Date of Shoot: *Franstudio,* Saint-Maurice, París, 21 de octubre de 1963 / *Franstudio,* Saint-Maurice, Paris, October 21, 1963.
Estreno / Premiere: *Cines Colisée, Marivaux* y *Bosquet*, París, 4 de marzo de 1964 / *Cines Colisée, Marivau* and *Bosquet*, Paris, March 4, 1964.
Duración / Running Time: 92 min.
Blanco y negro / Black & White.

Intérpretes / Cast: Jeanne Moreau (Célestine), Georges Géret (Joseph), Daniel Ivernel (capitán Mauger / *captain Mauger*), Françoise Lugagne (Sra. Monteil / *Mrs. Monteil*), Muni (Marianne), Jean Ozenne (Sr. Rabour / *Mr. Rabour*), Michel Piccoli (Sr. Monteil / *Mr. Monteil*), Joëlle Bernard, Françoise Bertin, Aline Bertrand, Pierre Collet, Michelle Daquin, Madeleine Damien, Marc Eyraud, Jean Franval, Gilberte Geniat (Rose), Bernard Musson (sacristán / *sacristan*), Jeanne Pérez, Marcel Rouze, Andrée Tainsy, Geymond Vital, Jean-Claude Carrière (cura / *priest*), Claude Jaeger (juez / *judge*), Marcel Le Floch, Dominique Zardi, Gabriel Gobin, Dominique Sauvage (Claire).

1965
SIMÓN DEL DESIERTO
SIMON OF THE DESERT

Otro título / Alternate Title: *Simeón el Estilita.*
Nacionalidad / Nationality: México / Mexico.
Dirección / Director: Luis Buñuel.
Producción / Production: Producciones Alatriste (México / Mexico).
Productor / Producer: Gustavo Alatriste.
Productor ejecutivo / Executive Producer: Armando Espinosa.
Argumento / Story: Luis Buñuel.
Guion / Screenplay: Luis Buñuel, Julio Alejandro.
Director de fotografía / Director of Photography: Gabriel Figueroa, 35 mm.
Montaje / Editor: Carlos Savage.
Dirección artística / Art Director: Jesús Bracho.
Música / Music: *Himno de los peregrinos*, de Raúl Lavista; los tambores de Calanda; Rock & Roll / *Himno de los Peregrinos*, by Raúl Lavista; drums of Calanda; Rock & Roll.
Ayudante de dirección / Assistant Director: Ignacio Villareal.
Lugar e inicio del rodaje / Location & Date of Shoot: Estudios Churubusco y exteriores en Ixmiquilpán, México D.F., 26 de noviembre de 1964 / Churubusco Studios and exteriors in Ixmiquilpán, Mexico, D.F., November 26, 1964.
Estreno / Premiere: Presentación en el Festi-

val de Venecia, agosto 1965; Sala de arte Buñuel, México, 9 de febrero de 1970 / Presented at the Venice Film Festival, August, 1965; Sala de Arte Buñuel, Mexico, February 9th, 1970.
Premios / Awards: Especial del jurado de la *Biennale di Venezia*, 1965; FIPRESCI, Venecia, 1965; Festival de Acapulco, 1965 / Special jury prize of the *Biennale di Venezia*, 1965; FIPRESCI, Venice, 1965; Acapulco Festival, 1965.
Duración / Running Time: 47 min.
Blanco y negro / Black & White.
Intérpretes / Cast: Claudio Brook (Simón), Silvia Pinal ("la cosa", el diablo / *"the thing", the Devil*), Enrique Álvarez Félix (el hermano Matías / *Brother Matías*), Hortensia Santoveña (madre de Simón / *Simon's mother*), Francisco Reiguera, Antonio Bravo (dos monjes / *two monks*), Luis Aceves Castañeda (Trifón, el monje calumniador / *Trifón, the slanderous monk*), Enrique García Álvarez (el hermano Zenón / *Brother Zenon*), Enrique del Castillo (el hombre de las manos cortadas / *the man with the severed hands*), Eduardo MacGregor (Daniel, un monje / *Daniel, a monk*), Jesús Fernández Martínez (pastor enano / *dwarf pastor*), Arnaldo Coen (bailador / *dancer*), Jorge Brekis.

1966
BELLE DE JOUR / BELLA DI GIORNO
BELLA DE DÍA

Título en México / Title in Mexico: *Bella de día.*
Título en España / Title in Spain: *Belle de jour*
Nacionalidad / Nationality: Francia-Italia / France-Italy.
Dirección / Director: Luis Buñuel.

Producción / Production: Paris Film Production (Francia / France); Five Films (Italia / Italy).
Productores / Producers: Robert Hakim, Raymond Hakim.
Productor ejecutivo / Executive Producer: Robert Demolliére.
Argumento / Story: Basado en la novela homónima de Joseph Kessel / Based on the eponymous novel by Joseph Kessel.
Guion / Screenplay: Luis Buñuel, Jean-Claude Carrière.
Director de fotografía / Director of Photography: Sacha Vierny, 35 mm.
Montaje / Editor: Louisette Hautecoeur.
Dirección artística / Art Director: Robert Clavel.
Vestuario / Wardrobe: Maurice Barnathan.
Ayudantes de dirección / Assistant Directors: Pierre Lary, Jacques Fraenkel.
Lugar e inicio del rodaje / Location & Date of Shoot: *Franstudio*, Saint-Maurice, París, 10 de octubre de 1966 / *Franstudio*, Saint-Maurice, Paris, October 10th, 1966.
Estreno / Premiere: París, 24 de mayo de 1967 / Paris, May 24th, 1967.
Premio / Awards: *Leone d'oro* en el Festival de Venecia, 1967 / Golden Lion at the Venice Film Festival, 1967.
Duración / Running Time: 95 min.
Color / Color.
Intérpretes / Cast: Catherine Deneuve (Séverine Sérizy), Jean Sorel (Pierre, marido / *Pierre, husband*), Michel Piccoli (Henri Husson), Geneviéve Page (Anaïs), Pierre Clementi (Marcel), Francisco Rabal (Hippolyte), Françoise Fabian (Charlotte), Georges Marchal (duque / *duke*), Macha Méril (Renée Fevret), Muni (Pallas, camarera / *Pallas, the chambermaid*), María Latour (Mathilde), Claude Cerval , Michel Charrel (criado / *servant*), Iska Khan (cliente asiático / *asian client*), Bernard Musson (mayordomo / *butler*), Marcel Charvey (el profesor Henri / *Professor Henri*), François Maistre (profesor / *Professor*), Francis Blanche (Adolphe), Brigitte Parmentier (Séverine niña / *young Séverine*), Bernard Fresson, Dominique Dandrieux (Catherine), Pierre Marcay (doctor / *doctor*), Adelaïde Blázquez, Marc Eyraud (camarero / *bartender*), Antonio Passalia, A. de Roseville, Luis Buñuel.

1969
LA VOIE LACTÉE / LA VIA LATTEA
LA VÍA LÁCTEA
THE MILKY WAY

LA VOIE LACTÉE

Nacionalidad / Nationality: Francia-Italia / France-Italy.

Dirección / Director: Luis Buñuel.

Producción / Production: Production Greenwich Films (Francia / France); Fraia Films (Italia / Italy).

Productor / Producer: Serge Silberman.

Productor ejecutivo / Executive Producer: Ully Pickardt.

Guion / Screenplay: Luis Buñuel, Jean-Claude Carrière.

Director de fotografía / Director of Photography: Christian Matras, 35 mm.

Montaje / Editor: Louisette Hautecoeur.

Dirección artística / Art Director: Pierre Guffroy.

Vestuario / Wardrobe: Jacqueline Guyot.

Ayudantes de dirección / Assistant Directors: Pierre Lary, Patrick Saglio.

Lugar e inicio del rodaje / Location & Date of Shoot: *Studios de Billancourt*, París, 26 de agosto de 1968 / *Studios Billancourt*, Paris, August 26, 1968.

Estreno / Premiere: *Cines Lord Byron, Dragon, Bonaparte, Saint-Germain-Huchette, Vedette, Studio Raspail*, París, 15 de marzo de 1969 / *Cines Lord Byron, Dragon, Bonaparte, Saint-Germain-Huchette, Vedette, Studio Raspail*, Paris, March 15, 1969.

Duración / Running Time: 101 min. Color / Color.

Intérpretes / Cast: Paul Frankeur (Pierre), Laurent Terzieff (Jean), Alain Cuny (el hombre de la capa / *man with the cape*), Edith Scob (la Virgen María / *Virgin Mary*), Bernard Verley (Jesús), François Maistre (cura loco / *mad priest*), Claude Cerval (brigadier), Muni (la madre superiora / *mother superior*), Ellen Bahl (Sra. Garnier / *Mrs. Garnier*), Michel Piccoli (el Marqués de Sade / *Marquis de Sade*), Agnès Capri (directora de la Institución Lamartine / *director of the Lamartine Institute*), Michel Etcheverry (inquisidor / *inquisitor*), Pierre Clementi (el ángel de la muerte / *angel of death*), Georges Marchal (jesuita / *Jesuit*), Jean Piat (el conde / *the count*), Denis Manuel (Rodolphe, un estudiante protestante / *Rodolphe, a protestant student*), Daniel Pilon (Francisco, el amigo / *Francisco, his friend*), Claudio Brook (obispo / *bishop*), Marcel Pérès (el cura de la posada española / *priest in the Spanish inn*), Delphine Seyrig (prostituta / *prostitute*), Claudine Berg (madre de familia / *family mother*), Jean-Claude Carrière (Prisciliano / *Priscillian*), José Berzosa (el primer diácono de Prisciliano / *first deacon of the Priscillians*), Jean-Louis Broust, Stephane Bouy, Auguste Carrière (la religiosa crucificada / *crucified religious woman*), Jean Clarieux (San Pedro / *Saint Peter*), Beatriz Constantini, Rita Maiden (hijas de Prisciliano / *daughters of Priscillian*), Michel Creton, Raoul Delfosse, Pascal Fardoulis, Gabriel Gobin (M. Garnier), Claude Jetter (la Virgen de la posada española / *virgin at the Spanish inn*), Marius Laurey (ciego / *blind man*), Pierre Maguelon (cabo de la Guardia Civil / *corporal of the Civil Guard*), Bernard Musson (posadero francés / *French lodger*), Julien Guiomar (cura español / *Spanish priest*), Paul Pavel, Douglas Read, Jacques Rispal, Jacqueline Rouillard (camarera / *waitress*), Christine Simon (chica encadenada / *chained girl*), César Torres, Christien Van Gau, Julien Bertheau (Richard,"encargado" / *Richard, "the manager"*), Douking (pastor con la cabra / *pastor with goat*), Jean D. Ehrman (condenado / *condemned man*), Pierre Lary (monje joven / *young monk*), Christian Simon (el apostol Andrés / *Andrew the apostle*), Jean Dhermay, Pascal Fardoulis y la voz de Luis Buñuel / and the voice of Luis Buñuel.

1970
TRISTANA

Nacionalidad / Nationality: España-Francia-Italia / Spain-France-Italy.

Dirección / Director: Luis Buñuel.

Producción / Production: Época Films S.A., Talia Films S.A. (España / Spain); Les Films Corona (Francia /France); Selenia Cinematografica (Italia / Italy).

Productores ejecutivos / Executive Producers: Joaquín Gurruchaga, Eduardo Ducay.

Argumento / Story: Basado en la novela homónima de Benito Pérez Galdós / Based on the eponymous novel by Benito Pérez Galdós.

Guion / Screenplay: Luis Buñuel, Julio Alejandro.

Director de fotografía / Director of Photography: José Fernández Aguayo, 35mm.

Montaje / Editor: Pedro del Rey.

Música / Music: *Étude numéro 12*, de Chopin.

Dirección artística / Art Director: Enrique Alarcón.

Vestuario / Wardrobe: Rosa García, Vicente Martínez.

Ayudantes de dirección / Assistant Directors: José Pujol, Pierre Lary.

Lugar e inicio del rodaje / Location & Date of Shoot: Estudios Verona (Madrid) y exteriores en Toledo, 27 de octubre de 1969 / Verona Studios (Madrid), and exteriors in Toledo, October 27, 1969.

Estreno / Premiere: Madrid, 29 de marzo de 1970 / Madrid, March 29, 1970.

Duración / Running Time: 96 min. Color / Color.

Intérpretes / Cast: Catherine Deneuve (Tristana), Fernando Rey (don Lope), Franco Nero

(Horacio, el pintor / *Horacio, the painter*), Lola Gaos (Saturna, la criada / *Saturna, the maid*), Jesús Fernández (Saturno, su hijo / *Saturno, her son*), Vicente Soler (don Ambrosio), José Calvo (campanero / *bellman*), Fernando Cebrián (Dr. Miquis), José María Caffarel, Cándida Losada (una rica burguesa / *rich bourgeoisie*), Joaquín Pamplona, Mari Paz Pondal, Juan José Menéndez (don Cándido), Sergio Mendizábal (profesor / *Professor*), José Blanch, Alfredo Santacruz, Luis Aller, Luis Rico, Saturno Cerra, Jesús Combarro, Leo Lenoir, Vicente Roca, Ximénez Carrillo, Adriano Domínguez, José Alago, Rosa Goróstegui, Antonio Lintado, Pilar Vela, Lorenzo Rodríguez, Concha Buñuel (una mujer que presenta sus condolencias / *a woman who offers her condolences*), Gloria Noriega, José Luis Barros, Julio Goróstegui (don Zenón), Antonio Ferrandis (don Cosme).

1972
LE CHARME DISCRET DE LA BOURGEOISIE / EL DISCRETO ENCANTO DE LA BURGUESÍA / IL FASCINO DISCRETO DELLA BORGHESIA
THE DISCREET CHARM OF THE BOURGEOISIE

Nacionalidad / Nationality: Francia-España-Italia / France-Spain-Italy.
Dirección / Director: Luis Buñuel.
Producción / Production: Production Greenwich Film (Francia / France); Jet Film (España / Spain), Dear Film (Italia / Italy).
Productor/ Producer: Serge Silberman.
Productor ejecutivo / Executive Producer: Ully Pickardt.

Argumento / Story: Luis Buñuel.
Guion / Screenplay: Luis Buñuel, Jean-Claude Carrière.
Director de fotografía / Director of Photography: Edmond Richard, 35 mm.
Montaje / Editor: Hélène Plemiannikov.
Dirección artística / Art Director: Pierre Guffroy.
Vestuario / Wardrobe: Jacqueline Guyot.
Ayudantes de dirección / Assistant Directors: Pierre Lary, Annie Gelbart.
Lugar e inicio del rodaje / Location & Date of Shoot: *Studios Cinéma,* Boulogne-Billancourt, París, 23 de mayo de 1972. / *Studios Cinéma,* Boulogne-Billancourt, Paris, May 23, 1972.
Estreno / Premiere: París, 15 de septiembre de 1972 / Paris, September 15, 1972.
Premio / Awards: *Oscar* a la mejor película extranjera, Hollywood, 1972 / Oscar for best foreign-language film, Hollywood, 1972.
Duración / Running Time: 95 min. Color / Color.
Intérpretes / Cast: Fernando Rey (Rafael Acosta, embajador de Miranda / *Rafael Acosta, ambassador of Miranda*), Paul Frankeur (François Thévenot), Delphine Seyrig (Simone Thévenot, su mujer / *Simone Thevenot, his wife*), Bulle Ogier (Florence, hermana de Simone / *Florence, Simone's sister*), Stéphane Audran (Alice Sénéchal), Jean-Pierre Cassel (Henri Sénéchal), Michel Piccoli (ministro / *minister*), Julien Bertheau (el obispo Dufour / *bishop Dufour*), Milena Vukotic (Inés, la doncella / *Inés, the chambermaid*), María Gabriella Maione (terrorista / *terrorist*), Claude Piéplu (coronel / *colonel*), Muni (campesina / *peasant*), Pierre Maguelon (brigadier / *brigadier*), François Maistre (comisario / *commissar*), Georges Douking (moribundo / *moribund*), Bernard Musson (camarero del salón de té / *waiter at the tea salon*), Robert Le Béal (sastre / *tailor*), Ellen Bahl, Christian Baltauss, Olivier Bauchet, Robert Benoit, Anne Marie Deschott, Maxence Mailfort, Jacques Rispal, Diane Vernon, Jean Degrave, Pierre Lary, Michel Dhermay, Sébastien Floche, François Guilloteau, Claude Jaeger, Jean-Claude Jarry, Alix Mahieux, Robert Party, Jean Revel, Amparo Soler Leal, José Luis Barros (teniente coronel / *lieutenant colonel*), Gerald Robard (Hubert de Rochecahin).

1974
LE FANTÔME DE LA LIBERTÉ
EL FANTASMA DE LA LIBERTAD
THE PHANTOM OF LIBERTY

Nacionalidad / Nationality: Francia / France.
Dirección / Director: Luis Buñuel.
Producción / Production: Production Greenwich Film (Francia / France).
Productor / Producer: Serge Silberman.
Productor ejecutivo / Executive Producer: Ully Pickardt.
Guion / Screenplay: Luis Buñuel, Jean-Claude Carrière.
Director de fotografía / Director of Photography: Edmond Richard, 35 mm.
Montaje / Editor: Hélène Plémiannikov.
Música / Music: *Rhapsodie für klavier,* de Brahms. / *Rhapsodie für klavier,* by Brahms.
Dirección artística / Art Director: Pierre Guffroy.
Vestuario / Wardrobe: Jacqueline Guyot.
Ayudantes de dirección / Assistant Directors: Pierre Lary, Jacques Fraenkel.
Lugar e inicio del rodaje / Location & Date of Shoot: *Studios Cinéma,* Boulogne-Billancourt, París, 4 de febrero de 1974 / *Studios Cinéma,* Boulogne-Billancourt, Paris, February 4, 1974.
Estreno / Premiere: París, 11 de noviembre de 1974 / Paris, November 11, 1974.
Duración / Running Time: 103 min. Color / Color.
Intérpretes / Cast: Adriana Asti (dama de negro, hermana del primer gobernador / *dame in black, sister of the first governor*), Julien Bertheau (primer gobernador / *first governor*), Jean-Claude Brialy (Foucault), Mónica Vitti (Sra. Foucault / *Mrs. Foucault*), Adolfo Celi (el doctor Legendre / *doctor Legendre*), Paul Frankeur (posadero / *lodger*), Michel Lonsdale, Pierre Maguelon (Gérard, el policía / *Gérard, the policeman*), François Maistre (profesor / *professor*), Hélène Perdrière (la anciana tía / *the old aunt*), Michel Piccoli (segundo gobernador / *second governor*), Claude Piéplu (comisario de Policía / *police commissioner*), Jean Rochefort (Legendre), Bernard Verley (capitán de dragones / *captain of dragoons*), Milena Vukotic (enfermera / *nurse*), Jenny Astruc (mujer del profesor / *professor's wife*),

Ellen Bahl (niñera / *babysitter*), Philippe Brigaud (sátiro / *satyr*), Philippe Brizard (camarero / *waiter*), Agnés Capri (directora de la escuela / *director of the school*), Jean Champion (primer médico / *first doctor*), J. Debary (presidente del tribunal / *president of the tribunal*), Anne-Marie Deschott (Edith Rosenblun), Michel Dhermay (oficial francés / *French officer*), Philippe Lancelot (otro oficial / *other officer*), Paul Le Person (el padre Gabriel / *father Gabriel*), Pierre Lary (el asesino perdonado / *pardoned assassin*), Alix Mahieux (anfitriona en la recepción mundana / *hostess of the mundane reception*), Maxence Mailfort (teniente de dragones / *lieutenant of dragoons*), Annie Monange (víctima del asesino / *assassin's victim*), G. Montagne (monje joven / *young monk*), Muni (criada de los Foucault / *the Foucault's maid*), Bernard Musson (el padre Rafael / *father Rafael*), Jean Mauvais (agente de policía / *police agent*), Marc Mazza (oficial del tanque / *tank officer*), Marcel Pérès (monje / *monk*), Mari-France Pisier (Sra. Calmette / *Mrs. Calmette*), Pierre François Pistorio (François, el sobrino / *Francois, the nephew*), Jean Rougerie (anfitrión de la recepción mundana / *host of the mundane reception*), André R. (brigadier), Marianne Borco, Auguste Carrière (la doncella del parque / *park maid*), John Degrave, Tobias Engel, Eric Gabet, Glbert Lemaire (policía / *policeman*), Jacqueline Rouillard (secretaria del gobernador / *governor's secretary*), Flamed (secretario del gobernador / *governor's secretary*), Hummel (cuerpo desnudo de la vieja tía / *naked body of the old aunt*), Pascale Audret (Sra. Legendre / *Mrs. Legendre*), Marius Laurey (guardia del cementerio / *cemetery guard*), Claude Jaeger (coronel de policía / *police colonel*), Véronique Blanco (Aliette), Orane Demazis (madre del primer gobernador / *mother of the first governor*), H.Werner (capitán de policía / *police captain*), Sala (el encerador / *the waxier*), José Luis Barros, José Bergamín, Serge Silberman y Luis Buñuel (condenados a muerte / *condemned to death*).

1977
CET OBSCUR OBJET DU DÉSIR / ESE OSCURO OBJETO DEL DESEO
THAT OBSCURE OBJECT OF DESIRE

Nacionalidad / Nationality: Francia-España / France-Spain

Dirección / Director: Luis Buñuel.

Producción / Production: Production Greenwich Film, Les Films Galaxie (Francia / France); In Cine (España / Spain).

Productores / Producers: Serge Silberman, Alfredo Matas.

Productor ejecutivo / Executive Producer: Ully Pickardt.

Argumento / Story: Basado en la novela *La femme et le pantin*, de Pierre Louÿs / Based on the novel *La femme et le pantin* by Pierre Louÿs.

Guion / Screenplay: Luis Buñuel, Jean-Claude Carrière.

Director de fotografía / Director of Photography: Edmond Richard, 35 mm.

Montaje / Editor: Hélène Plémiannikov.

Dirección artística / Art Director: Pierre Guffroy.

Música / Music: *La Walkyria*, de Richard Wagner, y composiciones de flamenco / *The Valkyrie,* by Richard Wagner, and flamenco compositions.

Vestuario / Wardrobe: Sylvie de Segonzac; Fernando Esmalto (París / Paris): Fernando Rey; Chloe (París / Paris): Ángela Molina, Carole Bouquet.

Ayudantes de dirección / Assistant Directors: Juan Luis Buñuel, Pierre Lary.

Lugar e inicio del rodaje / Location & Date of Shoot: *Studios Eclair*, Épinay, y exteriores en Madrid, Sevilla y Lausana, 7 de febrero de 1977 / *Studios Éclair*, Épinay, and exteriors in Madrid, Seville and Laussane, February 7, 1977.

Estreno / Premiere: París, agosto 1977 / Paris, August 1977.

Duración / Running Time: 98 min.
Color / Color.

Intérpretes / Cast: Fernando Rey (Mateo Faber, doblado por Michel Piccoli en la versión francesa / *Mateo Faber, dubbed by Michel Piccoli in the French version*), Carole Bouquet (Conchita), Ángela Molina (Conchita), Julien Bertheau (el juez Edouard, primo de Mateo / *judge Edouard, Mateo's cousin*), André Weber (Martín, el mayordomo / *Martín, the butler*), Milena Vukotic (viajera / *traveler*), Ellen Bahl (Manolita), Valérie Bianco (la niña del tren / *little girl on the train*), Augusta Carrière (costurera / *dressmaker*), Jacques Debary (magistrado / *magistrate*), Antonio Duque (controlador / *controller*), André Lacombe (portero / *porter*), Lita Lluch-Peiró (bailarina / *dancer*), Annie Monange, Jean Claude Montalbán (cliente del bar / *bar client*), Muni (portera / *porter*), Bernard Musson (inspector de policía / *police inspector*), Isabelle Rattier (secretaria del juez / *judge's secretary*), David Rocha ("El Morenito"), Isabelle Sadoyan (jardinera / *gardner*), Juan Santamaría (empleado de la agencia de viajes / *employee of the travel agency*), Melody Thomas, Dick Winslow, Serge Silberman (víctima de un atentado terrorista / *victim of a terrorist attack*), María Asquerino (madre de Conchita / *Conchita's mother*), Claude Jaeger (dueño del bar / *bar owner*), Pieral (psicólogo / *psychologist*), José Luis Barros (hombre del saco / *man with the sack*).

Productor
Producer

→

1935
DON QUINTÍN EL AMARGAO
THE BITTER MR. QUINTIN

Nacionalidad / Nationality: España / Spain.

Dirección / Director: Luis Marquina, Luis Buñuel, no incluido en los créditos y participación negada por él / Luis Marquina, Luis Buñuel–not included in the credits and denied by himself.

Producción / Production: Filmófono (España / Spain).

Productores / Producers: Ricardo Urgoiti, Luis Buñuel.

Productor ejecutivo / Executive Producer: Luis Buñuel.

Argumento / Story: Basado en la obra de Carlos Arniches y Antonio Estremera *Don Quintín el amargao o El que siembra vientos* / Based on the play by Carlos Arniches and Antonio Estremera *Don Quintín el Amargao o el que Siembra Vientos*.

Guion / Screenplay: Eduardo Ugarte, Luis Buñuel.

Director de fotografía / Director of Photography: José María Beltrán, 35 mm.

Montaje / Editor: León Lucas de la Peña, Eduardo G. Maroto.

Dirección artística / Art Director: José María Torres.

Música / Music: Jacinto Guerrero, Fernando Remacha.

Ayudantes de dirección / Assistant Directors: José Martín, Francisco Cejuela.

Lugar del rodaje / Location of Shoot: Estudios C.E.A., Madrid. / C.E.A. Studios, Madrid.

Estreno / Premiere: Palacio de la Música, Madrid, 31 de octubre de 1935 / Palacio de la Música, Madrid, October 31st, 1935.

Duración / Running Time: 76 min. Blanco y negro / Black & White.

Intérpretes / Cast: Ana María Custodio (Teresa), Alfonso Muñoz (don Quintín), Luisita Esteso (Felisa), Consuelo Nieva (Margot), Fernando de Granada (Paco), María Anaya (la tía de Paco / *Paco's aunt*), José Alfayate (Sefini), Manuel Arbó (Crótido), Erna R. (la monja / *the nun*), José Marco Davó (Nicasio), Jacinto Higueras (Saluqui), Isabelita Pérez (la niña con la botella / *girl with the bottle*), Manuel Vico (el jefe de sala / *courtroom chief*), Isabel Noguera, Porfiria

Sánchiz (María), Luis de Heredia (Angelito), Fernando Freire de Andrade ("El risitas" / *"giggles"*).

1935
LA HIJA DE JUAN SIMÓN
THE DAUGHTER OF JUAN SIMÓN

Nacionalidad / Nationality: España / Spain.

Dirección / Director: José Luis Sáenz de Heredia y, no incluidos en los créditos, Nemesio Manuel Soldevilla, Eduardo Ugarte y, no reconocida su participación, Luis Buñuel / José Luis Sáenz de Heredia and, not included in the credits, Nemesio Manuel Soldevilla, Eduardo Ugarte and, his participation not recognized, Luis Buñuel.

Producción / Production: Filmófono (España / Spain).

Productores / Producers: Ricardo Urgoiti, Luis Buñuel.

Productor ejecutivo / Executive Producer: Luis Buñuel.

Argumento / Story: Basado en la pieza teatral homónima de Nemesio Manuel Soldevilla / Based on the eponymous play by Nemesio Manuel Soldevilla.

Guion y diálogos / Screenplay & Dialogue: Nemesio Manuel Soldevilla, José María Granada, Eduardo Ugarte.

Director de fotografía / Director of Photography: José María Beltrán, 35 mm.

Montaje / Editor: Eduardo García Maroto.

Dirección artística / Art Director: Nemesio Manuel Soldevilla, Mariano Espinosa.

Música / Music: Daniel Montorio, Fernando Remacha.

Ayudante de dirección / Assistant Director: Honorio Martínez.

Lugar del rodaje / Location of shoot: Estudios Roptence, Madrid. / Roptence Studios, Madrid.

Estreno / Premiere: Madrid, 1935.

Duración / Running Time: 69 min. Blanco y negro / Black & White.

Intérpretes / Cast: Angelillo (Ángel), Pilar Muñoz (Carmen), Carmen Amaya (Soledad), Manuel Arbó (Juan Simón), Ena Sedeño (Angustias, madre de Carmen / *Angustias, Carmen's mother*), Porfiria Sánchiz ("La Roja" / *"The Red"*),

Cándida Losada (Trini), Julián Pérez de Ávila (Carlos), Emilio Portes (don Severo), Fernando Freire de Andrade (don Paco), Pablo Hidalgo (Curro), Baby Deny (cupletista / *cabaret singer*), Felisa Torres (Celes), Emilia Iglesias (madre de Ángel / *Ángel's mother*), Pablo Sáez, Ángel Sepúlveda, Francisco Gaztambide, Anita Muñoz, Palanca (cantante / *singer*), Angelito Sampedro (hijo de Ángel / *Ángel's son*), Luis Buñuel (cantante en la prisión / *singer in the prison*).

1936
¿QUIÉN ME QUIERE A MÍ?
WHO LOVES ME?

Nacionalidad / Nationality: España / Spain.
Dirección / Director: José Luis Sáenz de Heredia.
Producción / Production: Filmófono (España / Spain).
Productores / Producers: Ricardo Urgoiti, Luis Buñuel.
Productor ejecutivo / Executive Producer: Luis Buñuel.
Argumento / Story: Enrique Horta, E. Pelayo Caballero.
Guion / Screenplay: Eduargo Ugarte, Luis Buñuel.
Director de fotografía / Director of Photography: José María Beltrán, 35 mm.
Montaje / Editor: Monique Lacombe, Julio Bris.
Dirección artística / Art Director: Mariano Espinosa.
Música / Music: Fernando Remacha, Juan Tellería.
Ayudantes de dirección / Assistant Directors: Domingo Pruna, Honorio Martínez, Edgundio Ter.
Lugar del rodaje / Location of Shoot: Estudios Ballesteros Tona Films, Madrid.
Duración / Running Time: 85 min.
Blanco y negro / Black & White.
Intérpretes / Cast: Lina Yegros (Marta Vélez), Mari Tere Pacheco, Mario Pacheco (niños / *children*), José Baviera (Alfredo Flores), José María Linares Rivas (Eduardo), Fernando Freire de Andrade ("El Águila" / *"The Eagle"*), Luis de Heredia (Supito), Carlos del Pozo (don Román),

Manuel Arbó (Antonio Reyes), Emilio Portes (editor / *editor*), Raúl Cancio (toxicómano / *drug addict*), Pablo Hidalgo ("Ciempiés" / *"Centipede"*), Juan de las Heras ("Lorito" / *"Parakeet"*), Luis Arnedillo (sargento / *sergeant*), Alberto Tapia (policía / *policeman*), Francisco René, Engracia Sebastián (cocinera / *cook*), Francisca Ferrari (Engracia), Baby Deny, Paulino Casado (fiscal / *district attorney*), Sra / Ms. Casado, Sra / Ms. Sepúlveda, José Codina (defensor / *defense attorney*), Moyano (presidente / *president*), Sra. De Sierra de Luna (Josefa), Mercedes Sirvent, José Besonia ("El Refranes" / *"The Proverbs"*).

1936
¡CENTINELA ALERTA! GUARD! ALERT!

Nacionalidad / Nationality: España / Spain.
Dirección / Director: Jean Grémillon, Luis Buñuel, no incluidos en los créditos y participación negada por este último / Jean Grémillon, Luis Buñuel, not included in the credits and participation denied by himself.
Producción / Production: Filmófono (España / Spain).
Productor / Producer: Ricardo Urgoiti.
Productor ejecutivo y supervisor / Executive Producer/Supervisor: Luis Buñuel.
Argumento / Story: Basado en el sainete *La alegría del batallón*, de Carlos Arniches / Based on the play *La Alegría del Batallón*, by Carlos Arniches.
Guion / Screenplay: Eduardo Ugarte, Luis Buñuel.
Director de fotografía / Director of Photography: José María Beltrán, 35 mm.
Montaje / Editor: Luis Buñuel.
Dirección artística / Art Director: Mariano Espinosa.
Ayudante de dirección / Assistant Director: Domingo Pruna.
Lugar del rodaje / Location of Shoot: Estudios Roptence / Roptence Studios.
Estreno / Premiere: Madrid, 1936.
Duración / Running Time: 78 min.
Blanco y negro / Black & White.
Intérpretes / Cast: Angelillo (Angelillo), Ana María Custodio (Candelas), Luis de Heredia

(Tiburcio), José María Linares Rivas (Arturo), Mari Tere Pacheco, Mario Pacheco (niños / *children*), Raúl Cancio (teniente / *lieutenant*), Emilio Portes (médico / *doctor*), Pablo Hidalgo (sargento / *sergeant*), Pablo Álvarez Rubio (regidor / *manager*), Mario Pacheco (niño / *child*).

1937
ESPAÑA LEAL EN ARMAS / ESPAGNE 1937

Otros títulos / Alternate Titles: *Madrid 1936; España 1937, Espagne 1936*.
Nacionalidad / Nationality: España-Francia / Spain-France.
Producción / Production: Subsecretaría de Propaganda del Gobierno de la República (España) y *Ciné-Liberté* (Francia) / Subsecretary of Propaganda of the Government of the Republic of Spain (Spain), and *Ciné-Liberté* (France).
Productor ejecutivo / Executive Producer: Luis Buñuel.
Comentarios / Commentary: Texto de Pierre Unik y Luis Buñuel, leído por Gaston Modot / Text by Pierre Unik and Luis Buñuel, read by Gaston Modot.
Directores de fotografía / Director of Photography: Román Karmen, Manuel Villegas López y un operador español no identificado / Román Karmen, Manuel Villegas López and an unidentified Spanish camera operator.
Montaje / Editor: Jean-Paul Dreyfus (Jean-Paul Le Chanois).
Música / Music: *VII, VIII Symphonien* de Beethoven.
Duración / Running Time: 34 min.
Blanco y negro / Black & White.

1926
MAUPRAT

Nacionalidad / Nationality: Francia / France.
Dirección / Director: Jean Epstein.
Producción / Production: Films Jean Epstein (Francia / France).
Productor ejecutivo / Executive Producer: Marlot.
Argumento / Story: Basado en la novela homónima de Georges Sand / Based on the eponymous novel by Georges Sand.
Guion / Screenplay: Jean Epstein.
Director de fotografía / Director of Photography: Albert Duverger.
Dirección artística / Art Director: Pierre Kéfer.
Vestuario / Wardrobe: Souplet.
Ayudante de dirección / Assistant Director: Luis Buñuel.
Lugar del rodaje / Location of Shoot: Exteriores en Vallée de Chevreuse / Exteriors in Vallée de Chevreuse.
Duración / Running Time: Largometraje / Feature-length film.
Blanco y negro / Black & White.
Intérpretes / Cast: Sandra Milowanoff, Maurice Schutz, Nino Constantini, René Ferté, Alex Allain, Bondireff, Jean Thiery, Mme Halma, Lina Doré, G. Dulong, Luis Buñuel (figurante / *an extra*).

1927
LA SIRÈNE DES TROPIQUES
LA SIRENA DEL TRÓPICO
SIREN OF THE TROPICS

Nacionalidad / Nationality: Francia / France.
Dirección / Director: Henri Etiévant, Mario Nalpas.
Producción / Production: Hennebains production Centrale Cinématographique (Francia / France).
Guion / Screenplay: Maurice Dekobra.
Ayudante de dirección / Assistant Director: Luis Buñuel.
Lugar del rodaje / Location of Shoot: *Studios Frankeur*, París / *Studios Frankeur,* Paris.

Película muda / Silent Film.
Duración / Running Time: 75 min.
Blanco y negro / Black & White.
Intérpretes / Cast: Josephine Baker, Pierre Batcheff, Régina Thomas, Janine Borelli, Georges Melchior, Kiranine, Adolphe Candé.

1928
LA CHUTE DE LA MAISON USHER
EL HUNDIMIENTO DE LA CASA USHER
THE FALL OF THE HOUSE OF USHER

Nacionalidad / Nationality: Francia / France.
Dirección / Director: Jean Epstein.
Producción / Production: Films Jean Epstein (Francia / France)
Argumento / Story: Basado en *The fall of the house of Usher, The Oval Portrait* y otros cuentos de Edgar Allan Poe / Based on *The Fall of the House of Usher, The Oval Portrait,* and other stories by Edgar Allan Poe.
Guion / Screenplay: Jean Epstein, J. Lucas.
Director de fotografía / Director of Photography: Georges Lucas, Herbert.
Película muda / Silent Film.
Dirección artística / Art Director: Pierre Kéfer.
Vestuario / Wardrobe: Oclise.
Ayudante de dirección / Assistant Director: Luis Buñuel.
Lugar del rodaje / Location of Shoot: Magny (Vexin), Sologne, las costas de Bretaña y los estudios *Menchen-Épinay* / Magny (Vexin), Sologne, the costes of Britain and the *Menchen-Épinay* Studios.
Blanco y negro / Black & White.
Intérpretes / Cast: Jean Deboucourt (sir Roderick Usher), Marguerite Denis (lady Madelaine Usher), Mme Abel Gance (el amigo viajero / *the traveling friend*), Charles Lamy, Pierre Hot (médico / *Doctor*), Fournez-Goffert (criado / *servant*), Mme Halma (posadera / *lodger*).

Nuevo montaje
Film editor (recutting)

↓

Guionista
Screenwriter

↓

1941
TRIUMPH DES WILLENS / TRIUMPH OF THE WILL
EL TRIUNFO DE LA VOLUNTAD

Producción / Production: The Museum of Modern Art, Nueva York (EE.UU. / USA).

Montaje / Editor: Luis Buñuel.

A partir de las películas *Triumph des Willens* (*El triunfo de la voluntad*), de Leni Riefenstahl, Alemania, 1936 y *Feldzug in Polen* (*Campaign in Poland*), de Hans Bertram, Alemania, 1940. Acerca del Congreso del Partido Nazi, Nuremberg, 1934, y sobre la invasión de Polonia, respectivamente. / From the films *Triumph des Willens (Triumph of the Will),* by Leni Riefenstahl, Germany, 1936 and *Feldzug in Polen (Campaign in Poland)*, by Hans Bertram, Germany, 1940. About the Congress of the Nazi party, Nuremberg, 1934, and about the invasion of Poland, respectively.

Duración / Running Time: 42 min. el montaje de Luis Buñuel; 120 min. aproximadamente cada cinta original / 42 min. Luis Buñuel's cut; approximately 120 min. the original version.

1950
SI USTED NO PUEDE, YO SÍ

Nacionalidad / Nationality: México / Mexico.

Dirección / Director: Julián Soler.

Producción / Production: Ultramar Films (Mexico / Mexico).

Productor / Producer: Oscar Dancigers.

Productor ejecutivo / Executive Producer: Fidel Pizarro.

Argumento / Story: Luis Buñuel, Luis Alcoriza.

Guion y diálogos / Screenplay & Dialogue: Luis Buñuel, Luis Alcoriza, y, no incluida en los créditos, Janet Alcoriza / Luis Buñuel, Luis Alcoriza and, not included in the credits, Janet Alcoriza.

Director de fotografía / Director of Photography: José Ortiz Ramos, 35 mm.

Montaje / Editor: Carlos Savage.

Dirección artística / Art Director: Edward Fitzgerald, Pablo Galván.

Música / Music: Manuel Esperón. Canciones: "Trato amargo", "Juan Charrasqueado" y "Tuberculosis o bronquitis". Interpretaciones musicales: Pepe Iglesias, "El Zorro"; quinteto Allegro, Dolly Sister y el ballet Chelo la Rue / Manuel Esperón. Songs: "Trato Amargo", "Juan Charrasqueado", and "Tuberculosis o bronquitis". Musical interpretations: Pepe Iglesias, "el Zorro"; Allegro quintet, Dolly Sister and the ballet "Chelo la Rue".

Ayudante de dirección / Assistant Director: Ignacio Villareal.

Lugar e inicio del rodaje / Location & Date of Shoot: Estudios Tepeyac, México D.F., 12 de junio de 1950 / Tepeyac Studios, Mexico, June 12, 1950.

Estreno / Premiere: Cine Mariscala, México D.F., 15 de febrero de 1951 / Cine Mariscala, Mexico D.F., February 15, 1951.

Duración / Running Time: 91 min. Blanco y negro / Black & White.

Intérpretes / Cast: Pepe Iglesias, "El Zorro" (León Parelli), Alma Rosa Aguirre (Marta), Fernando Soto "Mantequilla" (Beto), Julio Villareal (Julio Cellini), Antonio Bravo (Benvenuto Fratelli), Ernesto Finance (empresario / *businessman*), Francisco Ledesma (Inocencio Bosch Puig), Maruja Grifell (la viuda "alegre" / *the "happy" widow*), Carlo Fioriti (Fratelli), Armando Velasco (dueño del restaurante italiano / *owner of the Italian restaurant*), Alberto Catalè (encargado del hotel / *hotel manager*), Ignacio Peón (cliente / *client*), Hernán Vera, Humberto Rodríguez (portero / *porter*), José Venegas, Rogelio Fernández, Agustín Hernández, Pepe Hernández

---

1972
LE MOINE / IL MONACO / DER MÖNCH
EL MONJE / THE MONK

Nacionalidad / Nationality: Francia-Italia-Alemania / France-Italy-Allemagne.

Dirección / Director: Ado Kyrou.

Producción / Production: Maya Films Comacico, Intercontinental Prod. Comacico (Francia / France); Tritone Cinematográfica (Italia / Italy), Studio Films (Alemania / Germany).

Productor / Producer: Henri Lange.

Productor ejecutivo / Executive Producer: Claude Hausser.

Argumento / Story: Basado en la novela *The monk*, de Matthews G. Lewis / Based on the novel *The Monk* by Matthew G. Lewis.

Guion / Screenplay: Luis Buñuel, Jean-Claude Carrière.

Director de fotografía / Director of Photography: Sacha Vierny, 35 mm.

Montaje / Editor: Eric Pluet.

Dirección artística / Art Director: Max Douy.

Música / Music: Piero Piccion, Ennio Morricone.

Vestuario / Wardrobe: Pierre Nourry y Hélène Nourry.

Ayudantes de dirección / Assitant Directors: Jacques Fraenkel, Jean-Claude García.

Lugar del rodaje / Location of Shoot: *Stu-*

dios de Boulogne, París / *Studios de Boulogne,*
Paris.
Duración / Running Time: 85 min.
Color / Color.
Intérpretes / Cast: Franco Nero, Nathalie Delon,
Nicol Williamson, Nadja Tiller, Denis Manuel, Eliana
de Santis, María Machado, Philippe Clevenot,
Louis Chevalier, Laura Montoussamy, Armand
Meffre, Bernard Bourquenot, Daniel Leger, Jac-
ques Blot, Marcel Rouze, Patrick Lancelot, Agnes
Capri, Elisabeth Wiener.

1946
THE BEAST WITH FIVE FINGERS
LA BESTIA DE LOS CINCO DEDOS

Nacionalidad / Nationality: EE.UU. / USA.
Dirección / Director: Robert Florey.
Producción / Production: Warner Bros.
(EE.UU. / USA).
Argumento / Story: Basado en la novela
homónima de William Fruer Harvey. Aunque no
fue incluido en los créditos, Luis Buñuel escribió
la secuencia de la mano animada, que registró
con el nombre *Hallucination about a dead hand.*
Años más tarde, en *El ángel exterminador*, reto-
maría la misma idea / Based on the eponymous
novel by William Fruer Harvey. Although he was-
n't included in the credits, Luis Buñuel wrote the
sequence of the animated hand, which he regis-
tered under the name *Hallucination about a dead
hand.* Years later, in *The Exterminating Angel*, he
used the same idea.
Duración / Running Time: 88 min.
Blanco y negro / Black & White.
Intérpretes / Cast: Robert Alda, Andrea King,
Peter Lorre, Victor Francen, J. Carrol Naish.

En la pantalla
On the screen

↓

Carmen, de Jacques Feyder, Francia, 1926: de
contrabandista / **Carmen**, by Jacques Feyder,
France, 1926: as a smuggler.

Mauprat, de Jean Epstein, Francia, 1926: de
fraile y de soldado / **Mauprat**, by Jean Epstein,
France, 1926: as a friar and a soldier.

Un perro andaluz, de Luis Buñuel, Francia,
1929; el hombre que secciona el ojo / **Un Chien
Andalou**, by Luis Buñuel, France, 1929: as the
man who slices an eye.

La fruta amarga, de Arthur Gregor, EE.UU,
1931; de camarero / **The Bitter Fruit**, by Arthur
Gregor, U.S.A., 1931: as a waiter.

La hija de Juan Simón, de José Luis Sáenz de
Heredia, España, 1935: cantante en la cárcel / **The
Daughter of Juan Simon**, by José Luis Saenz
de Heredia, Spain, 1935: as a singing prisoner.

¡Centinela alerta!, de Jean Grémillon y Luis
Buñuel, España, 1935: dobla a un baturro /
Guard! Alert!, by Jean Grémillon and Luis
Buñuel, Spain, 1935: doubles as an Aragonese.

Robinson Crusoe, de Luis Buñuel, México-
EE.UU., 1952: las manos con la *Myrmeleon Formicarius* / **Adventures of Robinson Crusoe**, by
Luis Buñuel, Mexico-U.S.A., 1952: the hands
with the *Myrmeleon Formicarius.*

Él, de Luis Buñuel, México, 1952 : quizá de fraile,
aunque la capucha le oculte la cara / **El (This
Strange Passion)**, by Luis Buñuel, Mexico,
1952: maybe as a friar, although the hood hides
his face.

Llanto por un bandido, de Carlos Saura,
España - Italia- Francia, 1963: el verdugo / **Time
for a Bandit**, by Carlos Saura, Spain-Italy-
France, 1963: as the executioner.

En este pueblo no hay ladrones, de Alberto
Isaac, México, 1964: el cura / **There are no
Thieves in this Town**, by Alberto Isaac,
Mexico, 1964: as the priest.

Belle de jour, de Luis Buñuel, Francia, 1966;
sentado en el restaurante de la *Grande Cascade*
del *Bois de Boulogne*, las manos que cargan las
pistolas en un duelo / **Belle de Jour**, by Luis
Buñuel, France, 1966: sitting in the restaurant of
the *Grande Cascade* in the *Bois de Boulogne*;
the hands that carry the pistols in a duel.

La vía láctea, de Luis Buñuel, Francia, 1969:
lectura radiofónica de un fragmento de *La guía
de pecadores* de Fray Luis de Granada / **The
Milky Way**, by Luis Buñuel, France, 1969:
radio phonic reading of *The Guide of Sinners* by
Fray Luis de Granada.

La chute d'un corps, de Michel Polac, Francia,
1973 / **La chute d'un corps**, by Michel Polac,
France, 1973.

El fantasma de la libertad, de Luis Buñuel,
Francia, 1974; un fraile fusilado / **The Phantom
of Liberty**, by Luis Buñuel, France, 1974: an
executed friar.

Bibliografía Bibliography

ESCRITOS DE LUIS BUÑUEL (OBRA LITERARIA, GUIONES)
WRITINGS BY LUIS BUÑUEL (LITERARY WORK, UNFILMED SCREENPLAYS)

Mi último suspiro (memorias), Barcelona, Plaza & Janés, 1982. Ed. francesa: *Mon dernier soupir,* Paris, Robert Laffont, 1982.

Obra literaria, Zaragoza, Heraldo de Aragón, 1982.

Là-bas, en colaboración con Jean-Claude Carrière, Teruel, Instituto de Estudios Turolenses, 1990.

Goya. La Duquesa de Alba y Goya, Teruel, Instituto de Estudios Turolenses, 1992.

Johnny got his gun. Johnny cogió su fusil, en colaboración con Dalton Trumbo, Teruel, Instituto de Estudios Turolenses, 1993.

Le Christ à cran d'arrêt. Œuvres littéraires, Paris, Plon, 1995.

Agón. El canto del cisne. Haz la guerra y no el amor. Una ceremonia suntuosa. Una ceremonia secreta. Guerra, si: amor, tampoco, en colaboración con Jean-Claude Carrière, Teruel, Instituto de Estudios Turolenses y Zaragoza, 1995.

ESTUDIOS SOBRE LUIS BUÑUEL
STUDIES ON LUIS BUÑUEL

Abruzzese, Alberto y Masi, Stephano: *Il film di Luis Buñuel,* Roma, Gremese, 1981.

Agel, Henri: *Luis Buñuel,* Paris, Éditions Universitaires, 1959.

Andrejkov, Todor: *Luis Buñuel,* Sofia, 1980.

Aranda, José Francisco: *Luis Buñuel. Biografía crítica,* Barcelona, Lumen, 1970.
_____: «Buñuel español», *Cinema Universitario* (Salamanca), 4, diciembre 1956, pp. 7-19.
_____ : «Gespräch mit Buñuel», *Filmkritik* (München), 6, juni 1963, p. 264.
_____ : «Buñuel and Tristana» *Sight and Sound* (London), vol. 39, 2, Spring 1970, pp. 73-74.

Arconada, César M.: «El film», *Nuestro Cinema,* 2, 1935.

Aron, Robert: «Films de révolte», *La Revue du Cinéma* (Paris), 5, 1 novembre 1929.

Aubry, Daniel y Lacor, J. M.: «Luis Buñuel», *Film Quarterly* (Berkeley), vol. 12, 2, 1958.

Ballabriga, Pina: *El cine de Luis Buñuel según Luis Buñuel,* Huesca, Festival de Cine de Huesca, 1993.

Barbáchano, Carlos: *Buñuel,* Barcelona, Salvat, 1986.
_____ : «Luis Buñuel», Madrid, Alianza Editorial, 2000.

Bazin, André: *Le cinéma de la cruauté,* Paris, Flammarion, 1987.
_____ : «Le fond de la réalité», *Esprit* (Paris), 15 janvier 1952.

Benayoun, Robert: «*Nazarín* ou les points sur les i», *Positif* (Paris), 31, novembre 1959.

Bermúdez, Xavier: *Buñuel: espejo y sueño,* Madrid, Taurus, 2000.

Bernardi, Auro: *L'arte dello scandalo: L'âge d'or di Luis Buñuel,* Bari, Dedalo, 1984.
_____ : «Buñuel, Goya e il surrealismo», *Cinema Nuovo* (Milano), vol. 37, 4-5, giulio-ottobre 1988.
_____ : *Luis Buñuel,* Genova, Le Mani, 1998.

Bertelli, Pino: *Buñuel, l'arma dello scandalo: l'anarchia nel cinema di Luis Buñuel,* Torino, Nautilus, 1985.

Bréteque, François de la: «À l'échelle animale», *Cahiers de la Cinémathèque* (Toulouse), 30-31, 1980.

Brunius, Jacques Bernard: «*Un chien andalou*», *La Revue du Cinéma,* 4, 1929.

Bruno, Edoardo: *Luis Buñuel,* Venezia, La Biennale de Venezia, 1984.

Buache, Freddy: *Luis Buñuel,* Lyon, SERDOC, 1960.
_____ : *Buñuel,* Lausanne, L'Âge d'homme, 1980.

Carnicero, Marisol y Sánchez Salas, Daniel (coords.): *En torno a Buñuel,* en *Cuadernos de la Academia,* 7-8, Madrid, agosto 2000.

Carrière, Jean-Claude: «The Buñuel Mistery», *Show* (New York), vol. 1, 4, 1970.

Carson, Robert. «Luis Buñuel, an eye in the Wilderness», *Holiday* (New York), 1965.

Cattini, Alberto: *Buñuel,* Firenze, La Nuova Italia, 1978.

Cesarman, Fernando: *El ojo de Buñuel: psicoanálisis desde una butaca,* Barcelona, Anagrama, 1976.

Cieslar, Jirí: *Luis Buñuel,* Praha, Filmov Ústav, 1987.

Climent, Michel: «Abismos de pasión», *Positif,* 56, 1963.

Colina, José de la: «El cuchillo espectral», *Contracampo,* 16, 1980.

Conrad, Randall: *Luis Buñuel: Surrealist and film-maker,* Boston, Museum of Modern Art, 1974.

Cortázar, Julio: «Los olvidados», *Sur* (México), 209-210, 1952

Cremonini, Giorgio: *Buñuel,* Roma, Giulio Savelli, 1973.

Custodio, Álvaro: «Pequeña historia de un surrealista», *La Semana Cinematográfica* (México), 29 enero 1949.

Dalí, Salvador: «Comments on the making of *Un chien andalou*», *Cinemages* (New York), 1, 1955.
_____ : «Luis Buñuel», *L'Amic de les Arts* (Sitges), 31, 1929.

Demeure, Jacques: «Luis Buñuel, poète de la cruauté», *Positif,* 10, 1954.

Desnos, Robert: «*Un chien andalou*», *Le Merle*, 11, 28 juin 1929.

Dreyfus, Jean-Paul: «*L'Âge d'or* par Louis Buñuel. Scénario de Louis Buñuel et Salvador Dalí», *La Revue du Cinéma,* 17, 1 décembre 1930.

Drouzy, Maurice: *Luis Buñuel. Architecte du rêve*, Paris, Lherminier, 1978.

Durgnat, Raymond: *Luis Buñuel*, Berkeley. University of California Press, 1968.

Edwards, Gwynne: *The discreet art of Luis Buñuel: a reading of his films*, London, Marion Boyars, 1997.

Evans, Peter Williams: *Las películas de Luis Buñuel: la subjetividad y el deseo*, Barcelona / Buenos Aires, Paidós, 1998.

Fuentes, Carlos: «Buñuel», *The New York Times*, 8 march 1973.
_____ : «Buñuel viaja en tranvía», *Nickel Odeon* (Madrid), 13, invierno 1998, pp. 168-169.

Fuentes, Víctor: *Buñuel en México, Iluminaciones sobre una pantalla pobre*, Zaragoza, Instituto de Estudios Turolenses / Gobierno de Aragón, 1993.
_____ : *Buñuel: cine y literatura,* Barcelona, Salvat, 1989.
_____ : «Los mundos de Luis Buñuel», Madrid, Akal, 2000.

Gabutti, Giuseppe: *Luis Buñuel: L'utopia della libertà*, Roma, Edizioni Paoline, 1981.

Gálvez, Antonio: *Luis Buñuel*, Paris, Le Terrain Vague, 1970.

García Buñuel, Pedro Christian: *Recordando a Luis Buñuel*, Zaragoza, Diputación Provincial y Ayuntamiento, 1985.

García Riera, Emilio: «The eternal rebellion of Luis Buñuel», *Film Culture* (New York), 21, Summer 1960, pp. 42-57.

Giménez Caballero, Ernesto: «El cineasta Luis Buñuel», *La Gaceta Literaria*, 24, 1927.
_____ : «Buñuel ya sombra de sí mismo», *Diario 16,* 1 septiembre 1983.

Goetz, Alicia y Banz, Helmut: *Luis Buñuel: eine Documentation*, Bad Ems, Verband der deutschen Filmclubs, 1995.

Gómez de la Serna, Ramón: «La bestia andaluza», *El Sol,* 6 marzo 1930.

González Dueñas, Daniel: *Luis Buñuel, la trama soñada*, México, Universidad Nacional Autónoma de México, Coordinación de Difusión Cultural, 1986.

Gubern, Román: *Proyecto de luna. La generación del 27 y el cine*, Barcelona, Anagrama, 1999.

Higginbotham, Virginia: *Luis Buñuel*, Boston, Twayne Publishers, 1979.

Kast, Pierre: «À la recherche de Luis Buñuel avec Jean Grémillon, Jean Castanier, Eli Lotar, L. Viñes et Pierre Prévert», *Cahiers du Cinéma*, 7, décembre 1951.

Kotulla, Theodor: «Verbrecher und Heiliger bei Buñuel», *Filmkritik*, 6, 1968.

Kyrou, Ado: *Luis Buñuel*, Paris, Seghers, 1962.
_____ : «*L'Âge d'or*, centre et tremplin du cinéma surréaliste», *L'Âge du Cinéma* (Paris), 4-5, 1951.
_____ : «La grande tendresse de Luis Buñuel», *Positif,* 10, 1954, p. 38.

Labarthe, André: «Seul le cristal», *Cahiers du Cinéma,* 60, janvier 1956.

Lefèvre, Raymond. *Luis Buñuel*, Paris, Edilig, 1984.

_____ : «Signé Luis Buñuel», *Avant-garde* (Bruxelles), 11 juin 1937.

López Villegas, Manuel: *Sade y Buñuel*, Teruel, Instituto de Estudios Turolenses / Gobierno de Aragón, 1998.

Marcabru, Pierre: «Buñuel, passé, présent et avenir du cinéma espagnol», *Arts* (Paris), 3 avril 1963.

Miller, Henry: «Buñuel, or Thus Cometh to an End Everywhere the Golden Age», *The New Review* (Paris), 1931.
_____ : «Buñuel visto por Henry Miller», *Revista SP,* 12 abril 1970, pp. 46 y ss.

Mellen, Joan: *The world of Luis Buñuel: essay in criticism*, New York, Oxford University Press, 1978.

Monegal-Brancos, Antonio: *Luis Buñuel de la literatura al cine. Una poética del objeto*, Barcelona, Anthropos, 1993.

Montes, Eugenio: «*Un chien andalou*», *La Gaceta Literaria*, 15 junio 1929.

Mortimer, Roger: «Buñuel, Sáenz de Heredia and Filmófono», *Sight and Sound*, 3, Summer 1975, pp. 80-82.

Moussinac, León: «*L'Âge d'or*», *L'Humanité*, 7 décembre 1930.

Oms, Marcel: *Don Luis Buñuel*, París, Les Éditions du Cerf, 1985.
_____ : «*Terre sans pain*, de Luis Buñuel: Des images inédites», *Archives* (Toulouse), 43, 1991.

Paz, Octavio: «Dans la grande contradiction des fous espagnols», *Les Lettres Françaises,* 24 novembre 1959.
_____ : «El cine filosófico de Luis Buñuel», en *Los signos de rotación,* Madrid, Alianza, 1971.
_____ : «Cannes 1951. Los olvidados», *El País / Artes*, 21 septiembre 1983.

Péret, Benjamin: «L'oeuvre cruelle et révoltée de Luis Buñuel», *Arts*, 374, juin 1954.

Pérez Coterillo, Moisés: «Max Aub et Luis Buñuel: Le roman d'une génération», *Écran 72,* 8, septembre – octobre 1972, pp. 18-19.

Pérez Turrent, Tomás y Colina, José de la: *Buñuel por Buñuel*, Madrid, Plot, 1993.

Piccoli, Michel: *Le provocateur*, Paris, France-Empire, 1989.

Poniatowska, Elena: *Palabras cruzadas*, México, Era, 1961.

Porto, Juan José: *El espíritu de la libertad*, Madrid, Caballero Ediciones, 1999.

Poyato Sánchez, Pedro: *Las imágenes cinematográficas de Luis Buñuel,* Valladolid, Caja España, 1998.

Ramsey, Cynthia: *The problem of dual consciousness: the structures of dream and reality in the films of Luis Buñuel,* Ann Arbor, Florida University, 1983.

Richardson, Tony: «The films of Luis Buñuel», *Saturday Review*, july 1954.

Ríos Carratalá, Juan A: *A la sombra de Lorca y Buñuel: Eduardo Ugarte,* Alicante, Universidad, 1995.

Rodríguez Blanco, Manuel: *Luis Buñuel*, Paris, Bifi / Durante, 2000.

Rojo, Alba de: *Luis Buñuel. Iconografía Personal,* México, Fondo de Cultura Económica / Universidad de Guadalajara, 1988.

Rondolino, Gianni: *L'occhio tagliato*, Torino, Martano, 1972.

Rotellar, Manuel: «Luis Buñuel en Filmófono», *Cinema 2002* (Madrid), 37, marzo 1978, pp. 36-40.

Rubia Barcia, José: *Con Luis Buñuel en Hollywood y después*, La Coruña, Edicios do Castro, 1992.

Sadoul, Georges: «Cruauté, tendresse, pitié», *Les Lettres Françaises*, 22 novembre 1951.
_____ : «Mon ami Buñuel», *L'Écran Français* , décembre 1951.
_____ : «Hommage à Luis Buñuel», *Les Lettres Françaises,* 17 mai 1956.

Sánchez-Biosca, Vicente: *Luis Buñuel. Viridiana,* Barcelona-Buenos Aires-México, Paidós, 1999.

Sánchez Vidal, Agustín: *Luis Buñuel: Obra cinematográfica,* Madrid, Ediciones J.C, 1984.
_____ : *Vida y opiniones de Luis Buñuel,* Teruel, Instituto de Estudios Turolenses, 1985.
_____ : *Luis Buñuel*, Madrid, Cátedra, 1991.
_____ : *El mundo de Luis Buñuel*, Zaragoza, Caja de Ahorros de la Inmaculada de Aragón, 1993.
_____ : *Buñuel, Lorca, Dalí: el enigma sin fin*, Barcelona, Planeta, 1996.

Sánchez, Francisco: *Todo Buñuel*, México, Cineteca Nacional, 1978.

Saura, Carlos: «Le retour en Espagne», *Positif,* 42, novembre 1961, pp.26-30.
_____ : «Buñuel», *Nuestro Cine* (Madrid), 16, enero 1963.

Schwarze, Michael: *Luis Buñuel mit Selbstzeugnissen und Bilddokumenten,* Reinbek bei Hamburg, Rowohlt, 1981.

Stein, Elliot: «Buñuel's Golden Bowl», *Sight and Sound*, vol. 36, 4, october 1967, pp. 173-175.

Talens, Jenaro: *El ojo tachado: Lectura de* Un chien andalou *de Luis Buñuel*, Madrid, Cátedra, 1986.

Taranger, Marie-Claude: *Luis Buñuel: Le jeu et la loi*, Saint-Denis, Presses Universitaires de Vincennes, 1990.

Tesson, Charles: Luis Buñuel, Paris, Ed. de l'É-toile / Cahiers du cinema, 1995.

Trebouta, Jacques: *Luis Buñuel, sa vie, son oeuvre en Espagne et en France*, Paris, Institut des Hautes Études Cinématographique, 1958-59.

Tual, Denise: *Le temps dévoré*, Paris, Fayard, 1980.

Unik, Pierre: «Chez le Sultan des Hurdes», *Vu* (Paris), 362-364, 1935.

Vigo, Jean: «Vers un cinéma social», *Théâtre du Vieux Colombier,* 14 juin 1930.

VV.AA.: *Viridiana*, Paris, Interspectacles, 1962.

VV.AA.: *El texto iluminado. La sombra de Buñuel*, Zaragoza, Ibercaja-Caja de Ahorros y Monte de Piedad de Zaragoza, Aragón y Rioja, 2000.

CATÁLOGOS CATALOGS

Camacho, Enrique y Rodríguez, Manuel: *Buñuel: 100 años. Es peligroso asomarse al interior / Buñuel: 100 ans. Il est dangereux de se pencher au dedans,* Instituto Cervantes y Centre Pompidou, 2000.

David, Yasha: *¿Buñuel! La mirada del siglo,* Madrid, Museo Nacional Centro de Arte Reina Sofía, 1996.

Ibarz, Mercé: *Tierra sin pan. Luis Buñuel y los nuevos caminos de las vanguardias,* Valencia, IVAM, 1999.

Vázquez, Juan J. : *Luis Buñuel. El ojo de la libertad*, Huesca, Diputación de Huesca, 1999.
_____ : *Buñuel en tres dimensiones*, Zaragoza, Gobierno de Aragón, 1999.
_____ : *Las Hurdes / Tierra sin pan, Un documental de Luis Buñuel*, Junta de Extremadura, 1999.

Los paréntesis de la mirada (Un homenaje a Luis Buñuel), Museo de Teruel, Diputación Provincial de Teruel, 1993.

El mundo secreto de Luis Buñuel / Le monde secret de Luis Buñuel, Madrid, ICAA, 2000.

Luis Buñuel. El ojo de la libertad, Madrid, Publicaciones de la Residencia de Estudiantes, 2000.

COMPILACIONES Y HOMENAJES
COMPILATIONS AND TRIBUTES

García Riera, Emilio y Ramírez, Gabriel: «Biofilmografía de Luis Buñuel», *Nuevo Cine* (Mexico), vol. 1, 4-5, noviembre 1961.

«Buñuel cien años», *Nickel Odeon*, 13, 1998.

«Luis Buñuel», *Cinématographe*, 92, 1983.

«Pour Buñuel», *Cercle du Cinéma de l'A.G.E.T* (Toulouse), novembre 1962.

«III jornadas en torno a Luis Buñuel. Retornos de lo vivo lejano», Zaragoza, *Revista Turia*, 21-22, 1992.

«IV jornadas en torno a Luis Buñuel. El surrealismo en la posguerra española», Zaragoza, *Revista Turia*, 24-25, 1993.

«V jornadas en torno a Luis Buñuel», Zaragoza, *Revista Turia*, 1993.

Turia, Revista cultural, 28-29, 1994.

Turia, Revista cultural, 50, 1999.

«El siglo de Buñuel», *Trébede*, 35, febrero 2000.

«Fragmentos de Luis Buñuel», en *Archivos de la Filmoteca* (Valencia), 34, febrero 2000.

ESCRITOS MEMORIALÍSTICOS, CONVERSACIONES, ENTREVISTAS Y OTROS
MEMOIRS, CONVERSATIONS, INTERVIEWS AND OTHERS

Alberti, Rafael: *La arboleda perdida*, Libros I y II, Buenos Aires, Fabiol Editora, 1959. Barcelona, Seix Barral, 1975.

Aub, Max: *Conversaciones con Buñuel: seguidas de 45 entrevistas con familiares, amigos y colaboradores del cineasta aragonés*, Madrid, Aguilar, 1985.

Barry, Iris: *Conversation with Luis Buñuel*, New York, Columbia University, 1940.

Bazin, André y Doniol-Valcroze, Jacques: «Entretien avec Luis Buñuel», *Cahiers du Cinéma*, 36, juin 1954, pp. 2-14.

Buache, Freddy: «Dialogue avec Buñuel», *Le Nouvel Observateur*, septembre 1972.
_____ : «Dialogues avec Luis Buñuel», *L' Avant-Scène du Cinéma,* 315-316, novembre 1983, pp. 5-6.

Buñuel, Conchita: «Mon frère Luis», *Positif,* 42, 1961.

Castillo, Michel del: «Le cinéaste du scandale vous parle: Luis Buñuel», *Réalités* (Paris), 56, 1962.

Dalí, Salvador: *The secret life of Salvador Dalí*, Nueva York / Londres, Dial Press, 1942.
Trad. esp. : *La vida secreta de Salvador Dalí.*

Giménez Caballero, Ernesto: «El escándalo de *L'Âge d'or* en París: palabras con Salvador Dalí», *La Gaceta Literaria*, 96, 15 diciembre 1930.

Kanesaka, Kenji: «Interview with Luis Buñuel», *Film Culture*, 24, Spring 1962, p 75.

Moreno Villa, José: *Vida en claro*, Mexico-Madrid-Buenos Aires, Fondo de Cultura Económica, 1976.

Pérez Turrent, Tomás y Colina, José de la: «Entretien avec Luis Buñuel», *Positif,* janvier 1981, pp. 2-14.
_____ : «Conversations avec Luis Buñuel. Il est dangereux de se pencher au-dedans», *Cahiers du Cinéma*, 1993.

Robles, Emmanuel: «À México avec Luis Buñuel», *Cahiers du Cinéma*, 56, février 1956, pp. 18-23.

Rocha, Glauber: «Echos d'une conversation», *Cinéma 68* (Paris), 1968, pp. 48-53.

Rucar de Buñuel, Jeanne: *Memorias de una mujer sin piano*, Madrid, Alianza Editorial, 1995.

Truffaut, François: «Rencontre avec Luis Buñuel», *Arts,* 526, 21 juillet 1955.

VV.AA. : *L'Âge d'or. Correspondance Luis Buñuel-Charles de Noailles: Lettres et documents (1929-1976)*, Paris, Centre Georges Pompidou, 1993.

ESTUDIOS GENERALES GENERAL STUDIES

Albadalejo, Tomás *et al.* (eds.): *Las vanguardias. Renovación de los lenguajes poéticos*, Madrid, Júcar, 1992.

Alquie, Ferdinand: *Filosofía del surrealismo*, Barcelona, Barral, 1974.

Aranda, José Francisco: *El surrealismo español*, Barcelona, Lumen, 1981.

Ayala, Francisco: «Indagación del cinema», *Revista de Occidente*, 24, 1929, pp. 31-42. Reed. facsímil con prólogo de José Luis Borau, Madrid, Semana del Cine Experimental, 1992.

Balakian, Anna: *Surrealism: the Road to the Absolute*, New York, Nooandy Press, 1959.

Benayoun, Robert: *Érotique du surréalisme*, Paris, Jean Jacques Pauvert, 1983.

Bonet, Eugeni y Palacio, Manuel: *Práctica fílmica y vanguardia artística en España, 1925-1981*, Madrid, Universidad Complutense, 1983.

Bonet Correa, Antonio (coord.): *El surrealismo*, Madrid, Universidad Menéndez Pelayo / Cátedra, 1983.

Bozal, Valeriano (ed.): *Historia de las ideas estéticas y de las teorías artísticas contemporáneas*, 2 vols., Madrid, Visor, 1996.

Brihuega, Jaime: *Las vanguardias artísticas en España (1909-1936)*, Madrid, Istmo, 1981.
_____ : *Manifiestos, proclamas, panfletos y textos doctrinales. Las vanguardias artísticas en España. 1910-1931*, Madrid, Cátedra, 1982.

Carnero, Guillermo: *Las armas abisinias. Ensayos sobre literatura y arte del siglo XX*, Barcelona, Anthropos, 1989.

Carrouges, Michel: *André Breton et les données fondamentales du surréalisme*, Paris, Gallimard, 1950.
_____ : «Dubbi e certezze intorno al cinema surrealista spagnolo», en Gabriele Morelli: *Trent'anni di avanguardia in Spagna. Da Ramón Gómez de la Serna a Juan-Eduardo Cirlot*, Milano, Jaca Book, 1988, pp. 215-226.
_____ : «La generación del 27 y el cine», *Cuadernos Hispanoamericanos*, 514-515, 1993, pp. 125-142.

Dulac, Germaine: «Le cinéma d'avant-garde», en Prosper Hillairet (ed.): *Écrits sur le cinéma. 1919-1939*, Paris, Paris Expérimental, 1994, pp. 182-190.

Durozoi, Gerard : *André Breton. La escritura surrealista*, Madrid, Guadarrama, 1976.

García Gallego, Jesús (ed.): *Surrealismo. El ojo soluble*, Málaga, Litoral, 1987.

Ghali, Noureddine: *L'avant-garde cinématographique en France dans les années vingt. Idées, concéptions, théories,* Paris, Paris Expérimental, 1995.

Gubern, Román: *Cine español en el exilio: 1936-1939*, Barcelona. Lumen, 1976.
_____ : *Las vanguardias artísticas en la historia del cine español*, San Sebastián, Filmoteca Vasca, 1991.

Kyrou, Ado: *Le surréalisme au cinéma*, Paris, Arcanes, 1953.

Larrea, Juan: *El Surrealismo en el Viejo y Nuevo Mundo*, México, Cuadernos Americanos, 1944.

Ledesma Ramos, Ramiro: «Cinema y arte nuevo», *La Gaceta Literaria*, 15 de junio de 1929; reproducido en Jaime Brihuega: *Manifiestos, proclamas, panfletos y textos doctrinales. Las vanguardias artísticas en España. 1910-1931*, Madrid, Cátedra, 1982.

Morelli, Gabriele (ed.): *Trent'anni di avanguardia in Spagna. Da Ramón Gómez de la Serna a Juan-Eduardo Cirlot*, Milano, Jaca Book, 1988. Trad. esp.: *Treinta años de vanguardia española,* Sevilla, El Carro de Nieve, 1991.

Morris, Cyril Brian : *This Loving Darkness. The Cinema and Spanish Writers 1920-1936*, Nueva York, Oxford University Press, 1980. Trad. esp.: *La acogedora oscuridad. El cine y los escritores españoles (1920-1936)*, Córdoba, Filmoteca de Andalucía, 1993.

Peña Ardid, Carmen: *Literatura y cine. Una aproximación comparativa*, Madrid, Cátedra, 1992.

Pérez Bazo, Javier (ed.): *La Vanguardia en España. Arte y Literatura*, Paris, CRIC & Ophrys, 1998.

Pérez Perucha, Julio: *Cine español. Algunos jalones significativos (1896-1936)*, Madrid, Films 210, 1992.
_____ : «Trayecto de secano. Algunos obstáculos que se oponen a la existencia de una historia del cine español», *Archivos de la filmoteca*, 1, 1989.

Sánchez Vidal, Agustín : «Cine surrealista español: la búsqueda de una concreción», en Jesús García Gallego: *Surrealismo. El ojo soluble*, Málaga, Litoral, 1987, pp. 89-99.
_____ : «Dalí y el cinema: una relación frustrada», *Contracampo,* 33, verano-otoño 1983, pp. 18-21.

Sánchez Biosca, Vicente: *El montaje cinematográfico. Teoría y análisis*, Barcelona, Paidós, 1996;
_____ : «El cine y su imaginario en la vanguardia española», en Javier Pérez Bazo (ed.):

La Vanguardia en España. Arte y Literatura, Paris, CRIC & Ophrys, 1998, pp. 399-411.

Urrutia, Jorge: «Influencia del cine en la poesía española (Primera aproximación)», *Anuario de Estudios Filológicos*, I, 1978, pp. 255-279
_____ : «En torno a los escritores españoles y el cine», en *Imago litterae. Cine, literatura*, Sevilla, Alfar, 1984.

Valls, Guillermo: «La vanguardia histórica cinematográfica», *Contracampo*, 31, 1982.

Virmaux, Alain y Odette: *Les surréalistes et le cinéma*, Paris, Seghers, 1976.

DOCUMENTALES SOBRE LUIS BUÑUEL
DOCUMENTARIES ON LUIS BUÑUEL

Se ofrece aquí un sucinto repertorio de los documentales realizados sobre la vida y obra de Luis Buñuel. La referencia bibliográfica recoge: el nombre del autor, título del documental, país donde se produjo, productor, fecha de realización, duración y, cuando ha sido posible la cadena de televisión que lo emitió.

Following is a succinct list of the documentaries made on the life and work of Luis Buñuel. The bibliographical reference compiles: the author's name, title of the documentary, the country where it was produced, the producer, the date it was made, running time and, when possible, the television channel that aired it.

Amat, Jorge: *Les paradoxes de Buñuel*, France, Silberman, 1997, 78', Planète / Canal +.

Bense, Georg, und Peter, Hans: *Luis Buñuel Atheist Von Gottes Gnaden*, Deutschland, Janus Film Frankfurt, 1985, 42'.

Berzosa, José María et Camp, André: *Tournage de* La voie lactée, France, ORTF, 1968, 60'.

332

BIBLIOGRAPHY

Beuchot, Pierre: *Grand Ecran*, France, [...], 1973, 45'.

Cábez, Félix: *Buñuel en Hollywood*, España, Roswell producciones S.L / Canal +, 2000, 50'

Canale, M.: *Per un museo dell'uomo digitale, Thar Ben Jalloun : Viridiana di Luis Buñuel*, Italia, RAI Vincolato, [...] 11'.

Carrasco, Francisco: *Luis Buñuel*, México, XEIPN Canal 11, 1983, 30'.

Castañon, Gonzalo: *Luis Buñuel 1900 - 1983*, México, XEIPN Canal 11, 1991, 58'.

Collin, Philippe: *Cinéma critique,* France, [...], 1969, 28'.

Cortés, Rafael: *Buñuel*, España, Nitra Films, 1984, 50'.

Chalais, François: *Reflets de Cannes ; Jean Cocteau, Luis Buñuel,* [entrevista], France, ORTF, 1954, 05', ORTF.

Drove, Antonio: *Buñuel. La memoria y los sueños*, España, TVE, 2000, cap. I y II, 55'.

Dusygne: *Pour le cinéma*, France, [...] 1968, 60'.

Favero, G.: *Incontri 70, Buñuel il dubbio come libertà*, Italia, RAI, 1970, 60'.

Farassino, A. e Sanguineti, T.: *Uomini e idee del' 900, il rasoio di Buñuel*, Italia, RAI Vincolato, 1981, 63'.

Font, Domènec: *La memoria fértil : L. Buñuel constructor de infiernos*, España, Juan Guash y P. Esteban Samu, TVE, 1986, 60', TVE.

Halimi, A: *Allons au cinéma ; Luis Buñuel*, [entrevista], France, TF1, 1964, 30', TF1.

Huerga, Manuel y Bufill, Juan: *Buñuel*, España, Arsenal Films / Ovideo TV / Festival de cinema de Barcelona, 1989, 55'.

Laik, Philippe: *Cinéma*, France, [...], 1967, 60'.

Lefèvre, Martine: *Petites confessions filmées*, France, Antenne 2, 1981, 30', France 2.

López-Linares, José Luis y Rioyo, Javier: *A propósito de Buñuel*, France / España, Arte / TVE, 2000, 90', Arte y TVE.

Llanos, Carlos de los et Braucourt, Guy: *Portrait de l'artiste en son absence*, France, France 3, 1981, 27', France 3.

Maillé, Emilio: *Un Buñuel mexicain*, France / España, Rumba productions / PM Audiovisuel / Ciné-cinéfil / Centre Pompidou, 1997, 54'.

Mignot, Pierre: *Pour le cinéma*, France, [...], 1972, 60'.

Moynié, Bruno et Paranaguá, Paulo Antonio: *Él, l'énigme du désir*, France, Europimage FMP, CNC / CNDP, 1996, 54'.

Pelayo Rangel, Alejandro: *Los que hicieron nuestro cine,* Los olvidados, México, UTEC SEP, 1989, 29'.

Philippe, C.J.: *Luis Buñuel*, [Presentado por Ciné-Club] France , ORTF, 1973.

Prouse, Derek: *Cinema today : Anarchy*, United Kingdom, BBC, 1960, 30'.

Rabourdin, Dominique et Pamart, Michel: *Souvenirs de* L'Âge d'or, France, Arte - Sodaperaga - Centre Pompidou, [...], 26'.

Ripstein, Arturo y Castañedo, Rafael: *El náufrago de la calle de la Providencia*, México, Cine independiente de México,1970, 50'.

Ubeda, Joan: Las Hurdes después de Buñuel, España, Media 3.14 / Canal +, 2000, 50'

Valey, Robert: *Un cinéaste de notre temps,* France, ORTF, 1964, 45'.

Wall, Anthony: *Arena : The life and times of Luis Buñuel*, United Kingdom, BBC, 1984, 60'.

Ghezzi, E. *et al*.: *Che ci importa della luna, Buñuel* Le chien andalou, Italia, 1999, 37'.

FRANCISCO RABAL, PIERRE CLEMENTI. *BELLE DE JOUR*, 1966.

More Than One Way To Breath: The Themes of L.B.P. (an epilogue of sorts)

JAVIER PÉREZ BAZO

Portolés was the second of Luis' two last names. He was a native of Calanda, which is located in the province of Teruel (Spain). His enthusiasm for guns may have come from his father, a successful *indiano* [one who returns to Europe after becoming rich in America] as a hardware merchant in Cuba before the Disaster of 1898. Little Luis would invite him to his Chinese theater of light and shadows. He soon left his elementary primer behind for other texts: through the other side of the keyhole, the furtive glance of Freud and the Marquis de Sade. Whatever the highway, he didn't have to go far to see his first carrion. He practiced hypnotism before he knew about the surrealist Breton and the brothels of Madrid. Miguel Juan Pellicer—who lived in the Calanda of the mid-sixteen hundreds where everyone professed his faith in miracles—would rub the oil of the Virgin's lantern on his stump; Galdós amputated one of Catherine Deneuve's legs and Luis, who came and went among the feudal Communists, so they say, cut off the other leg belonging to the female mannequin in *The Criminal Life of Archibaldo de la Cruz*. Hitchcock would have liked to cross paths with the pious Pellicer.

Living the life of a night owl in the cafes: *Fornos*, putting forth the only really innovating ideas, and Ramón's eccentricities there on the *Pombo*'s marble tops, the best dry martini in *Chicote*... *La Coupole*, *Las Closerie des Lilas* and of the *Cyrano* with its extremely languid women. In the dark corner of the "*Resi's*" salon (on Pinar street, where the *Colina de los chopos* is, at the top of the Hippodrome) he became a man and a regular among the most brilliant practitioners of modern art. And of poetry as well, except that he detested Góngora: the filthiest beast that was ever born were the unjust words he used to describe the poet from Córdoba. He flirted like a coquette with the era of silent films and, attracted by the mini-skirts of the Ultras, he fell in love with the nonsense of verse until, to the sound of drum rolls, he discovered that Eros awoke to a novice's legs. The heroic Jeanne Rucar would never reproach him.

Depending on the circumstances, he worked with Ernst Lubitsch and Jean Epstein. A sometimes misanthrope, an irreverent early bird, no friend of the cloth or bishoprics, a glutton for hyperbole, generous with invitations, stubbornly deaf. In search of *España leal en armas*, he stumbled up against his destiny in the Mexican capital. But then there was that one time when he went back bearing the weight of reproach from other ex-patriots on his shoulders. The director returned to this side of the ocean and wanderered the necropolis of Montparnasse and among the trees of the *Casa de Campo* where he found his inspiration. Anxiety made him go out drinking Valdepeñas as a way of bringing his creatures to life: Francisco Galván de Montemayor, the devotee of jealousy who in time was given a reason to be suspicious; the guests invited to the luxurious mansion for the Nobile wedding who were prisoners of the echoes of a

El otro suspiro tópico de L.B.P. (a modo de epílogo)

JAVIER PÉREZ BAZO

Portolés era el segundo apellido de Luis, natural de Calanda, provincia de Teruel (España). La afición por las armas de fuego quizás pudo acunarla su padre, Leonardo Buñuel, un indiano venturoso mientras fue ferretero en Cuba antes del Desastre. El pequeño Luis invitaba a su teatro de luces y sombras chinescas. Del catón a las tempranas lecturas: del otro lado de la cerradura, la mirada furtiva de Freud y el Marqués de Sade. En cualquier carretera vio los primeros carnuzos. Practicó el hipnotismo antes de saber del surrealista Breton y de los burdeles madrileños. Miguel Juan Pellicer, vecino de la milagrera Calanda mediado el seiscientos, se frotaba el muñón con aceite de la lamparilla de la Virgen; Galdós amputó una pierna a Catherine Deneuve, y Luis, que trajinó entre los comunistas feudales, según las habladurías, cercenó otra al maniquí femenino de *Ensayo de un crimen*. Hitchcock hubiera querido tropezar con el piadoso Pellicer.

Vida noctámbula de cafés: Fornos, las únicas propuestas ciertamente renovadoras y las excentricidades de Ramón sobre los mármoles de Pombo, el mejor *dry martini* en Chicote…, *La Coupole*, *La Closerie des Lilas* y el *Cyrano* con sus mujeres de extrema languidez. En el ángulo oscuro del salón de la "Resi" (calle Pinar, Colina de los chopos, altos del Hipódromo) se hizo hombre y habitó entre aquellos de la promoción más lúcida del arte moderno. Y de la Poesía. Pero detestaba a Góngora: la bestia más inmunda que haya parido madre, en palabras injustamente suyas sobre el cordobés. Flirteó coqueto con la época del cine mudo y, atraído por las faldas brevísimas del Ultra, quiso amar las sinrazones del verso, hasta que al redoble de tambor descubrió cómo el alba de eros se desperezaba en las piernas de una novicia. La olímpica Jeanne Rucar nunca se lo reprobaría.

Negociaba con Ernst Lubitsch y Jean Epstein, según cuadrara la ocasión. Misántropo a veces, muy irreverente madrugador, nada amigo de hábitos y mitras, glotón de hipérboles, generoso en el convite, sordo empecinado. Tras la senda de la España leal en armas trastabilló con el destino en México, Distrito Federal. Sin embargo, tuvo una oportunidad para volver con las espaldas cargadas de reproches exiliados. Cuando rodó su regreso a este lado del mar, el director anduvo concibiendo sus improvisaciones por la necrópolis de Montparnasse y entre los árboles de la Casa de Campo. Acudía afligido a las mesas rociadas con valdepeñas para cimentar el alma de sus seres: Francisco Galván de Montemayor, el devoto de celos a quien el tiempo regaló la razón de la sospecha; los invitados a la lujosa mansión del matrimonio Nobile, prisioneros de los ecos de una sonata de Paradisi; Archibaldo, frustrado por los crímenes que el azar le hurtó; «Belle de jour», pupila de Madame Anaïs; los mendigos fornicadores asediando a Viridiana, etcétera.

Se dice que era burlón con sus criaturas, excepto en muy contadas ocasiones (Nazarín, Robinsón), erotómano (¡los muslos embarrados de Susana, el baile desnudo de Conchita, Séverine en el *Bois de Boulogne*!), un

Paradisi sonata; Archibaldo who was frustrated by the crimes that fate stole from him; *Belle de jour*, Madame Anais's pupil; the fornicating beggars who besieged *Viridiana*, etcetera.

He was known for making fun of his creations but for a few exceptions (Nazarin, Robinson); as an erotic maniac (Susana's smeared legs, Conchita's naked dance, Séverine in Bois de Boulonge!); as one of these geniuses who understood the gripes of mediocrity and the profound aroma of poetry unto death. From the open bazaar at the edge of the soul, he extracted the intransigence of quotidian life, a dissected eye, wandered silently among the velvet seats of the masses, dressed death in a black hat à la Fritz Lang, and used his irreverence against Catholic dogma like a holy blade. "The invention of cinema set the stationary clouds of photography in motion " (Ramón Gómez de la Serna). *Un léger nuage avançant vers la lune qui est dans son plein... La lame de rasoir traverse l'oeil de la jeune fille en le sectionant"* (Salvador Dalí and Luis Buñuel). Buñuel filmed the concept that had been neatly defined by Baltasar Gracián, along with the *greguerías* that Ramón did not invent. Gustavo Alatriste, Serge Silberman, Oscar Dancigers, Luis Alcoriza, Julio Alejandro, Jean-Claude Carièrre were the flesh and blood half a dozen he could count on. Add to that the one from Granada who was executed, and to a lesser extent Dalí, who he once considered hating in the lobby of a New York hotel, though he never could because he was certain that, before signing *The Great Masturbator*, he had robbed Adolphe Menjou's moustache.

Ever since the days of Filmófono, he had surrounded himself with different fetishes, colors, music, and symbols. For example, an ample selection of music boxes, the garters belonging to a governess who was killed by a revolutionary bullet, the Oscar for *The Discreet Charm of the Bourgeoisie*, the marvelous instincts of insects, Fernando Rey's greedy hands on the tremulous breasts of Carole Bouquet, a copy of Vermeer's *The Lace Maker*, the crown of thorns presented at Cannes, different kinds of corsets, the black wall with asphodels growing in front of it, and the Golden Seashell from the San Sebastian Festival for having spent an entire life dangerously looking inside.

Finally, the last script ended a night of falling snow. In it, he sculpted his own image clothed in phobias and affinities and placed it on the frontispiece of the "exceptional" Spaniards of his time (Federico, Pablo, Salvador). Afterward, just when he wished to the world to look through eyes that bulged from having seen so much, he turned eighty and, like another celebrated artist from Aragon, Francisco de Goya y Lucientes, he retired in his deafness to the private estate of Art until Death silenced him. This happened on July 29, 1982. One year before, Luis Buñuel Portolés, the great XX century filmmaker, had published *My Last Sigh*.

genio de esa rara especie que siente el tufillo de la mediocridad o el profundo aroma de la poesía hasta la sepultura. Del bazar abierto al borde del alma extrajo la intransigencia cotidiana, un ojo seccionado y peregrino silencioso por las butacas aterciopeladas de medio mundo, la muerte con sombrero negro a lo Fritz Lang y la irreverencia contra el recato posconciliar en forma de crucifijo-navaja. "Al inventarse el cine, las nubes paradas en las fotografías comenzaron a andar" (Ramón Gómez de la Serna). "*Un léger nuage avançant vers la lune qui est dans son plein… La lame de rasoir traverse l'oeil de la jeune fille en le sectionant*" (Salvador Dalí y Luis Buñuel). Filmó el concepto que definió pulcramente Baltasar Gracián, además de las greguerías que Ramón no había inventado. Gustavo Alatriste, Serge Silberman, Oscar Dancigers, Luis Alcoriza, Julio Alejandro, Jean-Claude Carièrre fueron su media docena de leales de carne y hueso. Añádase también el granadino asesinado y no tanto el Dalí blasfemo, a quien pensó odiar en el vestíbulo de un hotel neoyorquino, aunque nunca lo hizo porque tuvo la certeza de que antes de firmar *El gran masturbador* había robado el bigote a Adolphe Menjou.

Desde los tiempos de *Filmófono* fue rodeándose de fetiches varios, colores, músicas y símbolos. Por ejemplo, una amplia gama de estuches musicales y los ligueros de una institutriz muerta por una bala revolucionaria y el *Oscar* de *El discreto encanto de la burguesía* y las maravillas del instinto en los insectos y las manos avariciosas de Fernando Rey sobre los trémulos pechos de Carole Bouquet y la réplica de *La encajera* de Vermeer y una corona de espinas presentada en Cannes y corsés de distinta naturaleza y un muro negrísimo delante del cual crecían los asfódelos y hasta la *Concha de Oro* del Festival de San Sebastián por toda una vida asomándose peligrosamente al interior.

En fin, una noche de nieves terminó el último guión. En él esculpía su propia imagen vestida de fobias y simpatías para colocarla en el frontispicio de los españoles "únicos" de su tiempo (Federico, Pablo, Salvador). Después, cuando quiso mostrar al mundo los ojos saltones de tanto ver, llegó a octogenario y como otro aragonés celebérrimo, Francisco de Goya y Lucientes, se recluyó sordo en la finca privada del Arte hasta que se mudó a la de la Muerte. Eso ocurrió el 29 de julio de 1982. Un año antes Luis Buñuel Portolés, el gran cineasta español del siglo XX, había publicado *Mi último suspiro*.

CAROLE BOUQUET, ÁNGELA MOLINA, LB, 1977

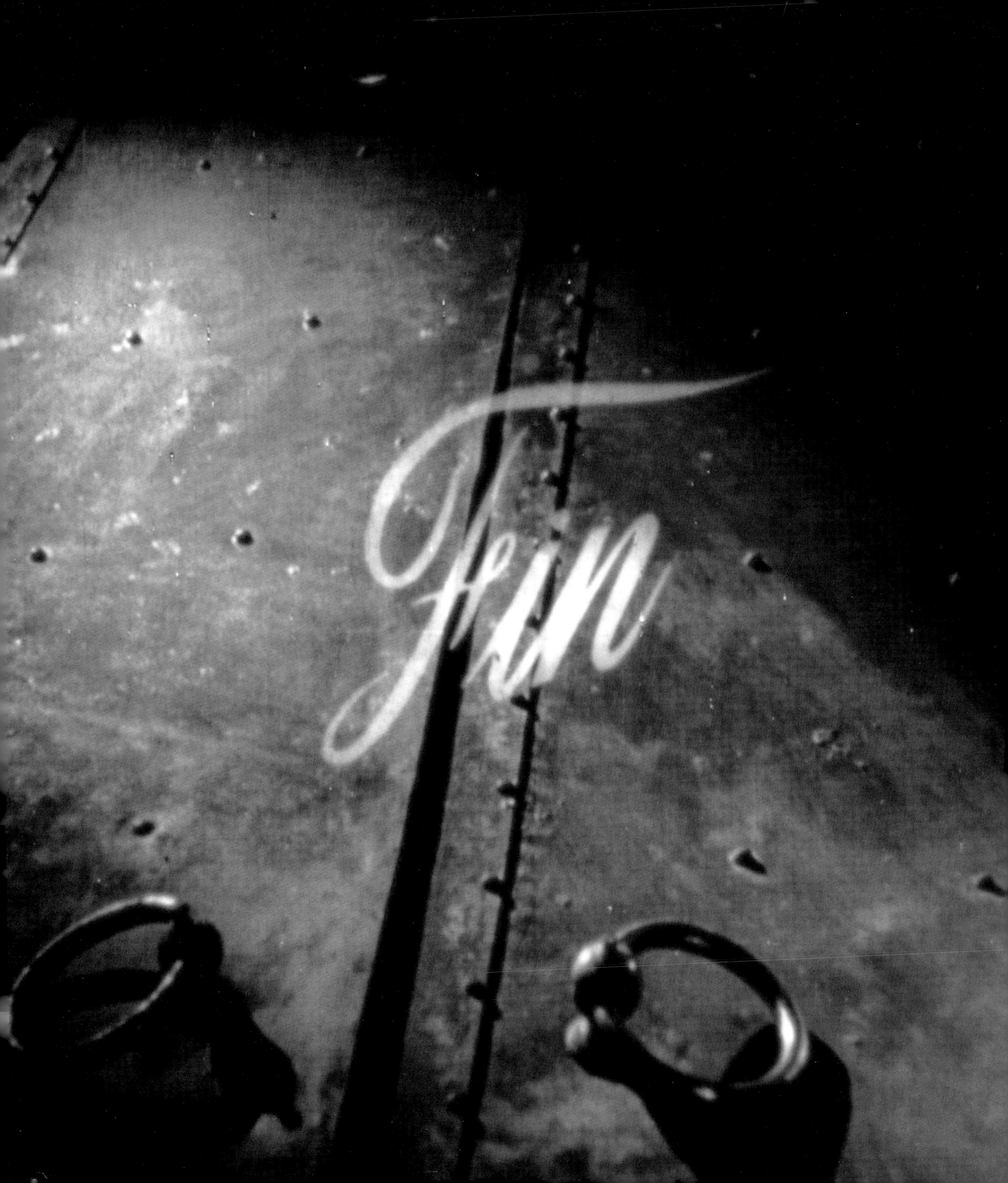
Fin